心理支援における社会正義アプローチ

不公正の維持装置とならないために

和田香織
杉原保史　編
井出智博
蔵岡智子

誠信書房

はじめに

1. 社会正義アプローチとは

　近年，心理支援の領域において，社会正義カウンセリングやアドボカシー・カウンセリングなどと呼ばれる，新しい流れが注目されています。この新しい流れは，伝統的な心理支援の考え方においては，事実上，しばしば見落とされてきた重要な視点を補うものとして登場したものです。詳しくは本書の第Ⅰ部をお読みいただければと思いますが，最初にごく簡単なご案内をしておきましょう。

　伝統的に，心理支援（心理療法や心理カウンセリング）では，クライエントの苦悩を，クライエント個人の内部にある「心の問題」によるものと考え，その「心の問題」を見立てます。そして，生活環境から切り離された密室におけるセラピストとの対話を通して，その「心の問題」の改善に取り組みます。つまり，こうした伝統的心理支援のモデルでは，クライエントの苦悩を改善するために，変わるべきとされているのはクライエントただ一人だということです。こうしたモデルでは，「クライエントの苦悩は，社会の側が1ミリも変化せずに，クライエント個人が変化することによって解決可能である」ということが前提とされているのです。

　このことは，心理支援において，「心」が個人の内部に閉じたものとして概念化されてきたことを反映するものです。その結果，差別，偏見，ハラスメント，いじめ，貧困，社会格差，行政サービスの不足など，クライエントの生活を取り巻く現在の現実のさまざまな社会問題は，心理支援においてかなり軽視されてきました。しかし，こうした社会問題がクライエントの心理状態に大きな影響を及ぼすことは，すでにさまざまな研究から明らかなのです。ですから，セラピストは，心理力動や愛着や学習や発達について理解を深める必要があるのと同じように，さまざまな社会問題についても理解を深める必要があるのです。そうでなければ，心理支援の営みは，不公正な社会を容認し，その不公正に苦しむ個人を変化させ，その社会に適応させようと

するものとなってしまいます。つまり，不公正な社会を温存し，維持するための社会装置になってしまうということです。

　こうした社会的要因の理解は，心理支援の成果に直接的に影響します。セラピストは，社会的要因について理解を深めることで，そうした要因が大きく作用しているクライエントの苦難をより深く共感的に理解できるようになるはずです。それは，個人の内面の心理の理解に付け足されるおまけの要因でも，どこか遠いところから作用する間接的な要因でもありません。現に今ここにある切実な問題です。

　以上のような考えに基づいた心理支援へのアプローチが，社会正義アプローチと呼ばれるものです。

　社会正義アプローチは，1つの学派の名称ではありません。それは，さまざまな学派，さまざまな領域を横断して，共通に発展してきた1つの視点であり，方向性です。クライエント個人の苦悩を，個人とさまざまなレベルの社会的・環境的文脈との間の複雑な相互作用のひとつの現れとして理解する心理支援です。個人の心の苦悩を，個人の変化だけで解決しようとするのではなく，個人を取り巻く社会のあり方にも目を向け，社会の側にも変化を求める心理支援です。心理支援の実践において，社会的な公正と正義の実現を追究するアプローチです。マジョリティのためだけの心理支援になってはいないか，マイノリティに不公平に負担を強いる心理支援になっていないかを，常に省察するアプローチです。クライエントのアドボカシー（権利擁護）にも取り組み，心理職の社会責任を真剣に考えるアプローチです。

　欧米諸国においては，こうした方面での議論がますます活発になってきています。そのことは，social justice と counseling をキーワードとしてヒットした学術文献数の推移によく現れています（図1）。また，かつて植民地であった国々においても，批判心理学，植民地心理学，解放心理学などの分野において，活発な議論がなされています。しかし，日本語の学術文献データベース（CiNii）で同様のキーワードで検索をしても，ヒットするのは全期間を通して7本の文献のみです。しかも，その多くはキャリア支援に関わるものです。心理臨床の領域においては，以前よりはこうした議論を目にすることが増えてきたものの，まだまだその議論の輪は狭い範囲にとどまっていると言わざるを得ません。

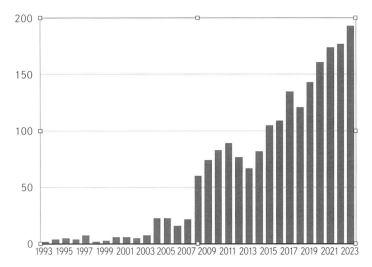

図1 social justice と counseling をキーワードとしてヒットした文献数の推移（Web of Science）

　しかしながら，ここ数年の私たちの経験では，臨床現場で実際に支援に携わっている心理職の間で，こうした点に関して，従来の主流の心理支援のあり方に，潜在的に疑問や不満を抱いている人たちがかなり存在しているように感じられます。従来の主流の心理支援の見方を補う，新しいアプローチを待望する声は高まってきているように思います。

　以上は，日本のメインストリームの心理支援の状況です。ただ，そのような状況の中でも，社会正義を志向する心理支援を切り拓き，力強く実践してきた先達の方々が存在してきたことも事実です。ここで一人一人お名前を挙げることは控えますが，本書はそうした先達の方々のお仕事に敬意を払い，その志を継ぎたいと願うものです。「社会正義アプローチ」という耳新しい用語を用いてはいますが，それらの先達の方々のお仕事を無視するものでは決してありません。耳新しい用語を導入するのは，その用語のもとで，これまであまり関連づけられることなくさまざまなところでなされてきた先達の方々の寄与を，新たな仕方で組織化し，さらに活性化しようと意図してのことです。

2. 社会正義という用語について

　本書のタイトルにも含まれている「社会正義」という用語について，ここで私たちの考えを少し説明しておきたいと思います。

　心理職の集まりで，Social Justice Approach についてお話しすると，常に，「正義」という言葉の是非が話題になります。多くの心理職が，「正義」という言葉に抵抗感を表明します。Social Justice Approach の内容には強く共鳴してくれる心理職からさえ，日本語にする際には「正義」という言葉は使わないほうがいいのではないか，というご意見をいただくことがしばしばあります。

　心理職にとって，「正義」という言葉は，心理支援における基本的なスタンスである非審判的で受容的なスタンスや，省察的なスタンスと相容れないように感じられるようです。言い換えれば，「正義」という言葉は，不寛容で，審判的で，非省察的なスタンスを表すものとして受け取られているのです。固定された視点から，狭い視野で物事を捉え，自信に満ちて躊躇なく悪を叩く「正義のヒーロー」のイメージが強いのかもしれません。

　言うまでもないことですが，本書で私たちが正義という言葉を用いるとき，そこで意味しているのはそうのような「正義」ではありません。むしろその逆です。

　あからさまな差別が見られないごく日常の心理支援の現場で，セラピストからすると何の問題もない心理支援によって，何らかのマイノリティ性を抱えたクライエントに傷つき体験が生じることがあります。クライエントは，マジョリティに向かってこうした傷つきを，直接，明確に訴えることは稀です。というのも，こうした傷つき体験を訴えることは，大きな負担を伴ううえに徒労に終わる可能性が高い挑戦と感じられるからです。そして実際，クライエントが傷つきをはっきり言葉にして訴えた場合でも，セラピストには自分の言動の何が傷つきをもたらしたのかがすぐには理解できないことが多いのです。

　たとえば，相対的な貧困の状況にあるクライエントを考えてみましょう。こうしたクライエントは，支援が必要な状況であっても，なかなか安定的に支援につながらないことが多いのです。いったんつながっても，休みが多

かったり，中断したりしてしまうこともしばしばです。そもそも貧困を抱えたクライエントは，支援の場に出かけていく時間を捻出することにも，交通費を捻出することにも，予約の連絡を入れる労力を捻出することにも，そうでないクライエントよりも高いハードルがあるわけです。にもかかわらず，多くのセラピストが，こうしたクライエントの振る舞いを「動機づけが乏しい」「抵抗が強い」などの心理的要因によってのみ理解しがちなのです。こうしたクライエントが，セラピストのそのような理解（無理解）に基づく何気ない言葉の端々に傷つきを感じることがあるとしても，当然のことでしょう（たとえば，井出〈2024〉を参照のこと）。

　こうしたことは心理支援に限って見られることではありません。マジョリティに属する人が自らの特権に無自覚なまま，ごく自然に何気なく発する言葉が，マイノリティにとっては傷つきをもたらすことがあるのです。こうしたマジョリティの言動は，近年，「マイクロアグレッション」や「無意識的バイアス」や「認識的不正義」といった用語によって，よく理解されるようになってきました。

　社会正義を意識する実践は，そうしたマイノリティの傷つきを知ることから出発しています。社会正義を意識する実践は，マイノリティ性を帯びたクライエントの傷つきの声に対する感受性を磨き，その声に真摯に耳を傾けようとします。こうした傷つきの声を真剣に受け止めるにつれ，私たちは，クライエントに向き合う自らの姿勢をどれだけ自覚的に省察し，提供する支援の倫理的健全性を担保しようと努力したとしても，その省察の努力には限界があり，どれだけ努力を尽くしても完全にはなり得ないという現実を痛々しく認識せざるを得なくなります。こうした認識は，「文化的な謙虚さ」と呼ばれる姿勢をもたらします。

　社会正義を意識する実践は，どれだけ注意したとしても，自らの提供する心理支援がクライエントを傷つけてしまう可能性を内包しており，心理職はそのことが呼び起こす恐れから決して逃れられないという自覚に立った実践です。だからこそ，私たちは，自分たちが（そしてクライエントたちが）同一化している集団や文化，そしてそれらに伴う特権や抑圧について，可能な限り理解しようと努力するのです。

　このように，本書で私たちが用いている正義という言葉は，狭い視野の固

定された視点から，自信に満ちて躊躇なく悪を叩く「正義」とは，まったく異なったものなのです。

こうしたことを十分に踏まえた上でもなお，「正義」という言葉をタイトルに入れるだけで，心理職の多くから敬遠されてしまう危険性があるから避けたほうがいいという意見もありました。「正義」という言葉は，心理職にとってはそれほどまでに嫌悪的・忌避的な感情を喚起するパワー・ワードだというのです。

しかし，心理支援を離れて，他の領域に目を向けてみると，多くの他領域では，「社会正義」という用語が受け入れられ，定着しています。医師の職業倫理指針（日本医師会）にも，看護職の倫理綱領（日本看護協会）にも，社会福祉士の倫理綱領（日本社会福祉士会）にも，「社会正義」という言葉が見られます。哲学においても，justice は「正義」の訳語で通っています。

Social Justice には「社会的公正」という訳語が当てられることもあり，そちらのほうがニュアンスとして穏当で，心理職に受け入れられやすいのではないかという意見もあります。カタカナで「ソーシャル・ジャスティス」としたほうが無難だという意見もあります。心理職の現状においてこのアプローチを受け入れてもらうためのイメージ戦略としては，そうした選択のほうが賢明なのかもしれません。

けれども，私たちはそのような選択をしませんでした。空気を読んで妥協する，そのような選択に，なんとも言えない心地悪さを感じたからです。心理職の現状を変えたいと願う私たちのメンタリティが，そのような選択を却下させました（誠信書房さんには，編者一同のこうした意向を受け入れていただき，とても感謝しています）。

編者の間で何度も話し合いを重ねたうえで，私たちはストレートに「社会正義」という用語を用いることに決めました。とはいえ，なぜ日本の心理職はこれほどまでに「正義」という言葉を嫌うのかについては，今後，じっくり考えていく必要があると考えています。

3. 本書の成り立ちと構成

ここで本書の刊行に至る流れを振り返って簡単に紹介し，あわせて本書の構成を簡単にご案内しておきたいと思います。

実は，本書の編者も，各章の執筆陣も，それぞれ別々の専門領域において研究や実践をしてきており，その多くの間にはさほどの接点はありませんでした。

　編者4人の出会いについて簡単に述べましょう。和田と杉原の出会いは，Twitter（現X）がきっかけでした。Twitter上での和田の社会正義に関わる投稿に興味を抱いた杉原が，和田に連絡を取ったことから，両者の交流が始まりました。2020年の9月のことです。翌年の1月，杉原は，このテーマに関心がありそうな知人に声をかけて，和田を講師とした，ささやかなオンライン勉強会を開催しました。その後，その勉強会に参加していたメンバー有志で，「心理臨床における社会正義とアドボカシー：社会政治的・経済的・文化的要因にセンシティブな心理臨床のために」というテーマを掲げて，日本心理臨床学会で自主シンポジウムを開催しました。この自主シンポジウムがきっかけで，井出と蔵岡との交流が始まりました。井出と蔵岡は，それまで別のグループでこのテーマに取り組んでいたのです。本書の編者は，そして執筆者の多くもまた，そのような経緯の中で次第につながってきた仲間たちです。

　こうした出会いの中で，私たちは，それぞれが異なった理論的背景をもって，異なった領域のさまざまな現場で心理支援を実践するなかで，まったく独立的に共通の思いを抱いていることを見出してきました。それは，心理支援には社会正義の視点が必要だという思いです。同じ思いを抱いている仲間がいるという発見が，私たちを力づけてくれました。それが原動力となって，本書が企画されました。

　本書は，心理支援における社会正義アプローチについて概説し，関連する諸領域を概観し，この領域における重要な諸概念について紹介するものです。それに加えて，日本社会においてすでになされている創造的な多様な実践をモデルとして提示します。

　本書は4部から構成されています。

　第Ⅰ部はイントロダクションとして，異なる角度からの概説を2章にわたって提示します。この2つの章を読めば，社会正義を志向する心理支援とはおおよそどういうものかが理解できるでしょう。

　第Ⅱ部では，多様な学派が，それぞれどのように社会正義を志向する実践

にアプローチしてきたかを解説しています。依拠する理論や技法は異なっていても，さまざまな学派は，それぞれに，その実践の中で社会正義の実現を模索し，このアプローチに寄与してきました。ここでは，幅広くさまざまな学派の視点から，社会正義アプローチを考えていきます。

第Ⅲ部では，現在の標準的な心理支援の教育・訓練においてはあまり扱われておらず，そのため多くの心理職にとっては馴染みがないけれども，このアプローチにおいては重視されている代表的な話題を取り上げました。いずれも，社会正義アプローチを深く探究していくうえでは欠かせないものです。

第Ⅳ部は，心理職の養成に関わる教育・訓練がテーマです。社会正義アプローチは，それを専門にする一部の心理職だけが知っていればいいというものではなく，すべての心理職が学んでおくべきものです。心理支援を社会正義に根差して実践していく心理職を養成するためには，どのような教育・訓練が有効なのかを考えます。

以上に加えて，本書には 11 のコラムを収録しました。これらのコラムでは，すでにさまざまな現場で社会正義に根差した実践に取り組んでいる心理職に，その活動内容や問題意識を語ってもらいました。これらのコラムを通して，社会正義アプローチが遠い外国のお話ではなく，すでに身近なところで取り組まれているものであることを知っていただけると思います。

4. まとめ

本書は，個人の心の苦悩を個人に閉じたものとみなす従来の見方の限界を認識し，関係的，システム的，文脈的な見方を取り入れ，その見方を大きな社会のレベルにまで拡張し，個人の心の変化と社会の変化とを共に視野に入れたアプローチを模索するという冒険の旅へと誘うものです。

本書は，到達点であるよりは，出発点であろうとするものです。読者に答えを提示するものであるよりは，問いを投げかけようとするものです。本書を通して，私たちは，読者と問題意識を共有し，読者の中に創造的な問いを喚起することができればと願っています。

ひとたび，社会的要因の影響力について理解し，そこへの感受性が開かれれば，どのような心理支援の現場においても，それが無関係なものではない

ということがわかるでしょう。日々の実践において，社会的要因が関わる切実な問題が見えてくることでしょう。そうなった後では，なぜこれまでこうした問題をスルーして実践できていたのかが，不思議に思えるようになることでしょう。

本書を通して，皆さんと出会えたことに感謝します。

2024 年 9 月

編者を代表して　　杉原保史

【引用文献】

井出智博（2024）．LIEM を背景に持つクライエントへの心理支援の現状と課題について．［https://drive.google.com/file/d/1ZJNuJVF-g9llOPE7ZyYpZM19od_XjWXI/view］（2024 年 5 月 14 日閲覧）

目　　次

はじめに　*iii*

第Ⅰ部　イントロダクション

第1章　社会正義カウンセリング概要：その歴史と特徴――――2

1. 心理に政治を持ち込むな？

　：社会責任に応える心理学の歩み　*3*

2. 治療同盟における「社会的背景」という死角　*5*

3. 第5勢力としての社会正義アプローチの興りと特徴　*9*

4. 人権に基づくアプローチと心理支援における人権教育　*11*

5. 社会不正義への加担を自己監視する批判心理学という

　視点　*13*

6. おわりに　*15*

第2章　社会正義アプローチにおけるコンピテンシー――――19

1. 社会正義とは　*19*

2. 心理支援者の役割の拡大　*21*

3. 社会正義と倫理　*22*

4. 国内における社会正義　*23*

5. コア・コンピテンシー　*24*

6. アドボカシー・コンピテンシー　*26*

7. 多文化と社会正義カウンセリング・コンピテンシー

　（MSJCC）　*30*

目　次　*xiii*

第Ⅱ部　多様な学派からのアプローチ

第3章　心理支援におけるフェミニスト・アプローチ―――――36

1. はじめに　*36*
2. 北米におけるフェミニスト・セラピー　*37*
3. 日本におけるフェミニストカウンセリング　*39*
4. 心理支援におけるフェミニスト・アプローチ　*41*
5. フェミニスト・アプローチによる心理支援の例　*44*
6. 心理療法はフェミニズムと両立し得るのか　*47*
7. おわりに　*49*

第4章　コミュニティ心理学と社会正義―――――――――54

1. コミュニティ心理学における重要概念　*54*
2. コミュニティ心理学における「社会正義」　*59*
3. コミュニティ心理学実践例としての大学における
   障害学生支援：社会正義の観点に注目して　*61*
4. おわりに　*66*

第5章　ナラティヴ・アプローチと社会正義：「当たり前」に抗う, その可能性を求めて――――――――――――72

1. はじめに：ナラティヴ・アプローチと「支配的な
   ディスコース」　*72*
2. きっかけ：精神科リワークでの臨床経験から　*72*
3. 職場サイドのリスクとみなされる　*74*
4. 心理臨床の世界が抱えてきた課題　*76*
5. 「休む」ことにまつわる支配的なディスコース　*77*
6. 倫理的課題と社会正義アプローチ　*79*

7. ナラティヴ・アプローチの視点から取り組む社会正義
　　80

8. 社会構成主義の叡智を頼りに　*83*

9. おわりに　*86*

第6章　心理力動的心理療法における社会正義アプローチ————92

1. はじめに　*92*

2. 心理力動的心理療法の落とし穴　*92*

3. 心理力動的心理療法における社会正義アプローチ
　　の流れ　*94*

4. セラピストの姿勢　*98*

5. 心理支援の実際から　*102*

6. 日本の心理療法の被植民性　*103*

第7章　パーソンセンタード・アプローチと社会正義—————110

1. パーソンセンタード・アプローチにおける社会正義を
　　めぐる議論　*110*

2. 社会正義実現に向けた PCA の可能性　*119*

第8章　認知行動療法における社会正義アプローチ—————128

1. はじめに：心理学と社会正義　*128*

2. "王道" としての CBT　*128*

3. 改めて，CBT とは何か　*130*

4. CBT と多文化共生　*133*

5. CBT における社会正義の実践例　*139*

6. おわりに　*143*

COLUMN 1 里親子支援がもたらした「社会正義とアドボカシー」
との出会い————————————————————————————51

COLUMN 2 親子交流支援という社会正義————————————————68

COLUMN 3 沖縄戦を生きぬいた人々との実践活動
：なぜ「平和」を発信し続けるのか————————————88

COLUMN 4 「学びの多様化」の促進：不登校という社会課題の解決
に向けて——タウンスクーリングという試み——————107

COLUMN 5 社会正義の観点から考える DV 加害者プログラムとは
————————————————————————————————125

COLUMN 6 ハラスメント相談における社会正義————————————146

第Ⅲ部　トピックス

第9章　新自由主義と現代人の心———————————————————150

　　1.　社会や政治と個人の心　*150*

　　2.　資本主義社会とそれを成立させる個人のメンタリティ　*151*

　　3.　新自由主義が作り出す心理　*152*

　　4.　心理支援者に対する示唆　*155*

第10章　新植民地主義と心理臨床における文化盗用
：マインドフルネスを例に———————————————————161

　　1.　はじめに　*161*

　　2.　マクドナルド化したマインドフルネス，表出する
マインドフルネス批判　*162*

　　3.　マインドフルネスは文化盗用か　*165*

　　4.　"Naturalize" されるマインドフルネス　*166*

　　5.　おわりにかえて　*167*

第11章 スティグマ—————————————173

1. スティグマとは何か　*173*

2. スティグマが及ぼす影響　*177*

3. スティグマ問題への対応　*179*

第12章 マイクロアグレッション—————————185

1. マイクロアグレッションの定義　*185*

2. マイクロアグレッションの研究　*186*

3. マイクロアグレッション理論の特徴　*186*

4. 心理支援の場において　*190*

5. マイクロアグレッションの具体例　*191*

第13章 インターセクショナリティ—————————200

1. はじめに　*200*

2. インターセクショナリティの起源とその理論　*201*

3. 認識論としてのインターセクショナリティと
心理研究　*202*

4. 心理臨床におけるインターセクショナリティと
社会正義　*204*

5. 誤用・悪用への注意喚起：「複数のアイデンティティ」
で終わらせないインターセクショナリティ　*206*

6. インターセクショナリティの日本での展望　*208*

7. おわりに　*209*

COLUMN 7　大学生の支援にもっと社会正義の視点を！————158

COLUMN 8　あらゆるジェンダー・セクシュアリティおよび
LGBTQ+ コミュニティへの支援————170

COLUMN 9　学校臨床における社会正義————182

| COLUMN 10 | 留学生相談と国際政治の視点 | 197 |
| COLUMN 11 | インターセクショナリティについての授業例 | 211 |

第IV部　トレーニング

第14章　カナダの大学院プログラムから：カルガリー大学 カウンセリング心理学科を例に ———— 216

1. カルガリー大学カウンセリング心理学科の 概要と取り組み　*217*
2. 実践例「アドボカシー・ポートフォーリオ」　*217*
3. 実践例「実習受け入れ機関の社会正義分析」　*221*
4. 実践例「MSJCC を取り入れた事例発表・ SV の実践」　*225*
5. おわりにかえて：特有の困難と課題　*229*

第15章　公認心理師・臨床心理士養成課程における授業実践——232

1. 社会正義を実現するための心理支援者のコンピテンシー とその教育・訓練　*232*
2. 社会正義を実現するための心理支援者のコンピテンシー の養成を目指した心理支援者養成課程における教育実践 *234*
3. 教育実践に関する報告の内容　*235*
4. まとめ　*241*

おわりに　*248*
人名索引　*254*
事項索引　*256*

第 I 部

イントロダクション

第1章
社会正義カウンセリング概要
：その歴史と特徴

[和田香織]

　キング牧師（Martin Luther King, Jr.）と聞いて，何を連想するだろうか。おそらく，多くの人は，二十万人もの聴衆を前に人種差別撤廃を訴えた「私には夢がある」のスピーチを思い浮かべることだろう。実はそれとは別に，キング氏の重要なスピーチで，心理学研究・心理臨床に携わる者に向けて発せられたものがある。それは「行動科学者の公民権運動における役割」と題し，1967年，第75回アメリカ心理学会の年次大会の招待講演として行われた（King, 1968）。「いかなる場所における不正義も，あらゆる場所の正義にとっての脅威である（Injustice anywhere is a threat to justice everywhere）」という名言を残したこの講演で，キング牧師は，「不適応（maladjustment）」という心理学用語に言及している。社会に適応できない者に対し，適応を手助けすることの専門意義をいったんは認めたうえで，こう言った。

　　「しかし一方で，私たちの社会や世界には，決して適応すべきではないものもあるということを，私たちは認識することでしょう。善意の人間であるためには，常に不適応でなければならない事柄があります。私たちは決して人種差別や人種隔離に適応してはなりません。宗教的な偏狭さに適応してはなりません。少数の人に贅沢品を与えるために，多くの人から必需品を奪う経済状況に適応してはなりません。私たちは決して軍国主義の狂気や身体的暴力の自滅的な影響に適応してはならないのです」

　キング牧師は，不正義な社会への適応を促進するのではなく，倫理的な視点と科学的な洞察からより公正な社会を築くことに貢献するよう，心理に関わる者たちに対して要請したのである。このスピーチは，広く人文科学にお

いて非暴力抵抗の手段としての「市民的不服従（Civil disobedience）」の礎を築いた。このスピーチからたった約7カ月後，キング牧師は銃弾に倒れた。

1. 心理に政治を持ち込むな？：社会責任に応える心理学の歩み

　近年，日本のメディアやSNSでは，音楽や芸術など「○○に政治を持ち込むな」というような，政治や社会のあり方に関して意見することを否定する言説が流布している。同様に，心理に関わる者に「中立」を求めるばかりに，政治や社会問題に対して沈黙を強いる圧力があるように思う。それは一見逆説的に感じるかもしれないが，極めて政治的だ。それ自体が，既得権益と結託した大衆コントロールのための戦略だと言ってもいい。なぜなら社会不正義に対し沈黙することは，現状維持を維持し，さらに強固にすることに加担することになるからだ。

　心理学史を紐解けば，心理学は常に社会との関わりとの間で発展してきたことがわかる。心理学が急進的に発展を遂げるとき，その時代の社会の要請に心理学が応えた事例もあれば（サトウ・高砂，2022），心理学の担い手が，政治や社会の動向に対し声を上げてきた歴史もあった。たとえば，第二次世界大戦末期，広島と長崎に原爆が落とされる4カ月前の米国において，Gordon Allportの呼びかけにより心理学者2,038名が署名した，「人間性と平和（Human Nature and the Peace）」という声明が発表された（Allport, 1945）。オンライン署名やEメールがない時代に，アメリカ心理学会の会員名簿などを頼りに1年がかりで手紙で賛同者を集めるという地道な作業があったことが，序文からうかがわれる。本文では，恒久的平和のためには，日本を含めた敗戦国となる国々の民主化や，偏見や差別の撤廃が必要であると主張した。また，第1箇条の出だしで「戦争は生得的なものではなく，後天的に形成される」（いとう・杉田，2001/2014，p.23）と明記し，暴力や戦争の本能論を強く否定している。

　この署名運動に協力したのが，Society for Psychological Study of Social Issues（SPSSI）である。1930年代大恐慌時代，蔓延する失業問題や劣悪な

労働環境という社会問題に対応する形で発足し，現在はアメリカ心理学会の第9部会として *Journal of Social Issues* を発行するなど，活発な活動が続けられている。また，冷戦中の1980年代には，Carl Rogers ら，主に人間性心理学（第7章）の心理学者の働きかけで，「社会責任のための心理学者の会（Psychologists for Social Responsibility）」が発足した。のちにアメリカ心理学会の平和心理学部会（第48部会）として引き継がれ，紛争解決や平和教育に関する心理研究の中心となっている。同様に，行動心理学者は，「社会責任のための行動心理学者の会（Behaviorists for Social Responsibility）」を立ち上げ，行動主義による文化・行動分析を応用した社会問題の解決を模索した。それぞれ評価はさまざまあるものの（e.g. Faye, 2011；Prilleltesky, 1994；Walsh & Gokani, 2014），心理職の社会責任について怯まずに取り組んできた歴史がある。

　以上は米国の例だが，日本でも同様な試みが見られる。たとえば，いとう・杉田（2001/2014）によれば，1980年代に国内のさまざまな心理系学会で平和に関する企画発表が次々と行われ，1988年の心理科学研究会における「平和心理学部会」の設立へとつながった。その活動として，1990年のイラクのクウェート侵攻による湾岸危機に際し，「海外における我が国の軍事協力に反対します」という平和声明の発表や，1995年，戦後50年の節目に，日本心理学会大会における「戦後50年と平和：広島・長崎・沖縄」の開催がある。後者は，折しも沖縄で米海兵隊三人による少女暴行事件が明るみなった衝撃の直後であり，いとう・杉田（2001/2014）はそのときの切迫さをこのように書いている。

　　　（シンポジウム開催の）中心となった心科研の会員によって，急遽現地で抗議声明が起草され，シンポジウム会場で提起され，参加者名で採択された。社会的事件に対する抗議声明の発表は心理学会としては異例のことであったが，地元紙にも取り上げられ（『琉球新報』10月12日），心理学者の社会的責任を果たす取り組みとなった。（p. 36）

　思わず引用したくなったのは，本稿を執筆中の2024年6月現在にも，在沖縄米兵による性暴力が次々と明るみとなり，1995年当時と対照的な反応

の薄さに思うところがあったからだ。（対）国家権力，軍事主義，植民地主義，性差別からなる複合的な抑圧は，特定の属性の人々の魂を傷つけ，声を奪い，その存在を透明化する。そしてマジョリティは無関心を装う。

　平和心理学部会の活動以外にも，それまで「家庭の問題」としてまともに扱われずにきた家庭内暴力を，犯罪として正式に認定した DV 防止法（配偶者からの暴力の防止及び被害者の保護等に関する法律）の制定には，フェミニストカウンセラーや女性シェルターの相談員たちの尽力があった（井上，2010）。また，近年では，日本の医学部の入学試験において，女性受験者が不利になるような「調整」が恒常化していたこと，およびその不正の正当化に心理学研究が「根拠」として引用されていたことに対し，小塩ら（2018）が抗議声明を発表し，有志が賛同した。

　上記の例はごく一部にすぎず，心理学者や心理支援職に携わる者による社会への働きかけは，他にも多く列挙することができるだろう。つまり，本書で掲げる「社会正義アプローチ」は，決して新規参入のアプローチではない。地道な活動に身を投じてきた有名無名の先達たちによる，集合的な「巨人の肩」の上に立つものであると強調したい。

　もちろん，後に述べるように，社会の要請に応えるつもりが時の為政者の野心に加担したり，時代の渦に呑み込まれたりして，心理学や心理臨床自体が社会不正義の担い手になってしまった歴史もある。しかし，だからといって社会の問題に無関心でいたり，沈黙に逃げたりしては，専門家集団もしくは個々の知識人として，社会的責任を果たしていると言えるだろうか（Said，1996）。時代の潮流を見つめ，社会で何が起きているのか，自分や自分が属する専門家集団がどういった立場に置かれ，何に加担しているのか，どのような行動を取るべきかを常に思考し，議論や対話を重ねていくことが重要だと私は考える。

2. 治療同盟における「社会的背景」という死角

　心理療法における治療関係を極端に簡略化すると，図 1-1 の形で表すことができる。クライエントとセラピストが対座し，言葉を交わす。従来の心理療法の理論では，クライエントの言語・非言語のコミュニケーションはクラ

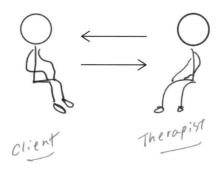

図 1-1　治療関係の略図（その 1）

図 1-2　治療関係の略図（その 2）

イエントの精神を写し出し，セラピストのそれはクライエントの精神に的確に介入する媒介として考えられてきた。

　社会正義アプローチはこの図にある大きな死角を可視化する。それは，クライエントとセラピストの両者を取り巻く「社会的文脈」である（図 1-2）。ここでいう社会的文脈には，広く時代精神，文化，国際情勢，社会問題，政策，治安，経済動向，地域環境，支配的な言説など，クライエントが相談室に持ち込む問題や治療同盟に対し，直接的にも間接的にも影響を与えるすべての要因が含まれる。

　図 1-3 は，私が 2022 年 11 月に関西カウンセリングセンターで，「不公正な社会の維持装置にならないため——心理療法における社会正義」というタイトルで行ったセミナーで使用した図である。少子高齢化や男女格差な

第 1 章　社会正義カウンセリング概要　　7

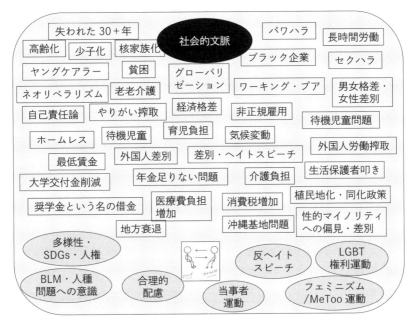

図 1-3　治療関係を取り巻く社会的文脈

ど，数世代にわたって解決をみない社会問題から，ワーキング・プア，ヤングケアラー，非正規雇用の増加，やりがい搾取など，近年顕著になったキーワードを無造作にピックアップして挿入した。社会問題は四角で囲み，それらに抵抗する社会運動は楕円で囲んである。これらは決して包括的に網羅したものではなく，本書が出版された頃には，一定の解決をみたり，もしくは変容して異なる名称を獲得したり，新たに顕著になる社会問題が入ることになるだろう。

　図 1-3 に普遍性がなく，数年ですたれてしまうであろうことを承知で挿入したのは，こうして見ることで，図 1-1 の簡略化した治療同盟が占める面積の割合は随分と小さく，社会的文脈のスペースには実にさまざまな問題が複雑に混み合っていることを可視化したかったからである。従来の心理療法理論や心理療法プロセス研究では，図 1-1 におけるクライエント，もしくはクライエント-セラピスト関係に焦点を置きがちで，このスペースに光を当ててこなかった。

もちろん，従来の心理療法でも，初回インテークの面談でクライエントの出自，学歴，経済や雇用状況，司法や福祉の介入履歴を尋ね，治療の見立てに反映することはあるだろう。また，すでに社会的決定要因（social determinant of health）という概念が心理学や精神医学に浸透しているではないか，という反論があるかもしれない。世界保健機関（World Health Organization, 2024）は，健康の社会的決定要因を「人々が生まれ，成長し，働き，生活し，年齢を重ねる営み，つまり日々の生活において，健康格差を生じさせる社会的，構造的な要因」と定義している。

しかし，もともと貧困や差別など，構造的要因を可視化するための革新的な用語であった「社会的決定要因」は，普及するにつれて次第に新自由主義的な言説に吸収され，その効用が半減してしまったように思う。「シングルマザー」「低所得者」「高校中退者」など，リスク要因としての社会的属性の特定に注力し，リスクを生じさせる構造を変えることなくそれらの属性に該当する者に介入し，ヘルスリテラシーを向上させ，行動習慣を改めさせる。そのような文脈で普及し，意味合いや用途が骨抜きにされてしまったからだ。そのため，あえて「健康の構造的決定要因（structural determinant of health)」という用語を使う研究者が出現しつつある。

社会正義アプローチでは，個人への介入だけに終始し，個人を抑圧的な構造に適応させることを良しとはしない。それどころか，たとえばトラウマ治療において Bryant-Davis（2019）は，抑圧構造を見過ごしたまま症状をもつ者を病理化し，その症状だけに注目し，不正義な社会に適合を促すことは倫理的に問題であるとしている。冒頭のキング牧師の言葉に通じる。

社会正義アプローチでは，クライエントだけでなく，セラピストを取り巻く社会背景にも自覚を促し，それらがどのように特権や周縁化の要因として相互作用し，治療関係を形づくり，心理療法プロセスに影響を与えるかを省察する姿勢を促す。そういう意味では，実は図1-3でもまだ単純すぎるといってもいい。第13章と COLUMN 11 で解説するインターセクショナリティを鑑みれば，クライエント，セラピスト，それぞれが交差する属性を持ち，特定の立場性（ポジショナリティ）から発話していることがわかる。

つまり治療同盟とは，特権と周辺化が複雑に，そして流動的に絡み合う，とある文脈のなかでの出会いである。そう考えれば，図1-3の治療同盟の両

者の間には，さまざまな要因が連鎖して作用し，発話ごとに変容する関係性のなかでうごめいていると分かるだろう。図1-3をもっと洗練し，発展させたものが，第2章に掲載の多文化と社会正義カウンセリング・コンピテンシー（Multicultural Social Justice Counseling Competencies：MSJCC）である。本書では，第2章で蔵岡がその詳細を解説し，第13章では私がカナダの大学院で実践しているMSJCCを用いた事例発表・スーパービジョンの手順を紹介している。

3. 第5勢力としての社会正義アプローチの興りと特徴

　20世紀からの心理療法やカウンセリング理論のパラダイムシフトを大きく時系列に捉えて，次のような分類がされている（Pedersen, 1991；Ratts et al., 2004）。まず，第1勢力として精神分析・力動的療法，第2勢力として行動療法と認知行動療法，第3勢力に実存主義心理学と人間性心理学，第4勢力に，1990年代に顕著になった多文化カウンセリング，そして，2000年代に体系化され第5勢力と呼ばれるようになった社会正義アプローチである。現在では，アメリカカウンセリング学会やアメリカ心理学会など，専門者組織の倫理規定やガイドラインの改訂に影響を及ぼすまでになった。

　ただし，第5勢力と認識されるようになったのは2000年代であっても，社会正義アプローチの歴史は古く，市民運動との歴史とともに発展してきた。安全でより人間的な労働環境や報酬を求めるFrank Parsonsによる社会運動と職業指導の歴史，フェミニストによる女性解放運動，人種差別撤廃のための公民権運動，LGBTの社会運動などである。以下，その特徴を整理したい。

　第1に，社会正義アプローチは，心理学の知見だけにとどまらず，学際的な視座と理論を基盤としている。その範囲は，ポストコロニアル理論，黒人心理学，解放心理学（Liberation Psychology），フェミニスト理論，クィア・トランスジェンダー理論，コミュニティ心理学，批判障害学に及ぶ。社会正義を職業倫理に掲げるソーシャル・ワークや公衆衛生学などの近隣領域にも学ぶことが多々あり，外に開かれたアプローチだと言えるだろう。

　第2に，社会正義アプローチは，主に有色人種の移民や移民2世，フェミ

ニスト，セクシャルマイノリティ，トランスジェンダー，先住民の心理学者たちによる集合的な運動や研究の蓄積を基軸にしている。第3勢力までは「○○の父」の呼ばれるような白人男性の創始者を祖とし，第4勢力の多文化カウンセリングでさえも，Allen Ivey や Paul Pedersen など，マイノリティの強力なアライであった白人男性が「第4勢力は多文化カウンセリングである」と宣言してこそ，そのように認知されるようになった。それを思えば，社会正義アプローチの興りというのは，歴史的および構造的な認識論的排除（Dobson, 2011）からの脱却を考えるうえでも興味深い。

　第3の特徴として，第3勢力まではそれぞれ異なる哲学的基盤のうえに築かれた独立したパラダイムであったのが，第4，第5勢力は，メタ理論として提唱されたことが挙げられる。たとえば，多文化カウンセリングは，フェミニスト理論やポストモダン理論を軸にしたナラティブセラピーとの親和性がありつつも，多文化コンピテンシーを取り入れた認知行動療法（Hays & Iwamasa, 2006；第8章）など，さまざまな学派への折衷・統合の模索がされ，変革をもたらしてきた。本書第Ⅱ部でも，社会正義アプローチとは独立した心理療法の新たな学派ではなく，それぞれの学派で実践できるアプローチとしての可能性を示している。

　第4に，社会正義アプローチでは，アドボカシーが重要な位置を占める。アドボカシー（Advocacy）の接頭語「ad-」には，「〜のほうへ」を表す to や toward の意味があり，「-vocacy」の部分は，職業や天職を指す vocation に由来を同じくし，calling や voice という「声」を内含している。つまり，「求めの声に応じる，声なき声を聴く」という意味があると理解できるだろう。それは，面接室での傾聴に止まらず，声のするほうに自ら赴き，それに応えるために行動するというアクション志向が根幹にある。

　アドボカシー・コンピテンスのモデルについては第2章に詳しいが，日本でも早くから井上孝代らが，個人（ミクロ）に焦点を置きがちな伝統的なカウンセリングの枠組みに挑戦し，多文化カウンセリングと社会構造への視点を取り入れたマクロカウンセリングやアドボカシーを提唱，実践してきた（井上ら，2004；井上，2013）。また，杉原（2021）は，心理療法統合を考えるうえで，「面接室での心理療法の実践に，社会的・政治的な視点を取り入れるという方向」と，「心理療法家が面接室の外で，社会正義を実現するため

の活動に関与していくという方向」（p. 214）の2方向からのアプローチを紹介している。

4. 人権に基づくアプローチと心理支援における人権教育

　以上，社会正義アプローチの興りと歴史，その特徴を見てきたが，近年更なる発展を遂げている。その1つとして，人権に基づくアプローチと心理支援における人権教育について詳しく述べる。

　2019年10月9日，世界メンタルヘルスデーに先駆けて，国連人権高等弁務官事務所が自殺予防についての声明を発表した（The Office of the High Commissioner for Human Rights, 2019）。うつ症状のスクリーニングと治療ありきの自殺予防対策から，平等で公正，生存可能な社会への形成という「人権に基づいた」対策への抜本的なパラダイムシフトを要請するという内容で，精神医療のコミュニティに少なくない衝撃を与えた。なぜなら，声明において，抗鬱剤投与など脳機能をターゲットにした治療に依存する医療化した自殺予防は，うつ病や希死念慮は脳内の「化学的不均衡に由来する」という誤った考えによって突き動かされたものであり，「エビデンスに基づいた実践ではない」と断言されていたからだ。薬物投与ありきの治療や強制的な措置入院ではなく，すべての生命が「生きるに値する（livable life）」ものであるために，それを阻害する不平等，貧困，差別，格差，ホームレスネス，それらから生じる治安不安，対人関係での暴力や権力格差を取り除く社会づくりを，自殺予防対策の主軸とすること呼びかけた。

　この声明は，世界規模での動向を反映している。まず，世界保健機関やグローバルノースの精神医学専門家グループ主導によるグローバル・メンタルヘルス運動への反動がある。2000年代に顕著に見られた，低所得および中所得の国々への「スケールアップ（サービス拡大）」をキャッチフレーズに展開したグローバル・メンタルヘルス運動は，結果として，欧米の薬剤会社の市場拡大，伝統的なヒーリング・プラクティスの衰退や非合法化を引き換えにしたグローバル・ノースの精神医学専門家の権威増強，コミュニティの共同サポートの弱体化を引き起こしたという批判がある（Ibrahim, 2017；Mills, 2014）。

並行して，世界では人権教育が進み，精神医療のユーザー，サバイバーたちが声を上げ始めた。2006 年に採択された国連の「障害者の権利に関する条約」では，World Network of Users and Survivors of Psychiatry などの草の根グループが国境を超えて連帯し，専門者会議での発言権を求め，その起草に積極的な役割を果たした（Ibrahim, 2017；伊東，2021）。「私たちのことを，私たち抜きに決めないで（Nothing About Us Without Us）」という障がい者運動のスローガンには，精神障害[*1]の当事者も含まれるのである。

　このような動きは，社会正義アプローチだけでなく，心理学全体や心理支援職の養成教育にも大きな影響をもたらしつつある。たとえば，アメリカ心理学会では 2016 年に「人権タスクフォース」が設けられた。2022 年の最終レポートでは，すべての心理学者が，心理学と人権が密接な関係にあることを理解し，人権意識を推進するためのガイドラインとして，①個人の尊厳と価値の尊重，②健康と福祉の促進，③平等と公平性の確保，④コミュニティと社会の支援，⑤グローバルな視点と責任，という 5 つの接続点からなる「Five Connections」と名付けられた枠組みが提案されている（American Psychological Association, APA Task Force on Human Rights, 2021）。

　ヨーロッパに目を向ければ，37 カ国の心理学会からなる欧州心理学協会連合（European Federation of Psychologists' Associations）において，2013 年に「人権と心理学委員会」が発足している。①人権意識の向上，②人権侵害の防止，③人権侵害の影響軽減の三本の柱を打ち立て，その活動をもとに出版された「心理学における人権教育」と題した編著（Hagenaars et al., 2020）では，心理学と人権の相互不可欠性，つまり「心理学には人権の知見が必要であり，人権には心理学の知見が必要であること」が強調されている。

　さらに，カナダ心理学会でも，2021 年に「人権と社会正義委員会」が発足し（のちに「人権と公平性委員会」と改名），私も発足当時からのメンバーとして活動している。また，2023 年に改定されたカナダ心理学会の認定規定では，人権教育が理念に盛り込まれ，認定や認可更新を希望する養成

＊1　「心理社会的障害（psychosocial disability）」という用語が好まれる場合がある。

機関の評価対象として加えられた。それに先立ち，カルガリー大学では「心理専門職における社会正義，脱植民地主義，人権」という授業を修士課程の必修科目として設けている（第14章参照）。

日本心理学会（2023）は，ワーキンググループが中心となって作成した「心理学における多様性尊重のガイドライン」を発表した。多様な個人の尊厳の尊重を理念と明記し，「人々の多様性を認め，人権を尊重し，多様な社会的属性や個人的特性を持つ人たちが差別されることなく，苦痛や不利益を被ることなく，権利と尊厳が守られ，安心して活動できるようにする」（p. 2）ことを目的としたこの文書は，人権に基づいた心理学が日本で根ざすにあたり，極めて重要な里程標となることだろう。

5. 社会不正義への加担を自己監視する批判心理学という視点

本章では，心理学が社会に積極的に働きかけてきた歴史，そして社会正義アプローチの興りとその特徴を述べてきた。しかしながら，心理学には社会不正義へ加担した歴史があることも忘れてはならない。たとえば，米国での知能検査の改定の歴史には，優生思想および優生劣廃学運動と連動し（サトウ・高砂，2003/2022），その思想に沿う形での心理学研究の捏造と歪曲（Gould, 1996）が行われた。

近年では，CIAや国防総省によるグアンタナモ米軍基地などの容疑者収容所で行われた拷問[*2]に，アメリカ心理学会が関与していた疑いを検証した第三者検証「ホフマン・レポート」が大きな衝撃を与えた。学会の一部の役員による国防総省との利益相反，国防総省やCIAの要求に応じての意図的な倫理規定の緩和，学会内部での圧力や隠蔽体質などの事実が明らかになり，役員の辞任や倫理規定の改訂など，学会内部の大規模な改革が求められるに至った。

カナダも例外ではない。カナダ心理学会の創始者の一人は，アルバータ州

[*2] アメリカの軍事機関内，また心理学会の内部で，「拷問」の代わりに「強化尋問技術」という用語が使われていた。しかしこのような用語の「浄化（sanitization）」自体が，集団や機関が道徳的判断を放棄して，組織的な野蛮な行為におよぶメカニズムのひとつであると，Bandura（2015）は指摘している。

の優生保護法に長年関わっていた人物であるし（Stam & Barlow, 2020），私の母校であるマッギル大学では，その附属精神病院においてかつて CIA が出資した洗脳実験が行われ，著しい人権侵害の事実が後に明るみになった（McCoy, 2006；McKoen & Cashore, 2017）。私が心理の道を歩み始めたとき，すでに負の歴史からの一歩だったのだ。

　また，アメリカだけでなくカナダでも同性愛が精神疾患だという前提のもと，指向の矯正を目的とする転向療法（Conversion Therapy）が行われてきた。1976 年に同性疾患は DSM-III から外され，転向療法はカナダでは2022 年に正式に違法化されるに至ったものの，それまで多くの同性愛者が偏見に苦しみ，今も医原性の苦痛とトラウマに苛まれている。

　上記は，不正や権力構造への加担，人権侵害の一例であるが，心理学には，明らかな過失がなくても間接的に社会の不正に加担してしまうことがある。たとえば，五十嵐（2021）は，心理検査や心理療法などの「心理学的生産物」が社会に普及したとき，人々の利益のためではなく，「管理し統治するため」（p. 106）に用いられることがあることを指摘する。本書では，第 9 章で心理学と新自由主義の親和性について解説し，また第 10 章では，マインドフルネスが企業や学校，もしくは軍事活動で，管理や統治のための手段として使われていることについて触れた。

　そのため，批判心理学の視点を持つことが必要だ。五十嵐（2021）は，Barr（2015）を引用し，批判心理学には，「心理学自体がいかに不平等に寄与しているかを考察する」という役割があるとしている。また，心理学に蔓延する，自学問中心主義（discipline-centrism），自文化中心主義（ethno-centrism），私的利益中心主義（ego-centrism）の 3 つの中心主義に注視し，批判的に検討することで，福祉や幸福に寄与する心理学を目指すとしている。

　このような批判的な視点は，近年の心理学の動向に確実に影響を与えていると言えるだろう。たとえば，先述のアメリカ心理学会における人権タスクフォースのレポートでは，ホフマン・レポートで晒された心理学の悪用や権力腐敗が，いかに人権侵害を引き起こすかについて多くの枚数を費やして検証している。さらに 2021 年，アメリカ心理学会が人種差別や先住民に対する植民地化に加担し，学会内での白人優位性に対し是正の努力を怠ってきた

ことについて正式に謝罪を表明した（APA, 2021）。アメリカ心理学会に先駆けカナダでも，カナダ心理学会とカナダ心理財団（Canadian Psychological Association & The Psychological Foundation of Canada, 2018）が共同で組織した作業部会により，先住民民族の虐殺と同化政策への心理学の加担を謝罪し，脱植民地化に努めるための計画を明記したレポートが発表されている。

6. おわりに

　本章は，本書の第1章として，社会正義アプローチの概要を取りまとめる役割を担っている。しかしながら，この概要が包括的で偏りがないものであるかというと，そうは言い難い。別の筆者が担当をしていたら，たとえばもっとコミュニティ心理学の貢献や，解放心理学を強調したかもしれない。また，新植民地主義的な西洋心理学至上主義（第10章）を踏襲しないよう，日本語文献や日本での動向を含めるよう努めたが，私自身がカナダの大学で教育を受け，教鞭を執っているため，限界があったことは間違いない。今後，別の著者による，違う視点からの社会正義アプローチの概要が待たれる。

　さて，この極めて限定的で暫定的な社会正義アプローチの概要では，社会正義アプローチの興りや歴史，特徴，近年の動向を簡潔にまとめた。最近の各国での心理学の動向や専門機関への影響を鑑みれば，社会正義アプローチが心理の辺境から主流に食い込んできていることがわかるだろう。

　しかし，心理学史を振り返れば，さまざまな概念やアプローチのいっときの流行とその終焉をみてきた。とあるパラダイムが影響力を持つようになると，振り子の揺り戻しのように後戻りの憂き目を見ることもある。私は，ある意味で，社会正義アプローチが注目を浴び主流に食い込むことの影響を懸念している。一過性のブームで終わってしまっては，必ず置き去りにされる人々がいるからだ。それ自体が，不正義への加担になってしまう。

　だからこそ，本書が，息の長い知見の構築と実践，研鑽へのいざないとなることを願う。

【引用文献】

Allport, G. W. (1945). Human nature and the peace. *Psychological Bulletin*, **42** (6), 376-378.〔https://doi.org/10.1037/h0054600〕

American Psychological Association. (2021). Apology to people of color for APA's role in promoting, perpetuating, and failing to challenge racism, racial discrimination, and human hierarchy in U.S.〔https://www.apa.org/about/policy/resolution-racism-apology.pdf〕

American Psychological Association, APA Task Force on Human Rights. (2021). Moving human rights to the forefront of psychology: The final report of the APA Task Force on Human Rights.〔https://www.apa.org/about/policy/report-human-rights.pdf〕

Bandura, A. (2016). *Moral disengagement: How people do harm and live with themselves*. Worth Publishers.

Barr, B. (2015). *Social constructionism* (*3rd. ed*). Routledge.〔田中一彦・大橋靖史（訳）(2018). ソーシャル・コンストラクショニズム——ディスコース主体性身体性. 川島書店〕

Bryant-Davis, T. (2019). The cultural context of trauma recovery: Considering the post-traumatic stress disorder practice guideline and intersectionality. *Psychotherapy*, **56** (3), 400-408.〔https://doi.org/10.1037/pst0000241〕

Canadian Psychological Association & The Psychology Foundation of Canada. (2018). Psychology's response to the Truth and Reconciliation Commission of Canada's report: A report of the Canadian Psychological Association and the Psychology Foundation of Canada.〔https://cpa.ca/docs/File/Task_Forces/TRC%20Task%20Force%20Report_FINAL.pdf〕

Dobson, K. (2011). Tracking epistemic violence, tracking practices of silencing. *Hypatia*, **26** (2), 236-257.〔https://doi.org/10.1111/j.1527-2001.2011.01177.x〕

Faye, C. (2011). "Education for democracy": SPSSI and the study of morale in World War II. *Journal of Social Issues*, **67** (1), 12-26.〔https://doi.org/10.1111/j.1540-4560.2010.01680.x〕

Gould, S. J. (1996). *The mismeasure of man* (*Revised and extended ver.*). W. W. Norton.

Hagenaars, P., Plavšić, M., Sveaass, S., Wagner, U., & Wainwright, T. (Eds.). (2020). *Human rights education for psychologists*. Routledge.

Hays, P. A., & Iwamasa, G. Y. (Eds.). (2006). *Culturally responsive cognitive-behavioral therapy: Assessment, practice, and supervision*. American Psychological Association.〔https://doi.org/10.1037/11433-000〕

Ibrahim, M. (2017). Mental health in Africa: Human rights approaches to decolonization. In. M. Morrow & L. H. Malcoe (Eds.). *Critical inquiries for social justice in mental health*. University of Toronto Press, pp. 113-137.

五十嵐靖博 (2021). 批判心理学からみた社会構成主義——理論心理学的アプローチとディスコース分析，リフレキシビティ. 能智正博・大橋靖史（編）ソーシャル・コンスト

ラクショニズムと対人支援の現場——理論から実践へ．新曜社，pp. 101-126.

井上孝代（編）（2013）．臨床心理士・カウンセラーによるアドボカシー．風間書房．

井上孝代（編）裵岩奈々，菊池陽子（共著）（2004）．マクロカウンセリング実践シリーズ　共感性を育てるカウンセリング——援助的人間関係の基礎．川島書店．

井上摩耶子（2010）．フェミニストカウンセリングの実践．世界思想社．

伊東香純（2021）．精神障害者のグローバルな草の根運動——連帯の中の多様性．生活書院．

いとうたけひこ・杉田明宏（2001/2014）．平和心理学の歴史．心理科学研究会（編）　平和を創る心理学——私とあなたと世界ぜんたいの幸福を求めて．ナカニシヤ出版，pp. 23-44.

King, M. L., Jr. (1968). The role of the behavioral scientist in the civil rights movement. *American Psychologist*, **23** (3), 180-186.

McCoy, A. W. (2006). *A Question of torture: CIA interrogation, from the cold war to the war on terror*. Metropolitan Books.

McKoen, B. (Writer) & Cashore, H. (Producer) (2017, Dec 15). Brainwashed: The secret CIA experiments in Canada [TV documentary series episode]. Fifth Estate, CBC/Radio-Canada: [https://www.cbc.ca/player/play/video/1.4451967]

Mills, C. (2014). *Decolonizing global mental health: The psychiatrization of the majority of world*. Routledge.

日本心理学会（2023）．心理学における多様性尊重のガイドライン．[https://psych.or.jp/wp-content/uploads/2023/03/Guidelines.pdf]

小塩真司・尾見康博・平石界・三浦麻子・山田祐樹（2018）．心理学研究の素朴な引用によって差別的言動を正当化する行為に対する意見声明．[https://osf.io/preprints/psyarxiv/xh7fr]

Prileltensky, I. (1994). On the social legacy of B.F. Skinner: Rhetoric of change, philosophy of adjustment. *Theory & Psychology*, **4** (1), 125-137. [https://doi.org/10.1177/0959354394041006]

Pedersen, P. (1991). Multiculturalism as a fourth force in counseling. *Journal of Counseling and Development*, **70** (1), 6-12.

Ratts, M., D'Andrea, M., & Arredondo, P. (2004). Social justice counseling: A "fifth force" in the field. *Counseling Today*, **47**, 28-30.

Said, E. W. (1996). *Representations of the intellectual*. Penguin Random House. [大橋洋一（訳）（1998）．知識人とは何か．平凡社]

Stam, H. J., & Barlow, A. (2020). John M. MacEachran and eugenics in Alberta: Victorian sensitivities, idealist philosophy, and detached efficiency. In F. W. Stahnisch & E. Kurbegović (Eds.), *Psychiatry and the legacies of eugenics: Historical studies of Alberta and beyond*. Alberta University Press, pp. 37-56.

サトウタツヤ・高砂美樹（2022）．流れを読む心理学史——世界と日本の心理学（補訂版）．有斐閣

杉原保史（2021）．倫理・社会正義・政治と臨床実践との統合．杉原保史・福島哲夫（編）

心理療法統合ハンドブック. 誠信書房

The Office of the High Commissioner for Human Rights (2019, October 9). Removing obstacles to liveable lives: A rights-based approach to suicide prevention. [https://www.ohchr.org/en/statements/2019/10/world-mental-health-day-10-october-2019?LangID=E&NewsID=25117]

Walsh, R. T. G., & Gokani, R. (2014). The personal and political economy of psychologists' desires for social justice. *Journal of Theoretical and Philosophical Psychology*, **34** (1), 41-55. [https://doi.org/10.1037/a0033081]

World Health Organization (2024). Social determinants of health. [https://www.who.int/health-topics/social-determinants-of-health#tab=tab_1]

第2章
社会正義アプローチにおけるコンピテンシー

［蔵岡智子］

1. 社会正義とは

　社会正義という言葉は，学校の道徳の授業においても使用されている。小学校の道徳の指導要領（文部科学省，2017）には「公平，公正，社会正義」の内容項目があり，「民主主義社会の基本である社会正義の実現に努め，公正，公平に振舞うことに関する内容項目である」とされている。しかし，内容を見てみると「社会正義は，人として行うべき道筋を社会に当てはめた考え方である。社会正義を実現するためには，その社会を構成する人々が真実を見極める社会的な認識能力を高め，思いやりの心などを育むようにすることが基本になければならない」と続いており，公正・公平・平等という意味合いを含む社会正義（social justice）というより，道徳科目ということもあって，元来儒教の用語である日本語の「正義（人として踏み行うべき正しい道理)」に近いものとなっている。そもそも指導要領の項目自体が「公平・公正・社会正義」となっていることからも，日本語の社会正義の語感には含まれにくい「公平・公正」を，わざわざ補っている印象もある。

　このあたりが社会正義の概念を扱う際に難しいところではないかと，常々考えている。というのも，国内で「正義」というと，「正義を振りかざす」「正義の暴走」といった，「一方的な価値観を押し付ける」というようなマイナスイメージで語られることのほうが多いためである。社会における公平さ・公正さとの意味合いからは，距離があるように思う。「正義の味方」であっても，自分の考えを正義と決めつけて，迷いなく悪を抹殺するというイメージが強いからだろうか，そうした非省察的な態度に拒否感を感じる人が多いのかもしれない。心理支援者にとって，自分の属性や社会化の過程で内面化された信念・規範などを批判的な姿勢で省みる姿勢は，社会正義を学ぶ

うえで最も大事なものと言ってもよいだろう（第15章）。このような姿勢が社会正義の実践には必要ではないかということを，最初に押さえておきたいと思う。

Toporekら（2006, p.1）によると，社会正義とは「人種，性別，能力，性的指向，身体的特徴，宗教的信条に関係なく，すべての人に公平で公正な利益の配分を行うこと」である。さらに，社会正義を心理支援に当てはめて，「機会や資源が公平に分配されるように支援し，資源が不公平または不平等に分配されている場合には，公平性を確保するよう支援すること」としている。これには，「アクセス性，資源分配，人権の面で不公平な慣行，構造，政策を永続させる社会制度，政治・経済システム，精神構造を変えるために積極的に働きかけること」が含まれるという。

このように考えると，心理支援の実践において，そもそも心理支援を受ける機会が公平に提供されているのか，一部の人にしか伝わらないかたちでしか情報が発信されていないのではないか，心理支援が社会的に弱い立場にある高齢者や子ども，障害やマイノリティ性を持つ人々の人権を損なうような仕組みを内包してはいないか，このような仕組みを是正し，公平・公正な社会に向けた働きかけが必要なのではないか，といった視点に立つことができるだろう。さらに先ほど述べたように，心理支援者が省察的な姿勢を持たずにいると，社会的に周縁化された人々に対してマイクロアグレッションを繰り返すことにもなりかねない。

Ratts（2009）は，心理支援が精神分析（第1勢力），認知行動療法（第2勢力），人間性心理学（第3勢力）といった伝統的学派から，文脈の中の個人に焦点を当てた多文化カウンセリング（第4勢力），そして社会正義アプローチ（第5勢力）へと移行しているという。

心理支援が個人の内界のみを対象としていた時代から，個人を取り巻く環境，社会をも含むパラダイムに変容していると言えるだろう。そこで本章では，このような社会正義の実践において，心理支援者にはどのようなコンピテンシーが必要とされるのか考えていきたいと思う。

2. 心理支援者の役割の拡大

　社会正義をはじめ心理支援において，社会的文脈を重視する考えは決して真新しいものではなく，フェミニズム・カウンセリング（第3章），コミュニティ心理学（第4章），ナラティブセラピー（第5章），批判心理学，精神分析（第6章），また多文化カウンセリングなどで重視されてきた。歴史を振り返れば，Carl Rogers の晩年の活動も，そのロールモデルと言えるだろう（第7章）。

　しかしながら，これらの社会的文脈を重視する実践は，個人やグループを対象とした伝統的な実践の周辺に位置づけられ，「ボランティア的な活動」（井上，2013，p.9）と捉えられてきた。Pope（1990）は，経済的に恵まれない地域で，うつや不安症に対して行われるプロジェクトを例に，その問題点を指摘している。もし，経済的基盤の脆弱さによる生活不安やそれによってもたらされるスティグマによる影響に目を向けずに，個人化・医療化された支援のみが行われれば，クライエントの回復を妨げ，「鎮める」または「蓋をする」だけだというのである。

　国内の心理支援は主として社会経済的な中間層を想定した海外の理論・実践から形作られており，経済格差・貧困が広がり，多様性が増すなか，社会のシステムや構造上の課題を背景に持つメンタルヘルスの問題を，心理支援のターゲットとして捉えることが迫られているのではないだろうか。

　Vera と Speight（2003）は，社会正義を志向する取り組みにおいて，心理支援者はその役割を拡大して，組織や地域において社会システム，制度，予防的な介入に関わることが重要であると主張している。ソーシャルワーカーをはじめとする他の精神保健従事者や医療職が同様の専門性を有しているとしても，心理職が持つ専門性により，独自の貢献ができるというのである。たとえば，傾聴と共感という専門性の高いスキル・態度は，意見の相違や対立を伴う組織内や社会での活動にも，役立てることができると考えられる。

3. 社会正義と倫理

　さらに言えば，伝統的な心理学的アプローチによるカウンセリングでは，社会システムや組織に基づく問題を十分に解決することはできないことから（Ratts & Pedersen, 2014），社会正義の実践を倫理的な課題として捉える動きもある（Lee & Walz, 1998）。社会的に不公平・不公正な出来事に遭遇しても「何もしないこと」を選択する心理支援者の倫理性を問おうというのである。

　米国心理学会（APA）が掲げる「心理学者の倫理原則と行動規範」には5つの一般原則があり，その1つが「正義（justice）」である（APA, 2016）。「心理学者は，公正と正義によって，すべての人が心理学にアクセスし，心理学の貢献から利益を得ることができ，心理学者が行うプロセス，手順，サービスにおいて同等の質を得ることができることを認識する。心理学者は合理的な判断を行い，自らの潜在的な偏見，能力の限界，専門性の限界が不公正な実践につながったり，それを容認したりすることがないように予防措置を講じる」と説明されている。米国の公的なカウンセラー資格を所持する実践家や研究者が所属する，全米規模の協会である米国カウンセリング協会（ACA）の倫理規定の前文においても，「社会正義を促進する」と明記されている（ACA, 2014）。

　日本の対人援助の近接領域である，社会福祉領域に目を向けてみるとどうだろうか。社会福祉領域では，日本社会福祉士会の倫理綱領の5つ原理に，「人間の尊厳」「人権」「社会正義」「集団的責任」「多様性の尊重」が挙げられている（日本社会福祉士会，2020）。原則の1つとして「社会正義」が取り上げられており，「社会福祉士は，差別，貧困，抑圧，排除，無関心，暴力，環境破壊などのない，自由，平等，共生に基づく社会正義の実現をめざす」とされている。この5原理はソーシャルワークのグローバル定義を踏まえて2014年に採択されたものだが，「人権」と「社会正義」の2原理は，それ以前からソーシャルワークの原則として据えられてきた。社会福祉がその誕生から社会的に周縁化された人々の権利擁護から発展してきたことを考えれば，至極当然のことだと言えるだろう。同様の動きは看護領域にも見ら

れ，日本看護協会は社会正義やグローバルな視点を，2021年の倫理綱領の改定の際に盛り込んでいる（日本看護協会，2021）。

ここで，日本臨床心理士会の倫理綱領を見てみよう（日本臨床心理士会，2009）。基本的人権を守り福祉の増進を目的とする，とされる前文の後半に，「専門的職業人であるとともに一人の社会人としての良識を保持するよう努め，その社会的責任及び道義的責任を自覚し…（以下略）」とある。社会的責任・道義的責任の語に社会正義につながるニュアンスを感じることはできるが，社会正義の語は明確には含まれていない。日本公認心理師協会の倫理綱領も同様である（日本公認心理師協会，2020）。

4. 国内における社会正義

第1章で紹介されたように，心理支援における社会正義アプローチは，市民運動の歴史とともに発展し，Personsによる職業指導，フェミニストによる女性解放運動，人権差別撤廃のための公民権運動などといった社会運動と人権に対する意識の高まりと連動しており，その発展の背景には米国独自の歴史的経緯および社会背景がある。社会正義の発展の礎となった多文化主義の立場から，大西（2020，p.7）は，「北米における文化に留意した支援の議論が，構造的な格差や差別の存在とその是正を目指す社会的背景の中で生まれ発展してきたことに対して，日本における多文化支援・外国人支援は，それとは異なる歴史・社会的文脈の中で展開していることを踏まえ，日本の援助実践の課題を理解することが必要といえる」と述べている。

国内では，精神分析（第1勢力），認知行動療法（第2勢力），人間性心理学（第3勢力）といった伝統的学派は，心理支援者の養成においても扱われており，実践の場でも広く用いられている。しかしながら，いまだ多文化カウンセリング（第4勢力）を「日本語以外で実施される外国人を対象としたカウンセリング」（大西，2017，p.170）とする認識に多くの心理支援者がとどまっている現状がある。

多文化主義への理論・実践への発展が見られない背景には，人種，民族性，宗教といった国内の認識が，米国の歴史的経緯および社会背景と大きく異なるという事情が作用していることは明白である。国内を振り返れば，障

害者福祉，性的マイノリティをめぐる支援などに社会正義の萌芽がありつつも，人種・民族，宗教といった属性において認識は高まっているとは言い難い。国内において社会正義の議論を進めていくにあたっても，国内の現状を十分に鑑み，検討していくことが必要だと言えるだろう。

　そこで，近年国内において法制定も含めて状況に大きな変化がある，障害者差別について目を向けてみよう。2006 年に障害者権利条約が採択され，2014 年に日本が批准する過程で，障害者基本法，障害者差別解消法などの関連法案が整備され，「障害の社会モデル」の概念が浸透するとともに，学校教育においては学校教育法が改正され，特別支援教育が開始されるなど大きな動きがあった。これまでは心理面のみに注力しがちであった学校でのスクールカウンセラーの支援においても，障害を持つ生徒が直面している状況が学習面・心理面でも困難にあると思われるならば，周囲の環境に働きかける，学校や地域の制度的な刷新を求め調整するといった，まさしく教育を受ける権利を擁護し，公正で公平な扱いを求める社会正義アプローチというべき支援が，根付きつつあると言えるだろう。

5. コア・コンピテンシー

　心理臨床領域においても，社会正義への関わりを感じさせる兆しがある。公認心理師法の改正を前に，関連団体から出されている提言の中に，社会正義において重視される社会的文脈を意識した内容が含まれているのである。これまでの心理臨床領域が，個人を対象とした教育や実践に傾きがちであったことを考えると，風向きの変化を感じるところである。ここで，これらの提言を概観しつつ，心理支援者に求められるコンピテンシーの中に社会正義がどのように組み込まれているのか述べていきたい。

　日本心理臨床学会（2022）は，公認心理師法の改正を前に養成のあり方について提言をまとめており，その中で「心理学を現代社会の問題の解決と支援に活かすことができる教育」とする必要性を訴えている。その具体案として，心理学教育の早い段階から社会における心理的問題の実態とその影響についての見識を持つことを目的として，「社会と心理学」という科目を開設し，アクティブラーニングを通して学ぶことを提言している。これまで，は

心理学は個人を社会的文脈から切り離し，個人化・医療化の流れが強かったことを考えれば，インパクトのある一文である。

　同様に，日本公認心理師養成機関連盟（2023）も公認心理師養成のカリキュラムを提言しており，こちらはコンピテンシー・モデルに基づくものとなっている。この元となったモデルは，Fouad ら（2009）により提示されたコア・コンピテンシーである。これは，基盤コンピテンシー・機能コンピテンシーを立体的に示した，Rodolfa ら（2005）のキューブ・モデルを発展させたものである。

　Fouad ら（2009）は改定の際に，専門性（professionalism）などいくつかのコンピテンシーが付け加えたが，その1つがアドボカシー（advocacy）である。後述するように，アドボカシーは社会正義を達成するための専門家がとる行動を指しており，社会正義と関連の深いコンピテンシーである。公認心理師をめぐる提言に，社会正義そのものの語は登場しないものの，アドボカシーが登場したことは注目すべきことであろう。

　なお，このモデルはさらなる改定を経て，現在の米国心理学会（APA）が示すコンピテンシー評価基準（ベンチマーク）となっている（APA, 2011）。そこに示されるコンピテンシーのうち，アドボカシーに関わるコン

表2-1　APA によるアドボカシーに関わるコンピテシーの評価基準（抜粋）

A　エンパワメント		
実習への準備	インターンシップへの準備	実践への準備
個人，制度，システムに影響を与える社会的，政治的，経済的，文化的要因に加え，介入を求めるようになるその他の要因についても認識すること。	サービス提供の文脈において，人間の発達に影響を及ぼす可能性のある社会的，政治的，経済的，文化的要因について認識する。	発達や機能に影響を与える要因に対する行動を促進するために，クライエントに介入する。
B　組織変革		
実習への準備	インターンシップへの準備	実践への準備
個人・組織レベルの介入とシステムレベルの変化の違いを理解する。	個人の機能を高めるための変化を促す。	制度，コミュニティ，社会のレベルでの変化を促進する。

（American Psychological Association, 2011）

ピテンシーについて抜粋したものを示す（表2-1）。職業能力としてのアドボカシーには，エンパワメントと組織変革の実践力が必要だとされ，各コンピテンシーについて，「実習への準備」「インターンシップへの準備」「実践への準備」と養成段階のプロセスに沿って記述されている。

6. アドボカシー・コンピテンシー

　アドボカシーについて，もう少し詳しく見てみよう。アドボカシーは社会正義を達成するために行われる行動のことで，Changら（2010, p.84）は「公正で公平な扱いを保証するために，クライエントや，クライエントのシステムに属する人々や，その周囲の人々と共に，あるいは彼らのために行動すること」とした。ToporekとLiu（2001, p.387）は「クライエントの幸福に対する外部および制度的な障壁の除去を促進するために，カウンセリング専門家がとる行動」としている。

　国内では，コミュニティ心理学の立場から井上（2004）によって紹介され，権利擁護・代弁と訳されることも多い。近年，特に児童福祉領域を中心に注目されており，2022年の児童福祉法等の一部改正により，児童の意見・意向を聴取するなどの措置を講ずることが明示され，訪問アドボカシーや意見表明支援員の育成などが行われるようになっている。

　アドボカシーは，先に示したアメリカ心理学会（APA）の評価基準（ベンチマーク）にも登場するが，それ以前からアドボカシーに関する取り組みを開始していたのは，米国カウンセリング協会（ACA）である。ACAでは，1990年代の後半からアドボカシーに重点を置いた取り組みを始め，2003年には43項目のアドボカシー・コンピテンシーを発表した（Lewis et al., 2003）。2018年に改定され，現在は6領域59項目となっている（Toporek & Daniels, 2018）。

　ACAではアドボカシー・コンピテンシーを，「学生，クライエント，クライエントグループ，または集団全体が直面している，システム上の障壁や問題に対処するために実施可能な，カウンセラーとして必要なスキル，知識，行動」と捉え，エンパワメントから社会変革へとつながるカウンセリング行為の連続体であるとしている。図2-1は，6領域で示されるアドボカ

第2章 社会正義アプローチにおけるコンピテンシー　27

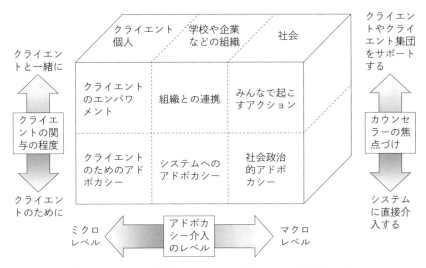

図2-1　ACAアドボカシー・コンピテンシーの6領域モデル
(Toporek & Daniels, 2018／杉原, 2021)

シー・コンピテンシーのモデル（以下, 6領域モデル）である。

　6領域モデルでは, アドボカシーの介入レベルを, ミクロレベルであるクライエントから, メゾレベルである学校や企業などの組織, マクロレベルである社会とに分けている。そして, それぞれをクライエントの関与の程度により, クライエントと一緒に行うものと, クライエントのためにカウンセラーが行うものと2つに分けている。図内の点線は異なる次元や領域が相互に排他的ではないことを示し, アドボカシーは複数のアプローチが取られたときに最も効果的である可能性を示している。

　Lewisら（2011, p.206）は,「個人を助けることと, 個人に影響を与える社会的・政治的システムに対処することは, 同じ仕事の2つの側面である」と述べているが, この6領域モデルを見てみると, アドボカシーが, ミクロレベル（個人）からそれを取り巻く学校や企業などのメゾレベルの環境, さらにマクロレベル（社会全体）とのつながりをもった取り組みであることがよくわかるだろう。各領域については以下, 蔵岡ら（2023）より引用する。

(1) クライエントのエンパワメント（Client Empowerment）

　クライエントのエンパワメントは，カウンセラーがクライエントと一緒に行うもので，カウンセラーはクライエントが直面する制度上の障害を特定し，それにどのようにアプローチし，対処するのかを学ぶことができるようサポートする。一連の体験について，クライエントの内省的処理を促進することも含まれる。具体的には，クライエントのリソースを特定すること，クライエントに影響を与えている社会的・政治的・経済的・文化的要因を特定すること，セルフ・アドボカシーのスキルについてトレーニングをすること，などである。

(2) クライエントのためのアドボカシー（client advocacy）

　クライエントのためのアドボカシーは，カウンセラーがクライエントのために行うもので，カウンセラーがクライエントにはアクセスすることが難しい社会資源を利用できるよう，制度に直接働きかけるといったことを指す。クライエントに報復の恐れがあるときや，コミュニケーションや認知の問題などがある場合にも，この方法が適切である可能性がある。多くの場合このアドボカシーは，カウンセラー自身の組織や学校内のシステム的な問題に取り組むことを含む。

(3) 組織との連携（community collaboration）

　組織との連携では，カウンセラーはクライエントグループや組織と一緒に，制度的な障害や問題を特定し対処する。カウンセラーの役割は，グループと協力関係を築き，対人関係やコミュニケーションなどに専門的なスキルを提供することであり，グループや組織が問題を検討し，行動方針を決定することを支援する。

(4) システムへのアドボカシー（systems advocacy）

　システムへのアドボカシーは，カウンセラーが学校や企業などの組織やコミュニティの中でそのシステムに働きかけ，クライエントやクライエントグループのためにアドボカシーを行うことを指す。カウンセラーは，クライエ

ントやクライエントグループの成長を妨げる制度的な要因に気づいたとき，環境を変えて問題を防ぐことができればと思うことがよくあるだろう。学校の部活動といった既存のグループがカウンセラーに助けを求めてくることもあれば，カウンセラーがある集団の中で繰り返し起こっているテーマについて気づくこともある。制度的な変化には組織内で抵抗が起こることも多く，データを提供して専門的知識を共有し，ビジョンを示すことも必要となる。

(5) みんなで起こすアクション（collective action）

みんなで起こすアクションとは，カウンセラーがグループと一緒に，世間の認識や政策を変えることによって改善できる問題に取り組むアドボカシーを指す。カウンセラーはクライエントグループの一員として，自分の知識とスキルと提供する。これには，問題に対する人々の認識を高めること，立法や政策変更のため意思決定機関に働きかけること，などが含まれる。

(6) 社会政治的アドボカシー（social/political advocacy）

カウンセラーがクライエントやクライエントグループのために，これまで直面してきた問題に対処するために，より大きな舞台で行うアドボカシーを指す。ある問題に関する報告書を作成したり，公聴会での証言，問題意識を高めるためのマスメディアへの出演，専門家として代表して発言する，といったことである。

以上，ACA の 6 領域モデルの各領域について見てきた。ミクロレベル，メゾレベルまでは，自らの実践を振り返ってみるとイメージがつきやすかったのではないかと思うが，心理支援の多くは社会や政治的な課題に対して働きかけるということになじみが薄いため，マクロレベルとなると一気にハードルが上がると感じる人が多いかもしれない。しかしながら，クライエントを取り巻く組織や環境に目を向ければ，マクロレベルの社会的な課題，法制度，政治的課題などが背景に横たわっていることは，容易に想像できるのではないだろうか。

7. 多文化と社会正義カウンセリング・コンピテンシー（MSJCC）

近年アドボカシー・コンピテンシーを，多文化主義と社会正義のコンピテンシーの一側面として統合する動きがあり，Ratts ら（2016）により，多文化と社会正義カウンセリング・コンピテンシー（MSJCC：Multicultural

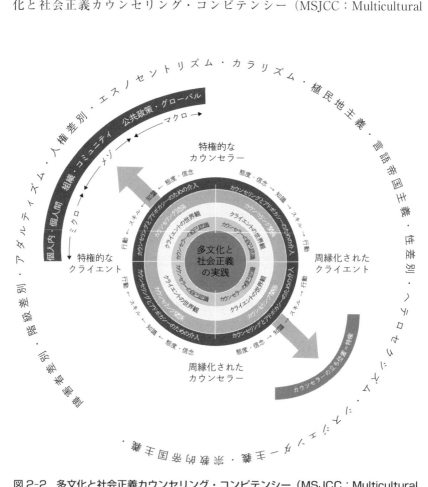

図 2-2　多文化と社会正義カウンセリング・コンピテンシー（MSJCC：Multicultural and Social Justice Counseling Competencies）

（Singh et al., 2020／蔵岡ら，2023 を元に著者一部改変）

and Social Justice Counseling Competencies）として発表されている（改訂版は Singh et al., 2020：図 2-2 参照）。MSJCC は，米国カウンセリング協会（ACA）の倫理規定の策定にも影響を与えた，多文化カウンセリング・コンピテンシー（MCC：Multicultural Counseling Competencies）を改訂・拡張したものであり，心理支援者が研修，スーパービジョン，研究，臨床実践を含め，多文化・社会正義に関連する問題を検討し，対応するための枠組みを提供している（Ratts et al., 2016）。MSJCC は，2015 年に ACA において承認されている。

　MCC がカウンセリングの専門職に対し，文化，人種，民族性の問題に取り組むよう求めたように，MSJCC はカウンセリングの専門職に対し，カウンセリングにおける権力，特権，抑圧にさらに立ち向かうよう求めている。MSJCC はまた，カウンセラーに対して，社会政治的背景，多様な社会的・文化的アイデンティティの複雑性と交差性（intersectionality：第 13 章）を認め，それに対応すること，そしてクライエントをアドボケイトするために行動を起こすことを求めている（Ratts et al., 2016；Singh et al., 2020；蔵岡ら，2023）。

　MSJCC では次の 4 点が，心理支援者にもクライエントにも重要だと考えられている。すなわち，①カウンセリング関係における多様性と多文化主義の複雑さを理解すること，②抑圧構造が精神衛生とウェルビーイングに及ぼす負の影響を認識すること，③個人をその社会環境の文脈で理解すること，④社会正義のアドボカシーをカウンセリングのさまざまなモダリティ（たとえば，個人，家族，パートナー，グループ）に統合することである（Ratts et al., 2016）

　MSJCC では，カウンセラーとクライエントが特権的であるか，もしくは周縁化されているかを 4 分円（象限）で示しており，それぞれ同心円状に「カウンセラーの自己認識」「クライエントの世界観」「カウンセリング関係」と，カウンセラーの発達領域が示されている。さらにこれら 3 つにはそれぞれ，「態度と信念（A）」「知識（K）」「スキル（S）」「行動（A）」という，発達段階に応じたコンピテンシー（AKSA コンピテンシー）が組み込まれていることが示されている。最後に「カウンセリングとアドボカシーのための介入」という発達領域に至り，それがミクロ・メゾ・マクロレベルの実践に

32　第Ⅰ部　イントロダクション

つながっていく。「カウンセラーの自己認識」が最も内側に表記されており，多文化と社会正義のコンピテンシーにおいて基盤となると考えられる。これは冒頭で述べた批判的に自己を省みる姿勢の重要性と関連し，社会正義アプローチにおけるコンピテンシーの養成においても，重視される点である（第15章）。MSJCC を用いたトレーニングについては，第14章に詳しい。

【引用文献】

American Counseling Association（2014）．*ACA 2014 code of ethics.*［https://www.counseling.org/resources/aca-code-of-ethics.pdf］（2024 年 8 月 1 日閲覧）

American Psychological Association（2011）．*Competency benchmarks in professional psychology.*［https://view.officeapps.live.com/op/view.aspx?src=https%3A%2F%2Fwww.apa.org%2Fed%2Fgraduate%2Frevised-competency-benchmarks.doc&wdOrigin=BROWSELINK］（2023 年 12 月 24 日閲覧）

American Psychological Association（2016）．*Ethical principles of psychologists and code of conduct.*［https://www.apa.org/ethics/code］（2024 年 8 月 1 日閲覧）

Chang, C., Crethar, H., & Ratts, M.（2010）．Social justice: A national imperative for counselor education and supervision. *Counselor Education and Supervision*, **50**（2），82-87.

Fouad, N., Grus, L. C., Hatcher., L. R., Kaslow, N. et al.（2009）．Competency bnchmarks: A model for understanding and measuring competence in professional psychology across training levels. *Training and Education in Professional Psychology*, **3**（4S），S5-S26

井上孝代（編著）（2004）．共感性を育てるカウンセリングマクロ・カウンセリング実践シリーズ 1．川島書店

井上孝代（2013）．臨床心理士・カウンセラーによるアドボカシー――生徒，エイズ，吃音・精神障害者，性的・民族的マイノリティ，レイプ・DV 被害児（者）の声を聴く．風間書房

蔵岡智子・井出智博・草野智洋・森川友子・大賀一樹・上野永子・吉川麻衣子（2023）．心理臨床領域における社会的公正とアドボカシーの視点――養成プログラムへの統合を見据えて．東海大学文理融合学部紀要，**1**，37-53.

文部部科学省（2017）．小学校学習指導要領（平成 29 年告示）解説 特別の教科 道徳編．文部科学省［https://www.mext.go.jp/content/220221-mxt_kyoiku02-100002180_002.pdf］（2023 年 12 月 24 日閲覧）

日本看護協会（2021）．看護職の倫理綱領．［https://www.nurse.or.jp/nursing/assets/statistics_publication/publication/rinri/code_of_ethics.pdf］（2024 年 8 月 1 日閲覧）

日本公認心理師協会（2020）．日本公認心理師協会倫理綱領．［https://www.jacpp.or.jp/pdf/jacpp_rinrikoryo20200918.pdf］（2023 年 12 月 24 日閲覧）

日本公認心理師養成機関連盟（2023）．公認心理師養成カリキュラム検討委員会報告書 コ

ンピテンシー・モデルに基づく公認心理師養成カリキュラムの提言．［https://kouyouren.jp/wp-content/uploads/2023/07/20230701.pdf］（2024年8月1日閲覧）

日本臨床心理士会（2009）．日本臨床心理士会倫理綱領．［http://www.jsccp.jp/about/pdf/sta_5_rinrikoryo0904.pdf］（2024年8月1日閲覧）

日本社会福祉士会（2020）．日本社会福祉士会の倫理綱領・行動規範．［https://www.jacsw.or.jp/citizens/rinrikoryo/documents/rinrikoryo_kodokihan21.3.20.pdf］（2024年8月1日閲覧）

日本心理臨床学会（2022）．大学課程（学部等）／大学院課程カリキュラム提言 国民の心の健康を推進するために求められる公認心理師養成——大学（学部等）カリキュラムのさらなる充実に向けて．［https://www.ajcp.info/wp-content/uploads/2022/06/20220617.pdf］（2024年8月1日閲覧）

Lee, C. C., & Walz, G. R. (Eds.) (1998). *Social action: A mandate for counselors*. American Counseling Association.

Lewis, J. A., Arnold, M. S., House, R., & Toporek, R. L. (2003). *ACA advocacy competencies*. ［https://www.counseling.org/Resources/Competencies/Advocacy_Competencies.pdf］（2023年12月24日閲覧）

Lewis, J. A., Lewis, M. D., Daniels, J. A., & D'Andrea, M. J. (2011). *Community counseling: A multicultural social justice perspective* (*4th ed.*). Brooks/Cole Cengage.

Pope, K. S. (1990). Identifying and implementing ethical standards for primary prevention. *Prevention in Human Services, 8* (2), 43-64.

大西晶子（2017）．多様化する学生を支える大学コミュニティの形成——留学生相談の実践を踏まえた検討と今後の展望．教育心理学年報，**56**，165-185.

大西晶子（2020）．日本における多文化に対応した心理援助の拡充に向けての一考察．コミュニティ心理学研究，**24**，3-14.

Ratts, M. (2009). Social justice counseling: Toward the development of a fifth force among counseling paradigms. *Journal of Humanistic Counseling, Education and Development, 48*, 160-172.

Ratts, M. J., & Pedersen, P. B. (2014). *Counseling for multiculturalism and social justice: Integration, theory, and application* (*4th ed*). American Counseling Association.

Ratts, M. J., Singh, A. A., Nassar-Mcmillan, S., Butler, S. K., & McCullough, J. R. (2016). Multicultural and social justice counseling competencies: Guidelines for the counseling profession. *Journal of Multicultural Counseling and Development, 44* (1), 28-48.

Rodolfa, E. R., Bent, R. J., Eisman, E. et al. (2005). A cube model for competency development: Implications for psychology educators and regulators. *Professional Psychology: Research and Practice, 36*, 347-354.

Singh, A. A., Nassar, S. C., Arredondo, P., & Toporek, R. (2020). The past guides the future: Implementing the multicultural and social justice counseling competencies. *Journal of Counseling and Development, 98* (3), 1238-1252.

杉原保史（2021）．心理臨床における社会正義とアドボカシー——社会政治的・経済的・文化的要因にセンシティブな心理臨床のために．日本心理臨床学会第40回大会自主シ

ンポジウム配布資料

Toporek, R. L., & Daniels, J. (2018). *ACA Advocacy Competencies Endorsed* by ACA 2003 (Lewis, Arnold, House & Toporek) and Updated in 2018. [https://www.counseling.org/docs/default-source/competencies/aca-advocacy-competencies-updated-may-2020.pdf] (2024 年 8 月 1 日閲覧)

Toporek, R. L., Gerstein, L. H., Fouad, N. A., Roysircar, G., & Israel, T. (2006). *Handbook for social justice in counseling psychology: Leadership, vision, and action*. Sage.

Toporek, R. L., & Liu, W. M. (2001). Advocacy in counseling: Addressing race, class, and gender oppression. In D. B. Pope-Davis & H. L. K. Coleman (Eds.), *The intersection of race, class, and gender in multicultural counseling*. Sage, pp. 285-413.

Vera, E. M., & Speight, S. L. (2003). Multicultural competence, social justice, and counseling psychology: Expanding our roles. *The Counseling Psychologist*, **31**, 253-272. [doi:10.1177/0011000003031003001]

第 **II** 部

多様な学派からのアプローチ

第3章
心理支援におけるフェミニスト・アプローチ

[村本邦子]

1. はじめに

　当時としては稀な例であるが，私はユング心理学を学ぼうと大学に入り，1980年代に力動的心理療法の訓練を受け，思春期外来を専門とする精神科クリニックの現場に出た。そこでは，カウンセリングに加え，ロールシャッハテストなどのアセスメントを数百ケース担当した。もともとの関心は内心的（intrapsychic）なところにあったが，1つのケースを深めるだけでなく，横断的にケースを見る機会を得ると，時代背景とでもいうべきものが浮かび上がってくる。学生時代に感銘を受けたエレンベルガー（1980）の『無意識の発見』が思い起こされた。当時はまだ「登校拒否」という言葉で呼ばれていた，理由もわからず学校に行かない子どもたちの背景に，物や経済に力点を置いた日本の戦後復興の問題を見た。

　並行して，たまたま二人の子どもを自宅で産むという経験をし，A. リッチ（1990）の『女から生まれる』に出会い，私はフェミニストになった。ポイントとしては，①個人の問題には必ず社会・文化・歴史的な背景がある，②家父長制や母性という制度が出産を変え，母子関係に否定的影響を及ぼしてきた，③臨床心理学の理論は，クライエントの大半を女性とする男性セラピストによって作られてきた，④私的生活と公的生活の分断からさまざまな問題が生まれている，という気づきが挙げられる（村本，1992）。以来，私は物を書くとき，「筆者」ではなく「私」という一人称で語ることにした。中立ではなく，公私の分断をつなぎ，書き手のポジショナリティを常に意識するということである。

　自宅に子育て仲間を招き，語り学びあう会を始め，現代社会の子育ての課

題が見えてくると，次第に予防的な社会啓発へと関心が向くようになった。当時は「日本には虐待はない」と言われ，先進的な育児雑誌は「育児ノイローゼ」という言葉を使い始めていたが，「昔の女性は家事をこなしながらたくさんの子どもを育てていたというのに，電化製品によって家事が簡略化され，子どもも少なくなった今，子育てに支援がいるなんて甘え以外の何ものでもない」と言われていた時代だった。

2人目の子どもが生まれるときに産休が取れず，クリニックをやめることになった私は，子育てしながらどんなふうに仕事を続けるかを考えた。上記のような問題意識に基づき，自分のペースで女性と子どもの臨床心理的支援ができる場を開くことを決め，1990年，大阪に女性ライフサイクル研究所を立ち上げた。子育て仲間を中心にスタッフは5人となり，時代の追い風もあって，個人カウンセリング，子育てや女性問題を語り学ぶ各種グループ，社会啓発のための講演や研修，研究と年報の発行などの活動を展開していった。虐待，性虐待，性暴力，DVなどの問題が持ち込まれ，フェミニズムや女性学の勉強を重ねながら，裁判にも関わるようになった。

2. 北米におけるフェミニスト・セラピー

フェミニズムは多様で常に変化しているため，その定義は立場や人によって流動的である。根底において共通するのは，人類の歴史において女性が従属集団に位置づけられ，差別，抑圧されてきたことを認識し，その不正義を是正して性に基づく差別をなくし，力と資源の平等な分配を目指そうとする志向性である。フェミニスト・セラピーを支えるフェミニスト心理学の歴史と概要については，すでにまとめたことがあるので，詳細はそちらを参照して欲しい（村本，2000）。

フェミニスト・セラピーは，北米において1960年代末に始まった，第二波フェミニズム運動の中から誕生した。当時，運動の方法として大きな役割を果たしたものの1つに，CRグループ（Consciousness Raising Group：意識覚醒グループ）がある[*1]。10名程度の女性たちが定期的に集まって，一人称で話す，批判しない，リーダーを置かないなど簡単なルールのもとで，母娘，父，仕事，体，性などをテーマに，女性として生きてきた自分たちの

体験を語り始めた。"The personal is political."（「個人的なことは政治的である」）を合言葉に，個々の女性の問題だったものを普遍化し，それらが家父長制や男性中心主義から生じていることに気づくことに最終目標が置かれた。

　守られた空間の中で，女性たちは長い間，自分だけの問題だと胸に秘めてきたインセスト，レイプ，DVなどの被害体験を語り始め，それらが決して個人的な問題ではなく，普遍的な問題であるということが明らかにされていった。これを受けて女性たちの草の根運動が展開し，性暴力のホットラインやDVシェルターなど，被害者の救援組織が次々に立ち上がり，法改正に向けて声を挙げていった。

　その後，CRグループをテーマごとに専門化していったものが，自助グループやサポートグループへと発展していった。そこで扱いきれない複雑な心理問題を理解するために，大学院に入学し，新しい理論を展開した女性たちがいた。また，大学院で心理学や精神医学を学びながらCRグループに参加し，既存の理論を批判し，新たな理論と支援方法を編み出していった女性たちも現れた。代表的存在として，前者ではDV被害女性の心理と支援を明らかにしたWalker（1996），後者ではインセストの告発を行いトラウマ支援をリードした，ボストンの被害者支援施設VOVを設立したHerman（1992）などを挙げることができるだろう。そんななかからフェミニスト・セラピーが生まれていったのである。

　組織的には，1969年にAWP（The Association for Women in Psychology），1973年にAPA（American Psychological Association）の第35部門であるSPW（The Society for the Psychology of Women）が設立され，複数の研究所が誕生した。フェミニスト・セラピーは，さまざまな精神保健分野で心理療法を実践している，多くのフェミニストたちによって草の根から発展してきたパラダイムであり，個人的，社会的場面で生じた多くの人々の

＊1　女性ライフサイクル研究所においては，初期，盛んにこのCRグループを実践した。公私の分断を埋め，自分自身も埋め込まれている社会的文脈とその影響について認識するうえでパワフルな手法であり，私は，支援者養成の過程でこれを経験することを推奨している。特に性暴力被害者の支援を行ううえで，自分自身の性のあり方や性に対する意識を明確にしておくことが重要だし，日常的にはタブー視されがちな性について，率直に話すことができるようになる。

相互作用の中から生まれ，創始者や中央の権威，認定機関を特定することができず，その定義について，実践者を自認する人々の意見が必ずしも一致するわけではない。

フェミニスト・セラピーの理論は，その後50年にわたって大きく発展し，当初は性差別的アプローチを是正するものとして機能していたものが，現在では，有色人種，セクシュアルマイノリティ，貧困層，移民，難民，障がい者など，社会から疎外されてきた人々すべてをその射程に入れ，ジェンダー，権力，社会的位置，あるいは交差するアイデンティティの分析を用いる，ポストモダンでより包括的な統合実践モデルとなっている。

Brown（2018）はそれを，「女性心理学とジェンダー心理学に関する多文化フェミニズムの学問に根ざした，フェミニスト政治哲学と分析に基づいたセラピー実践であり，セラピストとクライエントの双方を，日常生活，社会的・感情的・政治的環境との関係において，フェミニストとしての抵抗と社会変革を進める戦略と解決へと導くものである」（pp.6-7）と定義し，その最終目標は，クライエントのエンパワメントとフェミニスト意識の創造だとしている。

3. 日本におけるフェミニストカウンセリング

日本におけるフェミニスト・セラピーは，やや変則的に発展した。北米での第2波フェミニズム運動における CR グループと同じように，日本においてもウーマンリブ，略して「リブ」と呼ばれた女性解放運動において，リーダーのいない小さなグループでの語り合いが活発に行われ，女性たちは性差別を認識し，立場の違いを超えたつながりを作っていった。

1970年代半ば，日本男性によるアジアの国々での買春ツアーに反対キャンペーンを張り，1983年，東京に日本初のレイプ・クライシス・センターが開設された。1989年，福岡で日本初のセクハラ裁判が提訴され，「セクハラ」はこの年の流行語大賞となった。全国各地に女性センターが設立され，女性たちは声を挙げ，性暴力が告発されていった。これらの活発な動きは心理支援を含むものだったはずだが，臨床心理や精神医学の専門領域に影響を及ぼすには至らなかった。

他方，フェミニズム運動が真盛りだった時期に米国で学び，帰国した河野貴代美は，1980年，東京に「フェミニストセラピィ"なかま"」を創設した。河野は精神科ソーシャルワーカーとして渡米し，シナノン*2を経由して，大学院でソーシャルワークを学びながらフェミニズム運動と出会った。そこで，3年間の教育分析を受け，じっくりと語り聞いてもらう経験から，「自己を語り，自己覚知を目指す」カウンセリングの手法で日本の女性たちの意識改革をしたいと考えたという（河野，2023）。

「フェミニストセラピィ"なかま"」は，現在も同じ名称で女性支援を行っているが，河野自身は，治療ではなく一緒に考えていくことを重視して，フェミニストセラピィからフェミニストカウンセリングへとその呼称を変え，全国各地でカウンセリング養成講座を開設した。1993年にはフェミニストカウンセリング全国大会，研究連絡会が発足し，2001年には日本フェミニストカウンセリング学会として，ジャーナルの発行と資格認定制度をスタートさせている。

日本フェミニストカウンセリング学会はフェミニストカウンセリングを，「女性のための，女性によるカウンセリング」であり，伝統的なカウンセリングとは違って，「女性の生き難さは個人の問題ではなく，社会の問題である」というフェミニズムの視点をもって，それぞれの女性の問題解決をサポートするとしている。個人カウンセリングのほかにCR（意識覚醒グループ），SET（自己尊重トレーニング），AT（アサーティブネストレーニング）など，女性のエンパワメントのためのグループワークにも力を入れていると説明している*3。

また，その特徴として，①医療モデルに倣わない，②カウンセラー vs クライエントの関係の対等性，③脱病理化，④エンパワメントの援助，⑤女性の体験を肯定的に捉えるジェンダー分析，⑥「私」を主語にした「語り」の重要性，⑦セクシュアル・ハラスメントなど性暴力被害裁判へのコミットメ

---

*2　1958年に米国で，薬物依存症からの回復のための居住型自助グループとして設立された。これは最初の治療共同体とされ，その後，各地でさまざまな治療共同体が発展・拡大した。

*3　日本フェミニストカウンセリング学会HP [https://nfc505.com/sample-page/]（2023年12月25日閲覧）参照。

ント，が挙げられている（河野，2023）。

その後，東京，大阪（堺），京都，神戸など，フェミニストカウンセリングの看板を掲げる相談機関が全国に開設されていった。ウィメンズ・カウンセリングの呼称を用いている場合もあるが，こちらは日本におけるリブの運動とのつながりを感じさせる。認定資格を得たフェミニストカウンセラーはまだ 60 名程度とのことだが（河野，2023），全国の女性センターの相談室，女性相談所，民間シェルター，性暴力ワンストップセンターなどの相談員たちの多くが学会の研修を受け，活躍しているものと思われる。また，この学会の中心を担うメンバーたちが関連の書籍を多く出版している。

上野千鶴子は河野との対談の中で，心理職は「こころの時代」の影響を受けて急速にマーケットを拡大し，特に若い女性の人気を集める職業になったにもかかわらず，臨床心理士業界がフェミニズムの影響を受けていないことを嘆いている（河野・上野，2023）。かつては，フェミニストカウンセリングの業界と臨床心理士の業界は完全に分離していたが，近年では，大学院教育を受け，臨床心理士や国家資格である公認心理師の資格を持つフェミニストカウンセラーもいる。しかし，フェミニストカウンセリング業界では，カウンセラーの名前や資格などを公開しない方針になっているのか，HP 等を見ても正確な実態は不明である。

4. 心理支援におけるフェミニスト・アプローチ

フェミニストの看板を掲げずとも，フェミニズムの思想に共感しつつ心理支援を展開している相談機関は，ほかにも多くある。フェミニストの看板を掲げるかどうかは，名付ける人たちがそのアイデンティティをどこに置くかに依っているのだろう。私自身はフェミニストとしてのアイデンティティを持って，「女性ライフサイクル研究所」を 1990 年に設立し，2014 年まで所長を続けたが，後を担ってくれている「女性ライフサイクル研究所」や「フェリアン」のスタッフたちが，フェミニストとしてのアイデンティティを持っているかどうかはそれぞれで異なっている。

精神科医である斎藤学が，1990 年に「東京アルコール医療研究会」を立ち上げ，1992 年から雑誌『アディクションと家族』（1997 年に『アルコール

依存とアディクション』から改題）の発行や，日本嗜癖行動学会として学会活動を展開し，DV や性暴力，フェミニズムについても先進的に多く扱っていたことにも触れておくべきだろう。2023 年 12 月末に学会解散が告知されており*4，時代の変遷を感じさせるが，斎藤の影響も受けながら共に AC（アダルト・チルドレン）などの概念を広めた信田さよ子は，1995 年に原宿カウンセリングセンターを開設している。

信田は，「女性たちの当事者学として出発した女性学，そして言葉におけるポリティックス（権力関係）に着目することを柱のひとつとしてきたジェンダー・スタディー」に基づく，ジェンダー・アプローチという言葉を使用している（信田，2023）。この言葉は，信田らの支援対象が嗜癖や暴力加害者など，男性をも広く含むことと関係しているだろう。

女性ライフサイクル研究所にしても，原宿カウンセリングセンターにしても，カウンセリングスタッフは全員，公認心理師，臨床心理士の資格を持っている。信田が 2022 年から日本公認心理師協会の会長に就任していることも，上述したような上野の嘆きに対して，状況の変化が起こっていることを示すものである。とはいえ，大学院における心理職の専門教育において，フェミニズムやジェンダーは必須となっておらず，このことはさまざまな弊害を生んでいる。

たとえば，性暴力被害者に対する二次被害である。かつて，カウンセラーを信頼したクライエントが父親による性虐待を打ち明けた途端，エディプスコンプレックスによる空想であると解釈され，それが明確に言語化されたわけではなかったが，そこを境に関係が悪化したことを，クライエントの抵抗として説明される事例検討会に出くわしたことがあった。被害者支援という考え方が拡がった現在，よもやそのようなことはないだろうが，職場や大学という権力構造の中で，誘いにノーを言わず従った女性の責任を問うカウンセラーはいるかもしれない。たとえそれを言語化しなかったとしてもである。

かつて，夫による暴力に加え，すさまじい支配と抑圧のある母子の支援に関わったことがあるが，支援が始まる 2 年ほど前，被害女性は子どものこと

---

*4　日本嗜癖学会 HP［https://society.iff.or.jp/］（2023 年 12 月 25 日閲覧）参照。

を心配してスクールカウンセラーに相談していたことが，後になってわかった。著名な大学教授でもあったカウンセラーは，父親の支配に対し，「教育熱心な良いお父さんじゃないですか」と言ったがために，その女性は「問題を感じた自分のほうがおかしいのだ」と思い，支援を求めるのが２年遅れた。長年の支配によって主体性を奪われ，自己否定が強くなると，自分の感覚が信じられなくなる。女性にとって，ましてや子どもにとって，２年間の影響は甚大であり，大きな倫理的問題を感じるものである。

　性暴力やDVなどの暴力とトラウマを扱ううえで，フェミニスト意識とフェミニスト分析は不可欠である。性別役割のステレオタイプ，女性への暴力の否認や過小評価，被害者非難などの傾向，経済的差別など他の抑圧が重なることなど，社会的文脈を認識しておかなければならないし，そのような社会で被害を重ねてきた人たちが被る心理的影響について，十分に理解しておく必要がある。

　特に長期反復型トラウマによる影響は，心理的と呼ぶ範囲を越えているがために，被害者の人格の問題とみなされる傾向がある。これらは心理支援のあらゆる領域において出会う普遍的問題であり，すべての心理職に基本的理解がなければ，意図せず不正義に加担することになる。その養成課程において，フェミニズムやジェンダー関連の科目を必修にすべきだと考える所以である。

　暴力の概念をさらに広げて捉えるならば，たとえば性別役割のステレオタイプを強調することも，不正義に含まれることになる。トラウマが孤立した出来事ではなく，むしろ日常生活を織りなす織り地の一部だとすれば，社会的文脈自体が解決不能のジレンマを孕んでいることになり，女性にとって選択肢が制限されていること自体，逃れがたいストレスとなる。このような状態には，「潜行性トラウマ（insidious trauma）」という概念も提示された（Root, 1992）。その後，より広い文脈で，マイクロアグレッション（Sue, 2010）（第12章参照）として扱われているものでもある。

　無藤（1995）は，日本心理臨床学会による『心理臨床学研究』（1983~1994年）と，『心理臨床ケース研究』（1983〜1988年）に掲載されている論文を分析し，心理臨床における治癒像の内容と，クライエント・セラピストの性別との関係を分析した。人間の中に男性性と女性性，父性と母性の両方を見

出す視点からの論文は非常に少なく，女性性と母性は女性クライエントに，男性性と父性は男性クライエントに重視されており，女性性を強調するのはほとんどが女性セラピストで，母性を強調するかなり多くが男性セラピストであることが明らかになった。社会正義の観点から，今後さらに検討されるべき課題であろう。

　日本臨床心理学会と日本コミュニティ心理学会では，早くからフェミニズムに関するテーマも取り上げてきた。その分野で貢献してきた女性たちの名前をここですべて挙げることはできないが，たとえば，高畠克子は日本コミュニティ心理学会をベースに DV シェルターやフェミニスト・セラピーについて論文や著書を出版している（高畠，2004）。

　経験的に言えば，日本心理臨床学会はフェミニズムを扱いにくい学会だった。私自身，1990 年代には子どもの性的虐待をテーマに，問題提起のための自主シンポジウムを毎年継続企画したが，虐待や DV といったテーマが受け入れられていく半面，フェミニズムの思想は抜け落ちていき，だんだんと学会へのコミットメントが薄れていった。ここ数年の動向として，年次大会では，ジェンダーや社会正義のテーマが扱われるようになっていることには注目している。

5. フェミニスト・アプローチによる心理支援の例

　20 年以上スクールカウンセリングにも関わってきたが，子どもの問題として現れていることの背景に，虐待や DV が潜んでいるケースは少なくない。フェミニスト的視点，あるいはジェンダー視点を持たなければ，見えてこないものがある。典型的な架空事例を紹介する。

　中学 3 年生の女子生徒。「授業中，眠ってばかりでやる気がなく，提出物も出ない。目立って悪いことをするわけではないが，注意してもふてぶてしく，改善しない」ということで，困った担任に言われてしぶしぶカウンセリングにやってきた。はじめは口をつぐんで話をする感じではなかったが，少しずつ話を聞くなかで，どうやら家庭環境にしんどさを抱えているらしいということがわかってきた。担任の言うところの「ふてぶてしさ」は，男子生徒であれば「多少反抗的」と言うところが，女子生徒であるがゆえに，男子

とは異なる態度が期待されていることの表現だったかもしれない。

　控えめな表現ではあったが，家庭では父から母への暴力と支配があり，母親もその影響を受けて秩序ある生活を維持することができず，娘を頼りに巻き込んでいる様子がうかがわれた。基本的に，人は自分の生まれ育った環境に埋め込まれているため，それがどの程度，標準から逸脱したものなのかわからない。そのため，日常的な暴力や支配が，「ふつう」という表現になる。「うちの親は少し厳しい」という表現だったものが，よくよく聞いてみると，骨折するような虐待だったりすることもある。丁寧に，具体的に，「厳しい」ときにはどうなるのか，怪我をするようなことがあるのか，具体的にどのような言葉が使われるのかを聞いてみることが，厳しさの程度を理解するうえで有用である。

　緊迫したリスクがあるわけではないことが確認できたので，まずはカウンセリングを継続することを優先してセッションを重ねた。本人は「自分が怠け者でダメな人間だからこうなんだ」と思っていたが，それは，事情のある環境の中で生きるための方略だったかもしれないと思うことを伝え，環境をすぐに変えることは難しいかもしれないが，これから先の自分の人生を大切にするためにどうしていけるかを，一緒に考えていこうと話した。

　本人の了解を得て，養護教諭と担任に事情を共有し，母親とも会った。母親は子どもたちのためにと思って辛い日常を耐え忍んでいたが，母親の苦労をねぎらいつつ，母親も自分自身を大切にしてほしいこと，母親が虐げられている姿を見ることが娘を傷つけているかもしれないことを話した。今後，状況によっては児童相談所への通告の必要性も出てくることを伝えると同時に，母親にもサポートが得られるよう女性相談機関を紹介した。

　本人とは，学校から帰ってからの家での過ごし方について話し合い，ブレインストーミングのようにさまざまな選択肢を出した後で，実現できそうなものから試していった。父親の帰宅に合わせて母親が夕飯を作るため，夕飯がときには夜の10時，11時になり，そこからの会話につき合わされるので神経を使い，自分のことをする余裕がなかったので，宿題は学校で済ませて帰るようにし，夕飯の時間を自分で決め，必要によっては自分で作って食べることにした。そして，「受験勉強があるから」ということを理由に，食後は自室に引き上げるようにした。

家でよく眠れなかったときには，担任に断って保健室で仮眠できるようにした。ごく少数ではあるが友人もいたので，少しずつ友人にも悩みを話せるようになった。教師との関係も改善し，本人が話しやすいと感じている女性教員にも話せるようになり，時間外のサポートも得られるようになった。父親には担任が会って，大事なときであるから本人のペースを尊重するようにと話してくれた。

母親が相談機関につながるまでには時間がかかり，即座に問題解決に至ったわけではなかったが，生徒の姿勢には大きな変化が見られた。暴力や支配のある家庭で育つと運命に受動的にならざるを得ないため，コツコツ努力をする姿勢を育てることができない。環境に働きかけ変えていくことは可能なのだということを実感し，自分の未来を考え，それを大事にしてもよいのだと知り，他者の助けを借りながら，自分の人生を自分のものとして主体的に組み立てていくことを学ぶことが重要なのである。

子どもの場合，暴力が伴うと通報という問題が出てくるが，通報すれば終わりということにはならない。虐待，性虐待，DV は併存していることが多い。虐待防止法の改正によって，DV の目撃が面前 DV として虐待とみなされるようになってからは，DV 被害者である母親がまるで加害者のように扱われる傾向があるが，これは大きな問題である。大病を患う母親が十分に子どもを守れないからといって，加害者扱いされることがあるだろうか。DV 被害者が被る心理的影響が十分に理解されていないのである。

母親が相談機関につながった場合でも，解決には時間がかかるかもしれない。別居や離婚の決意ができる場合は，まずは現実的な支援が優先されることになる。しかし，多くの場合，暴力のある生活を続けながらできることを探っていくことになるだろう。親密な関係において，加害者との愛着関係をすぐさま断ち切れるものではないし，虐待にしても DV にしても，現状では安全な場を確保するために，被害者のほうが多くを手放さなければならない仕組みとなっている。すぐさま状況を変えられないなかで，リスクを測り，いざというときの選択肢を準備しつつ，被害者が少しずつ主体性を回復していけるようなアプローチが求められる。より具体的な方法については，村本（2001，2008）を参照してほしい。

ここで紹介した例は，主に，暴力から脱出し回復に向けた第一段階であ

る，安全の確立に関わるものである。将来的には，さらにトラウマにまつわる問題を扱うことが必要になるかもしれない。いずれにしても，自分のことを言葉にして語り，他者に耳を傾けてもらい，共感を得るという経験は，自分を取り戻すための大きな力になるだろう。もしかすると，その女性が育ってきた養育環境や性別役割意識，行動選択などについて振り返るなかで，現在置かれている状況の理不尽さに気づいていくかもしれない。こういった支援はフェミニスト・アプローチと言える。

6. 心理療法はフェミニズムと両立し得るのか

　フェミニスト・アプローチは心理支援だけでは完結しない。多職種との連携やアドボカシーの機能も重要となる。フェミニズムを心理療法の枠組みに閉じ込めることはできないのであり，心理療法はフェミニズムと両立し得るのかという大きな問いは避けられない。それぞれの困難や苦悩は社会的要因から起こっているのに，心理的レベルで対処できるようにすることは，現状維持を意味するのではないかという根本的な疑念がある。また，カウンセラーとクライエントとの間に権力勾配があることは否定できず，専門分化すればするほど，専門家の枠組みは人を機能にしていくだろう。こういった関係性は，フェミニズムが重視するシスターフッド（女性の連帯）から隔たりがある[*5]。

　1990年代，女性や被害の問題に取り組む民間機関として必要に迫られてではあったが，私は，専門家というより，あたかも「何でも屋」であるかのように，さまざまな次元で仕事をしていた。1995年の阪神淡路大震災以降，特に2000年に入ってから，トラウマやPTSDが人口に膾炙し，専門家による役割分担が前提になると，私たちの仕事は本来の専門家業務に収斂していった。開業カウンセリングの専門家業務の枠組みの中で，支援できる範囲は非常に限定される。一定のお金を払い，定期的に来談できるという条件が

[*5]　日本フェミニストカウンセリング学会は，「平場」という言葉で，カウンセラーとクライエントの関係の対等性を主張してきた。しかし，人間として対等であることとは別に，そこに「支援する人／される人」という権力構造があることを無視することで，顕在化しない力関係が扱われないままになる危険性がある。

整った人にしか手が届かない。そこで，2002 年，研究所を法人化すると同時に，一市民としてコミュニティづくりに寄与する NPO 法人を別途立ち上げた*6。

　当時，女性支援を展開していた民間機関を調査し，『専門家の限界とアドボケイトの可能性』（NPO 法人安心とつながりのコミュニティづくりネットワーク，2005）をまとめた。本来，困難を抱える女性支援に必要なのはアドボケイト*7 であり，心理職はあくまでもそれを補助する役割にあるように思われた。私自身は，売春防止法に基づいて設置された婦人相談員たちとの長いつながりがある。彼女たちは臨床心理士よりもっとずっと古くから困難を抱える女性たちの支援を続け，日本社会の土壌に根差した支援の方法を蓄積してきたアドボケイトである。現在，労働環境の変化によってそのノウハウを引き継ぐことが難しくなっており，その記録を残した（村本・松本，印刷中）ころである。2024 年 4 月から，女性支援新法が施行された。公的機関と民間機関のアドボケイトが連携しながら，より良い女性支援が展開されていくことを願う。

　さまざまな矛盾を抱えつつ，自分自身も専門家として存在し，それを否定することはできないが，専門家は常に自分自身のやっていることを批判的に検証し，人は誰しも専門家である前に一人の人間であるということを，心に刻んでおく必要がある。心理支援におけるフェミニスト・アプローチにおいては，支援を面接室に閉じ込めるのではなく，さまざまな社会資源に接続していくことが求められる。

＊6　NPO 法人安心とつながりのコミュニティづくりネットワーク［https://npoflc.net/］
＊7　アドボケイトは，権利擁護を行う支援者のことである。権利擁護にはミクロとマクロのレベルがあるが，ここでは主にミクロのレベルの支援のことを言っており，被害者に寄り添い現実的に必要な支援につなげていく，ソーシャルワーカーに近い仕事をする支援者のことを指している。Herman らが設立したボストンの被害者支援プログラム VOV にはアドボカシーチームが作られたが，アドボケイトは当事者とつながり，柔軟であるところからアドボカシーが始まると考えるため，アドボカシーを定義づけることで支援活動を限定することを警戒していた（NPO 法人安心とつながりのコミュニティづくりネットワーク，2005）。日本においてもアドボケイトとして長く働いてきたのは婦人相談員たちであり，シェルター，性暴力ワンストップセンターや，被害者支援機関などのスタッフたちも，アドボケイトと位置づけられる。

7. おわりに

　私自身は，虐待や性暴力，DVといった問題に取り組むなかで，暴力を生み出す家族，コミュニティ，社会の問題から，世代間連鎖する歴史のトラウマに眼が向くようになっていった。たとえば，災害後に女性や子どもへの暴力が急増したり，戦争帰還兵による虐待やDVが報告されたりしている。コレクティブ・トラウマという観点から，日中戦後世代の修復を目指すワークショップを実践したり（村本，2023参照），東日本大震災後のコミュニティレジリエンスに関わる実践や研究をしたりしてもいる（村本，2021，2022参照）。

　そのなかで，西洋個人主義に基づくトラウマ理論や援助論に，疑問を持つようになった。最初の疑問は，阪神淡路大震災に遡る。一対一のカウンセリングモデルは，自発的にカウンセリングを求めてくるクライアントには有効だったが，コミュニティ介入にはそうではなかった。伝統的な社会システムが生きている東北において，個人を取り出すカウンセリングモデルは時に有害でさえあった。

　紙面に余裕がなくこれ以上書かないが，ポストコロニアルの時代において，心理学においても脱植民地主義が叫ばれている。科学やアカデミックな世界は，基本的に西欧中心の価値観に基づいており，心理学もその延長線上にある。日本における脱植民地主義において重要なのは，西欧からの影響の脱構築だけではなく，日本の植民地主義の精神の脱構築を忘れることはできないということである。それが具体的に何を意味するのかは今後，さらに検討する必要がある。

　こういった視点をも含めてフェミニスト・アプローチと呼ぶこともできるし，もはやそれを越えるものと位置づけることもできるだろう。フェミニズムの境界はますます曖昧になっており，それはむしろ本人のアイデンティティの問題だと言える。

【文献】
Brown, L. S.（2018）. *Feminist therapy*. American Psychological Association.

エレンベルガー, H.／木村敏・中井久夫（監訳）(1980). 無意識の発見——力動精神発達史. 弘文堂

Herman, J. L. (1992). *Trauma and recovery*. Basic Books.［中井久夫（訳）(1996). 心的外傷と回復. みすず書房］

河野貴代美 (2023). 1980年, 女たちは「自分」を語りはじめた. 幻冬舎

河野貴代美・上野千鶴子 (2023). フェミニストカウンセリングは何をしたか？ 何をできなかったか？. 河野貴代美 1980年, 女たちは「自分」を語りはじめた. 幻冬舎, pp. 272-302.

村本邦子 (1992). たのしく出産. 新水社

村本邦子 (2000). アメリカにおけるフェミニスト心理学の歴史と展望. 女性ライフサイクル研究, **10**, 4-13.［https://www.f-lifecycle.com/info/2000/11/000130.php］

村本邦子 (2001). 暴力被害と女性——理解, 脱出, 回復. 昭和堂

村本邦子 (2008). DVへの危機介入. 井上孝代（編） エンパワーメントのカウンセリング. 川島書房, pp. 65-84.

村本邦子 (2021). 周辺からの記憶——3.11の証人となった十年. 国書刊行会

村本邦子（編）(2022). 災厄を生きる——東日本大震災からコロナ禍まで 物語と土地の力. 国書刊行会

村本邦子 (2023). 日中戦争によるトラウマの世代間連鎖と修復の試み. 竹島正・森茂起・中村江里（編） 戦争と文化的トラウマ——日本における第二次世界大戦の長期的影響. 日本評論社, pp. 219-231.

村本邦子・松本周子（印刷中）. 婦人相談員物語——その証言から女たちの歴史（her story）を紡ぐ. 図書刊行会

無藤清子 (1995). 心理臨床におけるジェンダーの問題. 柏木惠子・高橋惠子（編著） 発達心理学とフェミニズム. ミネルヴァ書房, pp. 200-222.

信田さよ子 (2023). 新しい現実には新しい言葉を——援助の『言葉』を更新する. 臨床心理学増刊号, **15**, 9-16.

NPO法人安心とつながりのコミュニティづくりネットワーク (2005). 専門家の限界とアドボケイトの可能性.

Root, M. P. P. (1992). Reconstructing the impact of trauma on personality. In L. S. Brown & M. Ballou (Eds.), *Personality and psychopathology: Feminist reappraisals*. Guilford, pp. 229-265.

リッチ, A.／高橋茅香子（訳）(1990). 女から生まれる——アドリエンス・リッチ女性論. 晶文社

Sue, D. W. (2003). *Microaggressions in everyday life: Race, gender and sexual orientation*. Wiley.［マイクロアグレッション研究会（訳）(2020). 日常生活に埋め込まれたマイクロアグレッション——人種, ジェンダー, 性的指向：マイノリティに向けられる無意識の差別. 明石書店］

高畠克子 (2004). 女性が癒すフェミニスト・セラピー. 誠信書房

Walker, L. E. A. (1996). *Abused women and survivor therapy: A practical guide for the psychotherapist*. American Psychological Association.

COLUMN 1

里親子支援がもたらした「社会正義とアドボカシー」との出会い

[上野永子]

　私が心理学を学びたいと思った理由は，「自分のこころが知りたい」という自己中心的なものでした。青年期によくあることかもしれませんが，「自分が自分を，どうしていいかわからなかった」といったところです。隠そうとしても隠し切れず，抑えようとしてもコントロールできない負の感情。特に，攻撃性の存在を躍起になって否認することにエネルギーを費やし疲れ果て，その「正体」を知りたいと願ったのがきっかけでした。

　その「正体」探しに勤しむ過程で出会ったのが，精神分析理論でした。事後性を取り扱う精神分析理論は，「私が私になった」必然性を説明してくれるものであり，私をありのままに受け入れるあり方を，私に示してくれるものでした。そこで私が得られたのは，"こころ"の安寧だったような気がします。その後，私は精神分析が自分以外の人にとっても役に立つものだと確信し，精神分析的精神療法を学び始め，Winnicott や Bowlby に関心を寄せるようになりました。これは，私の臨床のスタートが，親子を対象にしたものだったことと関係があると思います。

　そんな折に，フォスタリング機関で里親子支援の心理相談員として，臨床を実践することになりました。フォスタリング機関とは，里親委託から措置解除に至るまで，子どもにとって質の高い里親養育がなされるために行われる，さまざまな支援を行う機関です。具体的には，①里親のリクルートおよびアセスメント，②里親登録前後および委託後における里親に対する研修，③子どもと里親家庭のマッチング，④子どもの里親委託中における里親養育への支援・里親委託措置解除後におけるフォローです。

　そこで私に求められたのは，主に里親養育の支援でした。公的機関の教育相談や発達相談に携わっていた私にとって，親子の関係性支援は，私の臨床実践の主軸でした。「血縁にない親子」であったとしても，「親子には変わりない」という考えのもと，私は里親子支援を，それまでの経験の延長線上に

捉えて支援することが可能だろうと考えていました。しかし，それは間違いでした。里親から成育歴を得ようとしても，「わからない」との答えが多く，「見立て」を立てて，支援方針を考えることに困難を感じました。

そうこうしているうちに，里子含めた社会的養護の子どもたちは，児童福祉法に則り，18歳で自立することが原則であり，その時期を控えた里親子は，里親家庭を出るための準備にとりかからねばならないことを知りました。いわゆる「18歳の壁」です*1。ここで私が経験したのは，「子どもの育ちの姿」ではなく，法律によって自立が議論されるというものでした。もちろん，子どもが親元から自立していくことは必要不可欠ですが，実親家庭で育つ子どもの自立に「法律」が介在することはありません。これに限らず，親権者の同意が必要な事柄については，現在の養育を担う里親では決定できないこともあり，里親子のままならなさを目の当たりにしてきました。

また，学校の「生い立ちの授業」は，出生時の情報がない里子にとって，戸惑いを超えた心的苦痛そのものでした。他者に里親子であることを隠すことに，エネルギーを注いでいる里親子もいました。これらは，里親子の関係性からくるものでもなければ，里子の"過去"の生い立ちからくるものでもなく，ひとの個別性を排除したシステムや，「家族は血縁関係にある」という前提の"現在"の社会によってもたらされた，里親子の生きづらさでした。これらの困難に対して，何度，面接室の中で「仕方ないですよね……」という言葉がやり取りされたことか。

それらの里親子の置かれている現状を知った私は，法律を含めたシステムの変更や，家族の多様性を認める社会の構築に貢献できるような実践が，里親子への必要な支援だと考えるようになりました。そんなときに出会ったのが，社会正義とアドボカシーの考え方でした。その後，フォスタリング機関のコンサルテーションでは，児童相談所に里親子の困っていることを積極的に共有する方針を打ち出し，里親に対しては，セルフアドボケイトするようエンパワーメントしました。また，大学の講義や研修会などでは，里親子の困難をアドボケイトし，家族の多様性を認める社会が，里親子の支援につながると意識して訴えるようになりました。

---

*1　2022（令和4）年の児童福祉法改正により，自立支援に関しては，年齢の上限は撤廃されました。

これらの実践を通して，本当に少しずつではありますが，システムが変わってきていることを感じています。もちろん，里親子の困難は，社会システムによってのみ，もたらされるものではなく，ときにそれは"過去"からやってくるものでもあります。"過去"と"現在"の両方にアプローチする，欲張りかもしれない心理的支援の在り方を，私はこれからも追及していきたいと考えています。

第4章
コミュニティ心理学と社会正義

[榊原佐和子]

　現在，児童虐待，ひきこもり，ドメスティック・バイオレンス，ヤングケアラー，長時間労働，自殺等，メンタルヘルスに関わるさまざまな社会問題が数多く存在する。このような社会情勢を踏まえ，2017年以降，多くの公認心理師が誕生し，今後，心理職の活動の場はより広がっていくと考えられる。加えて，諸外国からの影響もあり，性暴力やハラスメント等についての報道も増え，人権への関心は，以前と比べると高くなっている。

　このような現在の日本の状況は，コミュニティ心理学が誕生した1965年の米国の状況と似ている。当時の米国では，戦争の影響による社会問題が深刻化し，増加したメンタルヘルス不調者への対応のために，心理職の養成が急ピッチで進められていた。また，「地域精神保健センター法」が1965年に制定され，それまで精神病院の中で働いていた心理職が，地域精神保健センター（Community Mental Health Center）でも働くようになり，心理職の活動の場が広がっていた。加えて，公民権運動などにより人権意識が高まった時代でもあった。

　こうした時代背景のなか，外部から遮断された病院の面接室で心理療法を行うだけでは，十分ではないと感じていた心理臨床家たちの中から，コミュニティ心理学は生まれた（Evans et al., 2014）。同様の社会背景が存在する現在の日本で，コミュニティ心理学において重視されている「協働・連携」「社会正義」といった概念に注目が集まるのは必然であろう。

1. コミュニティ心理学における重要概念

　コミュニティ心理学における「コミュニティ」は，地域社会にとどまらず，病院，学校，企業，施設といった組織，また，その下位単位である病

棟，学級，職場の部署等も含む幅広い概念であり，さらにインターネット上のバーチャル空間も含む（植村，2012）。コミュニティ心理学は，環境と個人のウェルビーイングの関係に焦点を当てる応用心理学の一分野である。現在のコミュニティ心理学では，「社会正義」は中核概念であるとされ，以下に示すコミュニティ心理学のさまざまな重要概念の背景に，社会正義の理念が組み込まれている。

(1) 人と環境との適合，生態学的視座

　人は，自分の家族のような小規模（影響する人数の少ない）環境から，学校や職場のような中規模の環境，さらには法律，世界情勢，気候変動のような大規模な環境といった，多元的な環境の影響を受ける。この環境の多元性を示す理論としてコミュニティ心理学では，Bronfenbrenner, U. の生態学的理論がよく引用される。

　彼は子どもが生きる環境を，次の4つの入れ籠状のシステムとして想定した。①家庭や学級のような，子ども個人と直接的・対面的に関わる環境であるミクロシステム，②子どもの家族と学校，患者の家族と病院のような，2つ以上のミクロシステム間が連結したメゾシステム，③教育委員会や親の勤務先のような，子どもが直接的・対面的には関わらないが，そこで生じることが子どもに影響を及ぼすエクソシステム，④文化や法律や政治や景気といった，規模の大きな環境であるマクロシステムである。これらシステムは相互に関連して，子どもに影響を与える（植村，2012）。

　臨床心理学的介入では主に人の内面（人の感情，行動，認知等）に焦点を当てるが，コミュニティ心理学的介入では人が抱える課題を生態学的視座から捉え，主に人を取り巻く多元的な環境の側面に焦点を当てることで，人と環境のより良い適合を目指す。このことは問題の原因を個人の内面だけに求めないことを意味し，問題の当事者を責めないというコミュニティ心理学の姿勢につながっている（Ryan, 1971 参照）。

(2) 予防，危機介入

　コミュニティ心理学では予防を重視する。精神科医の Caplan, G. は，公衆衛生の予防の概念を精神科医療に取り入れ，コミュニティ心理学にも大きな

影響を与えている。

Caplan は予防を，1次予防（問題や疾病を未然に防ぐこと），2次予防（問題や疾病を早期発見し，早期対処すること），3次予防（問題や疾病の慢性化と再発を減少させること）に分けて論じ，事故・失業・家族との死別等により危機状態にある人への「危機介入」は，メンタルヘルス不調を予防する効果的手段であるとした（久田，2006）。そのため，予防を重視するコミュニティ心理学では，危機介入も重視している。

(3) エンパワメント

コミュニティ心理学ではエンパワメントが重視される。Zimmerman（2000）は，エンパワメントを3つの分析レベル（個人，組織，コミュニティ）に分け，エンパワメント概念を整理した（表4-1）。コミュニティ心理学的介入では多元的にエンパワメントを展開するが，その際に，専門家による支援だけでは十分ではなく，当事者の支援や研究への参加，自助グループ，ピアサポート，多職種との連携を重視するという姿勢をとる。

表4-1　分析レベルにおけるエンパワープロセスとエンパワー成果の比較

分析のレベル	エンパワーする過程	エンパワーの成果
個人	意思決定スキルの学習 社会資源の使用 他者との協働	コントロール感覚 批判的に物事を見る 参画的行動
組織	意思決定に参画する機会 責任の共有 リーダーシップの共有	効率的な社会資源の獲得 他組織とのネットワーク 方針・政策への影響
コミュニティ	社会資源へのアクセス 透明な政策構造 多様性への寛容さ	組織連合 多元的リーダーシップ 住民の参画スキル

(Zimmerman, 2000)

(4) コラボレーション（連携・協働），コンサルテーション

コラボレーションは，「さまざまな臨床現場で続出している困難な問題に対して，その解決が一人の専門家の力量だけでは不可能である状況を踏まえ

て，積極的で生産的な相互交流や相互対話を重ねながら，共通の目標や見通しを確認し，問題解決に必要な社会資源を共有し，必要ならば新たに資源や社会システムを開発する活動」（高畠，2007）である。

　精神科医であったCaplanは第2次世界大戦後のイスラエルに行き，活動した。当時のイスラエルではメンタルヘルスの専門家が少なく，Caplanは自分だけで数多くの子どもたちに十分な支援を提供するのは難しいと考え，子どもに直接関わる保育士や教師に対して子どものメンタルヘルスに関わる助言・支援を行うことにより，間接的ではあるがより多くの子どもたちに支援を届ける方法を取った。この取り組みを通じて，Caplanはコンサルテーションの価値を強く感じるようになった。コミュニティ心理学的介入では，コラボレーション，コンサルテーションを重視する。コミュニティ心理学におけるコラボレーション，コンサルテーションの具体的な実施例については，近年出版されたコミュニティ心理学シリーズの第2巻（久田・丹羽，2022）に詳しい。

(5) 社会変革（social change）

　この「社会変革」を志向するという点が，コミュニティ心理学の大きな特徴である。以下に2つの社会変革の分類を紹介する。

① 「非計画的社会変革」と「計画的社会変革」

　コミュニティの変化は自然と生じるものもあるが（これを「非計画的社会変革」と呼ぶ），コミュニティ心理学の基本的価値観となっているものは，「計画的社会変革（planned social change）」である。

　social changeは，社会学では「社会変動」と訳されるが，コミュニティ心理学では「社会変革」と訳す。この理由として，植村（2012，pp.266-267）は，コミュニティ心理学では，「人と環境の適合性を図るために積極的に環境に働きかけ，人間のもつ潜在的な強さとコンピテンスを強調し，エンパワーすることをその理念としており，『計画的変革』をもって"change"を意味させようとしている」「社会を積極的に変化させる意図を内包する『変革』」という言葉を用いている」と述べている。

　コミュニティ心理学者（コミュニティ心理学をベースに活動する実践家・

研究者）は，個人を取り巻く環境の変革に積極的に関わり，意図的に変革を起こそうとする「社会変革者（an agent of social change）」であることが期待される（Reimer et al., 2020, p. 163）。

コミュニティ心理学では「社会変革」についても生態学的視点から考える。一般的に「社会変革」という言葉からは，社会全体を変える大きな変化がイメージされるだろう。もちろん，コミュニティ心理学ではマクロ的環境の変化も視野に入れるが，ある学校組織といった限定された範囲のコミュニティの変革も，「社会変革」であると捉える。

②第一次的変革，第二次的変革

第一次的変革（改善的変化）は，コミュニティに現存する価値観，前提，構造，権力配置を変えないタイプの「社会変革」を，第二次的変革（変革的変化）は，コミュニティに現存する価値観，前提，構造，権力配置を変えるタイプの「社会変革」を指す（Reimer et al., 2020）。

筆者はかつて，企業の中で，メンタルヘルス不調により休職している労働者に対する復職支援に携わり，主に休職者と個人面接を行っていた。そのときに，以下のようなことを考えたことがある。「現在，正社員は週5日勤務が標準ではあるが，週3日勤務が選択できるのであれば，メンタルヘルス不調になる人の数はかなり減るのではないか」と。復職時に一定期間残業禁止という会社の制度を利用するよう，休職者とその上司へ情報提供することは第一次的変革であるのに対し，たとえば，「週3日勤務」という新たな環境を作ることは，第二次的変革である。第一次的変革だけでは基本的環境は変わらず，当該労働者が再度休職に至ったり，同じ会社で働く別の人が休職に至ったりする可能性の高い環境，つまり問題の発生と維持につながる環境はそのまま残ってしまう。そのため，コミュニティ心理学では，第一次的変革だけでなく，第二次的変革も視野に入れる。

(6) 社会変革のための研究

DuffyとWong（1996）は，「コミュニティ心理学の目標の一つは，研究で武装して社会変革を引き起こすことである」と述べている。科学的研究の多くは，基本的には同様のことを目指していると考えられるが，その点を強調

していることにコミュニティ心理学の特徴があると言えよう。

　心理学は価値観や社会的変化を排除してきた歴史的背景があり，社会問題に対して無関心な傾向にあるのに対し，コミュニティ心理学では人のウェルビーイングに悪影響を与えている環境を変える，「社会変革」を起こす行動が重要であるとされ，社会問題の解消に強い関心を向け，それに関する研究も多い（植村，2012）。

　社会問題はメンタルヘルスに悪影響を及ぼすが，特に社会的弱者により深刻なダメージを与える。社会的弱者は多くの場合，差別的・抑圧的環境の中で力を奪われてしまった（ディスパワメントされた）ために，社会的に弱い立場に置かれてしまったわけであるから，その力を取り戻すためにエンパワメントが必要である。コミュニティ心理学ではエンパワメントを重視し，社会的弱者を対象とした研究も多い。その意味で，コミュニティ心理学は価値志向的である。

　ここまで述べてきたコミュニティ心理学の重要概念を「今」見ると，当たり前のことのように感じるかもしれない。しかし，日本にコミュニティ心理学を紹介した山本和郎が，1965 年の米国赴任時にコミュニティ心理学と出会い，（それまで，臨床心理学の）「専門家として腕をみがくこと，そしてクライエントをかかえることで専門性を生かすことしか頭になかった著者（山本）にコペルニクス的衝撃をあたえた」（山本，1986）と感じたように，コミュニティ心理学は，1960 年代当時の臨床心理学や応用心理学の基本的な前提を大きく覆す，心理学のパラダイム変換と言えるものであった（Prilleltensky, 2001；植村，2012）。

2.　コミュニティ心理学における「社会正義」

　社会正義とは，人は誰もが等しく経済的，政治的，社会的権利と機会を持つべきであるという認識に立ち，不正義に挑み，公正な社会（just society）を促進することである（Caravelis & Robinson, 2016）。

　1967 年，アメリカ心理学会にコミュニティ心理学に関する専門部会である第 27 部会（Society of Community Research and Action：SCRA）が設

置された（設立当初名称 Community Psychology が，1990 年に SCRA に改名）。SCRA は，コミュニティ心理学において「社会正義」は，中核概念の1つであり，達成すべき目標であると明示している。

SCRA のビジョン（組織理念，将来展望）は，「分断があるところにはコラボレーションを，そして抑圧のあるところにはエンパワメントを育むことによって，すべての人のウェルビーイングを高め，社会正義を促進すること，そして，それらに関して強力かつ国際的な影響力を持つことである」（SCRA, n.d.,a）。

加えて，SCRA は達成すべき目標として次の7つを掲げている（SCRA, n.d.,b）。

①人々とそのコミュニティのウェルビーイングを高め，有害な結果に至らぬよう予防するために，社会科学および行動科学の利用を促進する。

②人間の行動に関する理解を深めるための理論開発と研究を推進する。

③コミュニティ心理学者，他の学問分野の専門家，コミュニティ関係者の間での，継続的かつ相互的な知識と技術の交換を奨励し，コミュニティの研究と実践が，すべての視点の強みから恩恵を受けるようにする。

④資源の公平な分配（equitable distribution of resources），すべての人に対する公平な機会（equal opportunity for all），搾取の禁止，暴力の防止，積極的な市民活動，抑圧された人々の解放，歴史的に疎外されてきた集団の包摂の拡大，あらゆる文化の尊重を促進するために，行動，研究，実践に取り組む。

⑤学術・応用の両分野において，コミュニティ研究と実践のキャリア開発を促進する。

⑥文化の違いを尊重し，人権を尊重し，世界中の関係者の貢献を求め，それらを包摂する研究と実践の国際的フィールドを促進する。

⑦コミュニティ心理学の原則と，私たちの学問分野の中核である社会正義の価値観に合致した，経済的・社会的方策（policy）の形成と制度化に影響を与える。

コミュニティ心理学において，どちらの方向に向かって進んでいくのかを模索するとき，「社会正義」はそのコンパスとも言える。コミュニティ心理学では，「資源の公平な分配，すべての人に対する平等な機会，搾取の禁止，暴力の防止，積極的な市民活動，抑圧された人々の解放，歴史的に疎外されてきた集団の包摂の拡大，あらゆる文化の尊重」された社会の実現に向けて，研究・実践が行われる。コミュニティ心理学者は，Evanse ら（2014）が言うように，実践や研究を通して社会的不正義に取り組む責任があるのである。

3. コミュニティ心理学実践例としての大学における障害学生支援：社会正義の観点に注目して

社会正義は哲学や経済学，基礎心理学等の分野において，主要な2つのタイプに分けて論じられることがある。それは，「分配的正義（distributive justice）」と「手続き的正義（procedural justice）」である。この考えはコミュニティ心理学にも取り入れられている（Evans et al., 2014）。「分配的正義」とは，さまざまな機会，資源，パワー等の公正な配分を意味し，「手続き的正義」とは，上記を分配する際の手続きに透明性があること，必要に応じて誰もが利用できるようにすること，またその意思決定のプロセスに当事者が参加できることや，そのプロセスの中で尊重されることなどを指す（Evans et al., 2014；Prilleltensky, 2001）。

筆者は大学の障害学生支援の専門部署（以下，支援部署）で働いているが，その活動をコミュニティ心理学的支援と捉えている。支援部署の活動は多岐にわたるが，以下にその一部を紹介し，それらの活動を特に社会正義の観点から説明することを試みる。

(1) 障害学生に対する支援

障害のある学生が，障害のない学生と同じように大学生活を送ることを妨げるもの（社会的障壁）が数多く存在する。聴覚障害学生にとっての社会的障壁の一例として，大学の授業は教員が話すことを中心に展開されるということがある。これは，高校までの基本的に教科書に沿った授業が行われ，教

科書を補強する参考書も豊富で，たとえ教員の声が十分聞こえなかったとしても自学自習が可能なことと大きく異なる。聴覚情報取得に困難のある学生にとって，大学の授業において教員の話を中心に行われることが，健聴者の学生と同様の情報取得を妨げる社会的障壁となっている。そのため，聴覚障害学生は大学に対して，たとえばノートテイクなどによって，教員の話したことを文字情報に変換するという合理的配慮を申請することができる。支援部署は障害学生ができるだけ安心して，迅速に必要な合理的配慮を申請できるよう，個別相談等を通して学生をサポートする。大学の合理的配慮の制度は，「障害を理由とする差別解消の推進に関する教職員対応要領」として，大学のホームページで公開されている。

　この大学における合理的配慮を，社会正義の観点から考えると次のようになる。大学にある社会的障壁により，聴覚障害学生は授業で提供される情報を十分に取得できない。これは，障害のある学生の教育の機会が奪われている状況と言える。合理的配慮が提供されることで，聴覚障害学生の教育の機会が守られる。この意味で合理的配慮は，大学における分配的正義の達成のために必要な制度と言えよう。また，合理的配慮申請制度に関する情報の公開は，手続き的正義の1つである。また，合理的配慮申請からその提供に至るまで，障害学生自身の意見が反映される。これも手続き的正義の1つと言えよう。

(2) 障害のある大学志願者に対する支援

　大学入試でも合理的配慮は提供される。その申請手続きは，入試要項や大学のホームページで公開されている。これは修学上の合理的配慮申請制度の公開と同様に，手続き的正義の1つである。入試での合理的配慮は，障害のある志願者にとって，「自分が行ってきた勉強に基づく努力や能力，資質に応じて，それが大学入学者選抜において正確に公正に評価され」るという分配的正義（木村ら，2023）に必要なことである。

(3) 大学教職員に対する支援（個別の学生対応に関して）

　支援部署は合理的配慮がスムーズに提供されるよう，教職員をサポートする。支援部署のスタッフは必要に応じて障害学生を含めた関係者の打ち合わ

せに入り，共に必要な支援や対応方法について検討する。このように支援部署は，教職員がより安心して適切に合理的配慮を提供できるよう支援する。これは，合理的配慮が適切に提供されるという意味では分配的正義の推進であるが，そのプロセスが適切に遂行されるという意味では，手続き的正義の推進であるとも言えよう。

(4) 大学教職員全体への働きかけ，大学風土の醸成

　上記は個別案件に関する支援であるが，支援部署は以下のように，常日頃から大学風土の醸成の促進を念頭に活動している。大学の教職員が合理的配慮を熟知していることは，スムーズで適切な合理的配慮の提供につながる。

　たとえば，個別の合理的配慮プロセスの中で，授業担当教員から「他の学生との公平性が保てないので，申請があった合理的配慮は提供できない」という返答が来ることがある。これは合理的配慮に対する理解が不十分なために生じる誤解である。合理的配慮は障害学生を優遇することではなく，合理的配慮を提供することでようやく障害学生と他の学生との公平性が保たれるものである（図4-1参照）。こうした誤解を防ぐため，支援部署は年に数回，大学の教職員を対象とした研修会を開催し，それを録画し，教職員がいつでも視聴できるようにしている。

　こうした活動も，合理的配慮が適切に提供されるという意味では分配的正義の推進であるが，そのプロセスが適切に遂行されるという意味では，手続き的正義の推進であるとも言えよう。

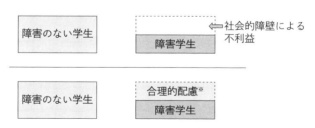

※合理的配慮提供は社会的障壁により生じている不利益を埋めあわせ，障害にない学生と障害学生との公平性を保つものである。

図4-1　障害学生と障害のない学生の公平性

(5) 事前的改善措置（環境整備）

　たとえば，教室のある建物の入り口に階段しかない場合，車いすユーザーの学生は自力で教室に行くことは難しく，授業のある教室の変更，オンラインでの授業受講など，その授業受講のために必要な合理的配慮申請をすることになる。しかし，建物の入り口に段差がない場合，車いすユーザーの学生は個別に合理的配慮申請する必要はなくなる。

　このように，個別の学生ができるだけ合理的配慮申請する必要がなくなるよう，事前に大学の環境を整えることを「事前的改善措置」と呼ぶ。この事前的改善措置には，施設の改修，制度の改善，教職員の知識向上など，さまざまなものが含まれる。

　合理的配慮提供は，障害学生の教育を受ける権利を守るために必要なことではあるが，そのプロセスには時間やエネルギーといったコストがかかる。障害学生が割かねばならないコストをできるだけ下げるために行われる事前的改善措置は，分配的正義に向けた活動の1つと捉えることができよう。

(6) 学内連携

　支援部署は，以下の例のように，学内の他部署と積極的に連携して活動している。

　視覚障害や身体障害等によって，紙の資料（本や論文）からでは情報取得が難しい学生がいる。そのため，障害学生から申請があった場合，図書館と連携して紙の資料のデジタルデータ化を行っている。図書館スタッフが紙の資料をPDF化し，必要な場合にはOCRソフト等で読み込み，読み込み時に生じる誤字脱字については，支援部署が養成した支援学生を図書館に派遣し，修正作業を行っている。

　図書館の資料は，大学が学生に提供する極めて重要な資源である。紙の資料のデジタルデータ化は，分配的正義に向けた活動の1つと言えよう。

(7) 学外コミュニティへの寄与

　支援部署は学内の障害学生に寄与する活動を中心としているが，以下の例で示すように，学外コミュニティにもできるだけ寄与するよう心掛けて活動

している。

　筆者の勤務する大学でデジタルデータ化された資料が国会図書館にデジタルデータとしてない場合は，そのデータは国会図書館に送付される。これにより，全国の障害のある人がそのデータを利用できるようになる。大学図書館での資料のデジタルデータ化は，学外での分配的正義にもつながる活動である。

　他の例として，次のような活動を行っている。重度訪問介護制度を利用する障害学生の場合，学内におけるトイレ介助や食事介助といった生活介助や通学介助等が，大学で学ぶために必要となるが，これを誰が担うのかは大学により異なる状況となっている。これを問題として，2018（平成30）年度から地域生活支援促進事業の一環として「重度訪問介護の大学修学支援事業」が開始されたが，筆者の勤務する大学の所在地である自治体はこの事業を行っていなかった。そのため，支援部署が学内調整を行い，「重度訪問介護利用者の大学修学支援事業の実施に関する要望書」を作成し，大学のある自治体に要望書を提出，事情説明を行った。これがきっかけとなり，翌年より大学のある自治体でも「重度訪問介護の大学修学支援事業」が開始された。この事業は同自治体内の他大学の学生も利用できるため，この支援部署の動きは学外における分配的正義にもつながる活動と言えよう。

　吉武（2018）の指摘のように，「日本の大学の学生支援は，学生をすべての教職員の力の結集によって育てていく，その扇の要に学生相談カウンセラーや，障害学生支援，キャリア支援等の専門的教職員が繋がり合う形で位置し，それらが，一般の教職員と有機的に実のある連携・協働を行うことで，学生の個別教育・成長支援に取り組むというコミュニティアプローチモデルを志向するように変化してきている」。障害学生支援は，障害学生，障害学生に関わる教職員，学内・学外組織といった多次元にわたって働きかけるコミュニティアプローチ，コミュニティ心理学的支援である。

　しかし，現在，障害学生支援に関する専門部署を置いている大学は3割しかなく，兼任で障害学生支援業務を行っている者が大多数である（日本学生支援機構，2023）。このような状況では，大学にある障害による不平等・不公正という不正義に挑むことは難しく，障害学生支援を行う専任人材の確保が必要である。障害学生支援に関わる専門人材を確保するよう，支援部署が

大学の上層部と話をしたり，その必要性を示すデータを提供したりすることも，大学における社会正義実現に向けた活動と言えよう。

4. おわりに

　数年前，障害学生支援の専門部署で働いている際，学生相談を専門にしているカウンセラーと業務の忙しさについて愚痴を言い合っていたときに，そのカウンセラーから「いろいろやりすぎなんだよ」と言われたことがある。もちろん冗談交じりの言葉であったが，自分の行っている障害学生支援の仕事は心理職の仕事ではないと言われたように感じ，少し悲しかったことを覚えている。

　コミュニティ心理学で用いる「生態学的視座」「社会正義」「社会変革」などという言葉は壮大で，心理職の仕事の範疇と思えないかもしれない。しかし，コミュニティ心理学が目指していることは，伝統的な臨床心理学をベースにした活動の目標と同じく，人のウェルビーイングの向上である。障害のある学生が障害のない学生と同じように大学で学ぶというただそれだけのことであっても，さまざまな困難があり，多次元の支援や環境整備が必要となる。私たちの置かれている社会は，今後ますます複雑化し，経済格差が拡大することが予想されており，メンタルヘルスへのさらなる悪影響も懸念されている。心理職が現状の環境を維持する装置の1つとして機能するだけでは，そのような社会に生きる人々のサポートには不十分である。心理職は，実践や研究を通して，社会的不正義に取り組む責任があり，その責任は今後ますます問われることになると考える。その際，心理職がコミュニティ心理学の知識を有することは，取り組み方策を模索する際の戦略の幅を広げる一助となるであろう。

【引用文献】

Caravelis, C., & Robinson, M.（2016）．*Social justice, criminal justice: The role of American law in effecting and preventing social change.* Routledge.

Duffy, K. G., & Wong, F. Y.（1996）．*Community psychology.* Allyn & Bacon.［植村勝彦（監訳）（1999）．コミュニティ心理学──社会問題への理解と援助．ナカニシヤ出版］

Evans, S. D., Rosen, A. D., & Nelson, G.（2014）．Community psychology and social justice. In C. V. Johnson, H. L. Friedman, J. Diaz, Z. Franco & B. K. Nastasi（Eds.），

The Praeger handbook of social justice and psychology: Fundamental issues and special populations. Praeger, pp. 143-163.

久田満（2006）．予防の重視．植村勝彦・高畠克子・箕口雅博・原裕視・久田満（編）　よくわかるコミュニティ心理学．ミネルヴァ書房，pp. 34-37.

久田満・丹羽郁夫（2022）．コミュニティ心理学シリーズ2　コンサルテーションとコラボレーション．金子書房

木村拓也・林洋一郎・陣内未来・為替萌馨・徳永真直・西郡大・中世古孝彦・立脇陽介（2023）．大学入学者選抜における公正観尺度（Justice and Fairness for University and College Entrance Examination Scale：JFUCEE）の作成と信頼性，及び，妥当性の検討．九州大学大学院教育学研究紀要，**25**，1-26.

Murrell, S. A.（1973）．*Community psychology and social systems.* Behavioral Publications.［安藤延男（監訳）（1977）．コミュニティ心理学．新曜社］

日本学生支援機構（2023）．令和4年度（2022年度）大学，短期大学及び高等専門学校における障害のある学生の修学支援に関する実態調査報告書．［https://www.jasso.go.jp/statistics/gakusei_shogai_syugaku/__icsFiles/afieldfile/2023/09/13/2022_houkoku3.pdf］

Prilleltensky, I.（2001）．Value-based praxis in community psychology: Moving toward social justice and social action. *American Journal of Community Psychology,* **29**, 747-778.

Reimer, M., Reich, S. M., Evans, S. D., Nelson, G., & Prilleltensky, I.（2020）．*Community psychology: In pursuit of liberation and wellbeing.* Bloomsbury Academic.

Ryan, W.（1971）．*Blaming the victim.* Pantheon.

Society for Community Research and Action（n.d. a）．*Vision.*［https://scra27.org/who-we-are/mission/］

Society for Community Research and Action（n.d. b）．*Goals.*［https://scra27.org/who-we-are/mission/goals/］

高畠克子（2007）．コラボレーション．日本コミュニティ心理学会（編）　コミュニティ心理学ハンドブック．東京大学出版会，pp. 100-114.

植村勝彦（2012）．現代コミュニティ心理学――理論と展開．東京大学出版会

山本和郎（1986）．コミュニティ心理学――地域臨床の理論と実際．東京大学出版会．

吉武清實（2018）．大学における学生相談の現状と課題――学生相談機関の整備・充実化の視点から．東北大学高度教養教育・学生支援機構紀要，**4**，19-28.

Zimmerman, M. A.（2000）．Empowerment theory: Psychological organizational, and community level of analysis. In J. Rappaport & E. Seidman（Eds.）, *Handbook of community psychology.* Kluwer Academic Publishers, pp. 43-63.

COLUMN 2

親子交流支援という社会正義

[草野智洋]

　「親子交流」（従来の名称は「面会交流」）という言葉をご存じでしょうか。法務省のホームページでは、親子交流とは、「子どもと離れて暮らしている父母の一方が、子どもと定期的、継続的に会って話をしたり、一緒に遊んだり、電話や手紙などの方法で交流すること」と定義されています。ここでいう「子どもと離れて暮らしている父母」とは、主に別居や離婚によって子どもと離れて暮らすようになった親のことを指します。内閣府（2021）によれば、2020年のわが国の離婚件数は19.3万件であり、そのうち未成年の子がいるものは11.1万組、親の離婚を経験した未成年の子の数は19.4万人でした。このように、毎年20万人近くの子どもが親の離婚を経験しています。

　子どもの権利条約には、「締約国は、児童の最善の利益に反する場合を除くほか、父母の一方又は双方から分離されている児童が定期的に父母のいずれとも人的な関係及び直接の接触を維持する権利を尊重する」と記されています。親子交流は子どもにとって不可欠な子ども自身の権利である、というのが国際社会の標準的な考え方です。一方、日本では、親の離婚を経験した子どものうち親子交流を行っている割合は、母子世帯で30.2％、父子世帯で48.0％にすぎません（厚生労働省、2022）。

　国内外の研究から、親子交流は基本的には子どもの適応に良好な影響を与えることが示唆されていますが、それは単に実施すればよいというものではなく、子ども自身にとってどのような体験となっているかが重要です（草野、2023）。たとえば、同居中から虐待やDVなどの問題があり、別居によって親と関わりがなくなったことに安心している子もいるかもしれません。逆に、同居中の親子関係には問題がなかったにもかかわらず、親の離婚によって、一方の親との交流の機会を奪われてしまった子もいるかもしれません。法務省（2021）の調査では、未成年時に親の別居や離婚を経験した

人を対象として，子どもと後に別居することになる親との関係が，両親が不仲になる以前はどうだったかを尋ねています。それによると，親との関係が「非常に良い関係」から「ままあまあ良い関係」だったと答えた人が47.5％，「普通」と答えた人が23.8％でした。すなわち，7割以上の子どもはもともとの親子関係に大きな問題がなかったにもかかわらず，離婚後には多くの家庭で親子交流が行われなくなる，という実態がうかがわれます。

　これに関連するものとして，子どもと一緒に暮らしている親（以下，同居親）が，子どもと離れて暮らしている親（以下，別居親）の育児への関与を妨げる，「ゲートキーピング」という概念が注目されています（直原・安藤，2021）。離婚に至るほど関係が悪化した元配偶者と，離婚した後まで関わり合いになりたくないという感情は，一般的にも十分に理解できます。しかし，子どもと別居親との関係性に問題がなかったにもかかわらず，同居親と別居親の不仲を理由として親子交流が行われないのであれば，それは子どもにとって不利益となります。それを防ぐためには，第三者が同居親と別居親の間に入って親子交流をサポートすればよいのです。それが，筆者らが行っている親子交流支援です。支援者は，子どもと別居親の交流に付き添ったり（付添型支援），同居親から子どもを預かって別居親に受け渡したり（受渡型支援），両親の間に入って親子交流に関する連絡調整を仲介したりします（連絡調整型支援）。

　それによって，関係の悪化した元配偶者同士が直接連絡を取り合わなくても，親子交流の実施が可能になります。子どもが親の離婚後も両親と関わることができ，自分が両親から愛されていることを実感することができます。日本の大学生を対象とした調査からも，親の離婚後に親子交流を行ってきた人のほうが，親子交流を行わずに育ってきた人よりも，自己肯定感が高いことが示されています（青木，2011）。また，親子交流支援を行うことによって，子どもと会うことができなかった別居親の苦しみも和らげられます。筆者が行ったインタビュー調査でも，わが子に会えなくなった親がどれほどの苦悩と葛藤を抱いているかが赤裸々に語られています（草野，2024）。さらに，同居親の中には，子どもにとっては親子交流が大切だという頭での理解と，元配偶者への否定的な感情との間で，板挟みになって苦しんでいる人がいます。親子交流支援は，そのような同居親にとっても助けとなります。

誤解のないように書いておくと，親子交流支援団体は，親子交流を行いたくない同居親や，行うことができない同居親に対して，親子交流を強制するようなことは決してありません。あくまでも双方の親（概ね10歳以上であれば子どもも）の同意に基づいて契約した家族に対して，支援を提供するものです。それでも，当初は別居親や親子交流に対して否定的感情を抱いていた同居親が，子どもが親子交流を喜んでいるのを目の当たりにすることによって，別居親や親子交流に対する想いが肯定的に変化することがあります（草野，2023）。

　筆者は臨床心理士・公認心理師です。従来の支援のスタイルは，基本的には面接室の中でクライエントの話を聴くというものでした。その方法でも，親に会えない寂しさ，子どもに会えない悲しさ，離婚しても元配偶者と関わらなければならない苦しさを受け止め，共感を示すことはできます。それだけでも，援助として一定の意義はあるでしょう。しかし，それよりももっとクライエントの助けになるのは，親子が実際に会えるようになることです。

　筆者の住む沖縄県は，全国で最も離婚率の高い都道府県です。親の離婚を経験した子どもにとって最大限の援助を行おうとした結果，筆者らは結果的に支援団体を立ち上げ，面接室の外に出ることになりました。それによって，子どもの権利条約で保障されている，子どもが父母との接触を維持する権利を守ることができるようになりました。筆者らの行っている親子交流支援が，従来の「心理臨床」の定義に含まれるのかどうか，筆者にはわかりません。しかし，筆者らが行っていることは「社会正義」の実現に寄与するものであると信じ，日々活動を行っています。

【文献】

青木聡（2011）．面会交流の有無と自己肯定感／親和不全との関連について．大正大学カウンセリング研究所紀要，**34**，5-17.

法務省（2021）．未成年期に父母の離婚を経験した子の養育に関する実態についての調査・分析業務報告書.

厚生労働省（2022）．令和3年度全国ひとり親世帯等調査結果.

草野智洋（2023）．面会交流に対する意識の変化のプロセスとその要因 —— 面会交流に前向きになった同居母親を対象としたインタビュー調査より．離婚・再婚家族と子ども研究，**5**，20-36.

草野智洋（2024）．離婚によって親権を失った母親の苦悩と葛藤のプロセス —— 複線径路

等至性アプローチを用いた分析．人間科学，**44**，61-88.

内閣府男女共同参画局（2021）．結婚と家族をめぐる基礎データ．

直原康光・安藤智子（2021）．離婚後の父母コペアレンティング，ゲートキーピング尺度
　の作成と子どもの適応との関連．教育心理学研究，**69**（2），116-134.

第5章
ナラティヴ・アプローチと社会正義
：「当たり前」に抗う，その可能性を求めて

［廣瀬雄一］

1. はじめに：ナラティヴ・アプローチと「支配的なディスコース」

　この世界は社会の大多数の人に合わせて創られている。だからとても気づかれにくいが，世の中に空気のように存在している「当たり前」には，強力な権力性や暴力性が潜んでいる。

　本稿ではナラティヴ・アプローチの観点から，心理臨床における社会正義について検討を試みる。その手掛かりとして，ナラティヴ・アプローチにおいて重要な意味を持つ「ディスコース（discourse）」という概念を用いたい。この語はもともとフランスの思想家 Foucault が用いたものに由来するとされ，「特定の社会集団内で共通の通貨となっているような習慣的な思考方法」（Payne, 2006/邦訳，p.79）などと表現される，社会や一定の範囲の人々に流布する言説のことを指す。

　私たちは世界を取り巻くさまざまなディスコースに影響されながら生きているが，そのうち社会の中で優勢な力を持つものは「支配的な（dominant）」ディスコースと呼ばれ，ときに多くの人が疑わない「当たり前」としての位置を占める（国重，2013）。その影響力は制度的な社会慣行と密接に結びついているため，私たちの日常の理解様式や語り方に強力に作用する。しかしそれは，「当たり前」であるがゆえに気づかれにくい。

2. きっかけ：精神科リワークでの臨床経験から

　筆者が大学院を出て心理職として最初に勤めた現場は，主にうつ病で休職

した人の復職支援に特化した精神科デイケア，いわゆる精神科リワーク（以下，リワーク）であった。駆け出しだった筆者にとって，そこでの体験は新鮮なものだった。

　1990年代後半を端緒に現在全国に広がっているリワークは，精神科外来の通院診療を経て復職した人が，後に再発・再休職に至る事例が頻発したという過去を鑑みて生まれた。リワークでは休職中の社会人たち（以下，利用者）が日々，オフィスを模した施設に規則正しく通って，生活リズムを整えながら体調の回復を図る。そこで支援にあたるのは，医師や看護師，精神保健福祉士，心理士などのスタッフである。

　その目標はシンプルで，復職を達成することと，再発せずに働き続けられるようになることの，主に2点に集約される。その達成のため，利用者たちは心理教育を通じて認知行動療法，リラクセーションなど種々の手法を学ぶ。そしてそれらを含めたさまざまな知見は，一定の「正しさ」を有したディスコースとしてリワーク内外で力を持つ。たとえば，うつ病の治療にアルコールは大敵，であるとか，回復に応じた適切な復職計画を立てることが不可欠，などのディスコースが行き交う。多くの利用者はそのような環境で，心身のセルフケアの方法を習得したり，職場の人々とのコミュニケーションのあり方を再検討したりといった，いわば「自己変革」に取り組む。

　利用者の回復を支援し，元気にして元の職場へ返す。医療の枠組みの中で行われるその実践の意義に，なんら疑いの余地はないように思える。念願の復職を果たした利用者と喜びあう，そのとき抱く確かな達成感も筆者は感じていた。しかし，なぜか筆者は徐々に，何とも言えない違和感も抱くようになっていた。

　そして筆者はあるとき，勤務先ではない他のリワークの様子を見聞きする機会を得た。そこで展開していた光景は衝撃的であった。心理職スタッフは利用者たちに対し，「あなたたちがここにいるのはなぜだと思いますか」と語りかけ，「それはあなたたちに何かが欠けていたからです。だから，あなたたちは変わらなくてはならない」と伝えていた。その語りには，「本人に何か落ち度があった，何かを誤っていた」ということが前提されていた。そして何より，利用者たちはまるで「当たり前」のように，責められる位置に立たされていた。

筆者が勤めていたリワークは，利用者をあからさまに責めるようなこの施設とは，大きく異なる場であったことは念のため明言しておく。しかし，それと一点の重なりもないかといえば，案外心許なかった。思い返すと筆者自身，リワークで支援に行き詰まり，利用者に対し「自己変革」を迫り，さらには「責める」ような思考や態度に陥ったことは，一度や二度ではなかったからだ。

むろん，リワークにおいて，利用者がいくらかの自己変革を指向する必要性は理解できる。それが復職の成功可能性を高めるという手ごたえも，筆者自身，肌で感じてきた。何より利用者本人が誰よりも強く復職を望み，自ら自己変革に励むことも多い。しかし，それと本人を「責める」こととは，本来別なのだ。そもそも人が心を病むとき，その背景にはいち個人の事情にとどまらない多くの要素，たとえば職場の労働環境，ともに働く人たちとの関わり，さらには遺伝的素因や育った家庭環境までもが絡んでくる。にもかかわらず，筆者はリワーク利用者が自己変革にいそしむのは「当たり前」というディスコースを無批判に内在化し，気づくと本人を責めかねない，そんな自分に気づいた。

筆者は社会正義アプローチと出会う前の原体験でもあるこのような経験から，2つの問いを得た。1つは，うつ病になり職場内外で困難や苦悩を味わい，そこからまだ抜け出しきれていない苦境にいるはずのリワーク利用者たちは，なぜ「責められる」位置に置かれやすいのかという問い。もう1つは，「当たり前」のようでそうではないこの構図はなぜ見逃されやすいのか，という問いである。以下，これらについていくつか論点を挙げ，考えていきたい。

3. 職場サイドのリスクとみなされる

第一の要因として挙げたいのが，雇う側すなわち企業や官公庁などの事業所側の事情にまつわる問題である。

2000年に最高裁が下した「電通事件」の判決は，わが国の労働者にとって重要な意味を持った。それは長時間労働，過酷な労働環境がうつ病を誘発し，労働者の命を奪うということが，日本の司法において初めて認定された

出来事であったからだ（北中，2014）。これによって全国の事業所は，労働者のメンタルヘルス対策を強く求められることとなった。その結果，皮肉にも雇用側がうつ病の当事者たちを，「リスク」とみなす傾向が一気に強まった。

　その後の国の施策も，働く側にとっては必ずしも歓迎できるものではなかった。その内容には，労働者自身も心身の健康管理に自ら責任をもって取り組むべきである，という意味合いが込められていたからだ（元森，2012）。それは労働者の，いわゆる「自己責任論」ディスコースを強化する色合いを纏っていた。リスク社会における医療について論じた美馬（2012）が言うように，そこには「個人では解決できない社会環境に由来するリスクであっても，それを避けるための手段を十分とらなかったその個人の自己責任であるとの解釈にまで至る」（美馬，2012，p. 63），という危うさが伴っていた。

　思えば，リワーク利用者に対したびたび投げつけられるのが，主に職場サイド，ときには医療関係者さえもが用いる，「同じ職場環境の中にあっても，同僚たちはうつ病になっていない」というディスコースだ。筆者が衝撃を受けた前述のリワークが用いていたのも，この論法であった。よくよく考えないと，これは「当たり前」のように聞こえる。現に大多数の人にとっては，うつ病を抱えずに日常を生きていくことは「当たり前」なのである。他方，それに沿えない人に対しては，このディスコースは反論を許さない狡猾な暴力性を帯びる。休職中の人々はこのような論を浴びせられたとき，逃げ場を失い，責められる位置に立たされる。

　Foucault（1966）は，かつては商業の世界における最大の罪は傲慢やどん欲であったが，いまや富の生産，流通および蓄積に参加できないことこそが罪であり，そのような人々は断絶され，疎外されるようになったと論じた。そこに顕在化するのは，「役に立たない者は誰か」を選別し，排除する機制である。そして今日にあっても，「富の生産と流通」が有する価値を否定することはそう容易ではない。だから，ここで生じている暴力性は，人々に気づかれにくい。

4. 心理臨床の世界が抱えてきた課題

　次に，第二の要因を挙げたい。それは近年改めて指摘されている，自己責任論に加担してしまいやすい性質を，心理臨床家たちの営為が歴史的に有してきた，という問題と関連する。

　田中（2005）は，わが国の臨床心理学の理論と実践の多くは，人間の成長や発達，社会適応を目的とした「自我の変化」に焦点を当て，それを「自己実現」などの言葉によって包みながら，その対象を「病理‐治療」構造の中に組み込もうとするものであったと論じた。自己が変化することにこそ，「病んだ者」が望ましい成長や幸福の実現を成し遂げていく道があるという発想である。そこには，既存の体制や枠組みに適応することを念頭に置いた支援観，人間観があった。

　東畑（2022）も，1970〜1990年代半ばまでのいわゆる河合隼雄の時代，心理臨床は「極端な内在化型のあり方」であったことを指摘している。またそれに対しては，当時すでに一部の人々から，心理療法が社会や環境の側に存在する問題を保全したままに，クライエントだけに変化することを強い，さらにはそのような社会に適応できるよう「矯正」するようなあり方はおかしい，との批判も投げかけられていたという。しかし，当時新興で認知度が低く，脆弱な学問であったという背景事情から，臨床心理学というものを極端な形で象る必要がそこにあったのだろうと，東畑は分析している。やはりこれも，心理臨床的営みが「既存の社会を肯定するための装置」となっていたという指摘である。

　そのあり方は，「クライエント本人を責める」あり方と表裏一体である。もちろんリワークで働くスタッフは心理職だけでなく，さまざまな職種であることに一定の留意は必要だが，上述の傾向がいまだ心理臨床の領域に残存していることが，リワーク利用者たちが責められやすい様相を生む一因であると考えられる。

　そして，ある意味厄介なことに，その傾向は前述した職場サイドのリスク回避のニーズと合致しやすい。リワークに実際に勤めるとよくわかるのだが，リワークには社員，職員を次々に送り込む，「お得意さん」のような企

業や官公庁の部署が存在することが少なくない。そのような職場からリワークは重宝がられ、利用者の上司や担当保健師から感謝もされる。そしてその人たちはときに言う、「あの社員には本当に手を焼かされていて」と。優位な場所にいる人間から放たれるその言葉に顕在化しているのは、「リワークは困った社員、職員を治してくれる場所である」という、職場サイドにとって非常に都合のいいディスコースである。気になるのは、そこに「なぜこれほどうちの職場からメンタル不調者が出るのか」と自省する姿勢が感じられないことだ。

　対するリワークのあり方はどうか。前述したとおり、リワークは基本的に復職達成と再発予防という目標とともにあり、スタッフはその支援に全力を注ぐ。多くの場合そこには、その支援が利用者本人の健康や幸福に寄与するものだという信念もあるだろう。では、結果として復職支援とその後の再発防止が成功裏に終わった場合に、なにが起こるか。とりわけ、それが利用者の自己変革の努力の帰結として位置づけられると、その意味合いは複雑な色彩を帯びる。なぜなら一見望ましいその結果は、見方を変えれば、職場サイドがずっと抱えている問題や落ち度をなきものにしてしまうばかりか、その責任がやはり本人にあったのだという論理さえも強化しかねないからである。

　すなわち皮肉なことに、結果的に見れば、リワークで働く支援者は、利用者本人を支援しているつもりが、いつの間にか自己責任論を助長するようなあり方に加担し、ひいては社会的排除の片棒をかつがされる危険さえもはらむ位置にいることがわかる。

　また、「悩む本人が気づきを得たり、成長したりして苦境を乗り越える」という展開は、ありふれているが世界中の人々に根強く支持される、「回復の物語」（Frank, 1995）の筋立てを備えている。だからそこに潜む危うさは、気づかれにくい。

5. 「休む」ことにまつわる支配的なディスコース

　続いて三点目の要因を挙げたい。実は、職場サイドやリワークから問われずとも、リワーク利用者自身が自己責任論を内在化し、罪悪感に苛まれてい

ることは多い。そこに影を落とす強力なディスコースが，この国にはあるように思われる。それは，「休む」ことに対する並々ならぬこだわり，すなわち「休まないことは立派」であり，対して休みを重ねることは罪であるという堅固なディスコースである。

　子どもたちは小学校に入学するやいなや，早くもそのディスコースのうねりに飲み込まれる。そう，「不登校」にまつわる問題である。不登校の子どもが周囲を困らせる問題児，ときに学校社会の逸脱者のごとく扱われる傾向は近年緩和傾向と言われるが，まだ世間に根強くあるように思われる。どの子どもも学校側に休んだ日数を厳密に管理され，一定以上それが続けば，たちまち「不登校児」のレッテルを貼られる。そして，学校内外の人々から悪い意味で注目を浴び，あるいは無視され，ときには責められたりすることに加え，進路や学習機会などさまざまな不平等さえもこうむる憂き目に遭う。

　Foucault（1975）は，有名な著作『監獄の誕生』において，Bentham が考案した一望監視塔（パノプティコン）を引き合いにしながら，近代権力が監獄のみならず学校や病院，工場などにおいても，「規律・訓練」の機制を作動させてきたことを鋭く指摘した。彼によれば，規律・訓練は人間の素質や能力を最大限に引き出そうとする目論見であると同時に，人々を服従と支配の中に置く。またそれは，「規格」に合わない者たちを「異常者」として括り出し，排除する仕組みでもあった。そこでの規範を内在化し，自らすんで服従し，模範的な振る舞いをするようになった人間を，Foucault は「従順な身体」と称した。

　わが国は，大人も子どもも総じて「休むのは悪いこと」という規範を自己に内面化し，それに自ら従う「従順な身体」の持ち主にあふれているように筆者には思える。現に働く人たちが生きる世界では今でも，本来正当な権利である有給休暇を取るにも，同僚に頭を下げ続け，とても申し訳ない素振りでいなければならない。まして，働き続けられなくなって長期間休みを重ねることが，そこでどのような意味を持つかは明白だ。まるで自分が罪人になったかのような強烈な罪悪感を味わった，という利用者の語りを，筆者はリワークで幾度も聞いてきた。リワーク利用者たちが「責められる」位置に置かれやすい背景として，この日本の文化，いわば国民性があると考えられる。

礫川（2014）はこれを，日本人特有の「勤勉性」として論じた。その萌芽は，江戸時代の農民の土地への執着に見られ，それが明治30年代以降に大きく広がり，戦後復興と高度成長の中でさらに加速していったという。その過程を通じて国民は，身を粉にして所属先に尽くし，仕事を「生きがい」とすることを「勤勉の美学」として賞賛する，そのようなあり方になじんでいった。

礫川はそのようなあり方を，16世紀フランスの人文家 La Boétie が用いた「自発的隷従」という言葉で説明した。それによれば，人は権力に対しはじめはやむなく隷従するが，続く世代の人々は次第に自由というものを忘却し，ついには先人たちが強制されてきたことを自ら進んで行うようになるのだという。礫川はそれと前述の電通事件を重ね，過労によりこの世を去った本人が，強制ではないのに「自ら進んで」残業し，さらには自ら残業時間を過少に申告したという事実が，常軌を逸した日本独特の勤勉性を象徴すると論じた。

それが経営サイド，ひいては国にとって極めて都合がよいことであるにもかかわらず，「自発的隷従」というあり方は，日本の労働者の間に十分意識化されないまま根強く息づいているように思える。「休むのは悪いこと」に対する「従順な身体」を備えた，すなわち「自由を忘却した」人々が多数派になっているからこそ，わが国ではそこに伴っている権力性や暴力性が気づかれにくいのではないだろうか。

6. 倫理的課題と社会正義アプローチ

さて，ここまで，なぜリワーク利用者が「責められる」ポジションに置かれやすいのか，そしてその構図がなぜ気づかれにくいのかについて，3つの論点を挙げ検討した。そこから見えてきたのは，一見「当たり前」に正しいと思しき営為の裏にある危うさであった。

Foucault（1975）によれば，かつての精神病院における治療は，患者の身体に規律の習慣化を施す訓練にほかならなかったという。そこから送り出されてなお社会に同化できなかった者は，また精神病院に戻されて再度規律・訓練された。彼いわく当時の精神病院は，社会全体の大きな規律装置が規格

化できなかった「残滓を再規律化する装置」として，機能していたというのだ（佐々木，2005）。心を病んだ人々を社会の求めに応じて造り変えて，送り返すというあり方が，もし現代のリワークが果たす役割だとしたら，それはFoucaultが示すあり方と相似形に見える。

そしてこの問題は，本書全体が示してもいるように，心理臨床のさまざまな領域に共通する。つまり，多くの心理臨床家は，社会の解決すべき問題の維持温存に加担しかねない危険な位置にいる。この問題意識は，心理臨床における社会正義アプローチとまさに軌を一にするものであろう。

では，そのような問題を改めて認識したとき，解決へ向けた将来像とはどのようなものだろうか。以下からはそこに視点を移したい。その検討の基本として押さえておくべきは，心理臨床家がクライエントが直面する困難の解決を，もっぱら本人の心に働きかけるレベル（ミクロレベル）で実現しようとするだけでなく，その人の所属組織やコミュニティのレベル（メゾレベル），あるいはさらに広範な社会・文化・政治的レベル（マクロレベル）まで視野を広げ，積極的に働きかけていくことであろう（蔵岡ら，2023）。むろん，それは言うほど容易ではないであろうが，現状をいくらかずつでも変えるために，再度ナラティヴ・アプローチ，さらにその後ろ盾である社会構成主義の知見を手掛かりに検討してみたい。

7. ナラティヴ・アプローチの視点から取り組む社会正義

「私たちの役割は，近代的権力のうっかりした共犯者になることなのか？」 （White, 2011／邦訳，p. 41）
「（私たちセラピストは）何の気なしにローカルな文化の権力関係と共謀してきたかもしれない自分たちのあり方を，よくよく考えるという特別な責任を負っている」（White, 2007／邦訳，p. 30）（括弧内補足は筆者）

社会構成主義という認識枠組みをご存じだろうか。実はそれを手短に解説するのは難しいのだが，ここではさしあたりその第一人者Gergenらの言葉を借りて説明したい。

彼らによれば，社会構成主義における「現実」とは，私たちが用いている

言語体系によって導かれ，同時に制約されているのであり，そこにおいて「自己と他者，そして，世界をどう捉えるかは，人々の間で共有されている言葉のやりとりや語り方の慣習によって決まってくる（McNamee & Gergen, 1992/邦訳，p. 19）」，のだという。それはつまり，「私たちが『現実だ』と思っていることはすべて『社会的に構成されたもの』で（中略），そこにいる人たちが，『そうだ』と『合意』して初めて，それは『リアル』になる（Gergen, 2021/邦訳，p. 20）」ということである。

　そして本稿が依拠しているナラティヴ・アプローチとは，その社会構成主義を背景に，人が世界や自己を認識し，経験を組織化する際の手掛かりとして「物語」や「語り」を中核概念として用い，探求しようとする実践の総称である（McLeod, 1997）。とりわけ，その一翼を担う White（1992）らの理論と実践はナラティヴ・セラピーとも呼ばれ，多くの人に知られるところとなった。それは社会の中にある権力関係に深く注意を払う支援観であり，そこには人々がセラピーに持ち込む問題にはそもそも，文化的，社会的，政治的な要素が絡みついているのだという前提がある（Payne, 2006）。

　個人の「語り」は，その人自身の存在を意味づけ，規定し，そのアイデンティティを形作る。対して，前述の「支配的なディスコース」は，ときにその語りの自由を奪う。その影響力は人々のアイデンティティそのものに及び，それを変形させたり，制約を課したかたちで規定したりする。

　たとえば，リワークで言えば，「休まず働き続けられる人間」に価値を置く支配的ディスコースに飲み込まれたとき，それに応えられない個人は，自分自身は劣った存在であると自己規定せざるを得なくなり，自責のナラティヴでしか自らのアイデンティティを語れなくなる。そして，支配的なディスコースがその社会で優勢で「当たり前」であるほど，個人がその影響から逃れることは困難になる。ナラティヴ・セラピーはこのようなメカニズムに着眼する。

　そこで重要になるのが「脱構築」と呼ばれるプロセス，すなわち「当たり前」と思われている現実や活動を覆していく過程である（White, 1992）。ナラティヴ・セラピストは「当たり前」として，クライエントの中で内在化されているディスコースを問い直し，本人が自らの物語を「語り直す」ことができれば，「問題」は変化しうると考える。

82　第Ⅱ部　多様な学派からのアプローチ

　White（1992）によれば，その試みは3つのカテゴリーからなる質問に
よってなされる。第一に，セラピストはクライエントとの対話を通じて見出
された，支配的なディスコースと矛盾するような出来事や行為に着目し，
「あなたはどのようにそのステップを踏み出す用意ができたのですか」のよ
うに，支配的ディスコースに「対抗」できた経験を尋ねることで，脱構築の
糸口を探る。このような質問は，「行為の風景質問」と呼ばれる。第二に，
「こうした発見は，あなたが人生に求めるものについて何を語るでしょう」
といった，「意識（アイデンティティ）の風景質問」により，新たな気づき
をその人自身の人生やアイデンティティと関連づけることに取り組む。第三
に，「あなたを知っている人のうち，あなたが踏み出すことができたこのス
テップについて知らされて，最も驚かないのは誰でしょう」などと尋ねる，
「経験を経験（体験）する質問」によって，新たなアイデンティティに関わ
る内容を他の人々と結び付けていく。

　さらにPayne（2006）は，Whiteの論をもとに，第四のカテゴリーを「権
力実践を脱構築する質問」として整理した。それはナラティヴ・セラピーの
政治的な側面と関連しており，「良い父親であるためには子どもたちにとて
も厳しくしなくてはならない，というあなたの考えはどこからきているので
しょうか」といった質問によって，権力を伴って社会に流布するかりそめの
「真理」によって制限されている思考の不自由さを，脱構築することを試み
るものである。

　このように，脱構築を図りながら探る新たな物語に向かう筋立てには，あ
らかじめ決まったかたちはない。それは，協働的，即興的に，クライエント
とセラピストの間で創り上げられていくものだからだ。ただ，参考として文
献から例を挙げておくと，「ひとりで戦うことは強さ，支援を受けることは
弱さ」という考えが当然であると信じ込まされ，自身を責めていた人が，自
らを助け得るさまざまな人や手立てを自ら遠ざけていたことに気づいたり，
「妻より稼ぎが少ないことは恥である」というディスコースに打ちのめされ
ていた人が，いかに自らも妻に貢献し，親密な関係を継続していくための多
くの可能性を有しているのかに気づいたり，といった実践例がある（Payne,
2006）。

　そしてナラティヴ・セラピーは，個人のレベルを越え，組織やコミュニ

ティといったメゾ領域まで，その範囲を拡げていくことを指向する。たとえば Epston（1998）は，「アンチ拒食/過食症リーグ」という摂食障害の当事者間コミュニティを構築した。それは，摂食障害の当事者たちが生み出す「オルタナティヴな知識」を支持し，その新たな知の利用可能性を高めることを目指すものであった。当時の摂食障害をめぐるディスコースは，女性差別の含意も纏い，当事者を「病理」「だめな人間」「罪悪」などとみなすものが優勢で，その人格そのものを否定する色合いとともに流布していた。リーグに参加した当事者たちは，つながることによって支配的なディスコースを疑い，自らの苦悩に堂々と立ち向かい，「拒食症の要求に従ってきた人生」に決別し，自らの人生を「拒食症から離れ」「自分自身を再発見していける」ものとして語り直すことを可能にした。

　わが国でも，たとえば吉野（2014）が，自死遺族同士をつなぐ癒しの会を主宰した例を報告している。その出発点は，従来の支援のあり方が遺族たちを「ケアを要する病人扱い」し，専門家が考えるグリーフケアの文脈に当てはめようとする，つまり当事者たちの心情にそぐわないものであったという過ちへの気づきだった。参加した遺族らは，支配的な「専門家」ディスコースから距離を置き，家族を自死で失うというその受け入れ難い経験を，少しでも納得できるようなストーリーとして語り直せるよう，対話と模索を重ねた。それを通じて参加者たちの間には，自身が遭遇した出来事を再定義するさまざまな新しい筋立てと語りが生み出されていった。

　このようなメゾレベルの実践には，それまで狭い文脈に限定されていた物語の幅を，多様なアイディアによって拡げ，さらにそれを共有して深めるという働きがある。そして，「自分だけに問題があるという誤解」を解き，参加する人々の劣等感を和らげる（吉野，2014，p. 148）。それは，当事者を支配的なディスコースの影響から「解放」するプロセスであると同時に，相互に連帯することでその「声」を合わせて大きなものにし，「当たり前」を「当たり前ではないもの」に変えるべく，社会へ響かせていく営為でもある。

8. 社会構成主義の叡智を頼りに

　「私たちは「当たり前だ」と考えられているものすべてに挑戦するこ

ともできるのです。（中略）私たちの行動は，伝統的に真実だとされてきたもの，理に適っているとされてきたもの，正しいとされてきたものに制約されることはありません」

(Gergen & Gergen, 2004/邦訳，pp. 22-23)

　最後にさらに領域を広げ，マクロレベルへの働きかけについて，社会構成主義を手がかりに考えてみたい。

　再びリワークの例で考えてみよう。リワークの利用者やそれをサポートする人々にとっての念願の1つは，休職を経て復職した人々をもう激務にさらさないでほしい，という願いではないだろうか。しかし，それをそのまま求める声は，労働を取り巻く日本のあり方を変容させるには，まだ十分な力を持ち得ないようにも思われる。

　「富の生産と流通」を重んじる観点からは，それは不採算な要望として一蹴されてしまうのかもしれないし，あるいは自己責任論を背景に，「心を病んだ人たち」ばかり大事に扱うわけにもいかない，と反論されるかもしれない。なにしろ「休むことは悪いこと」という文化に生き，「休まない」という結果を出し続けてきた側の人々の多くは，おそらくその状態を維持するために，相当の労力を費やしてきた個人史を有している。そのため，「休む」人たちに対する非難が発動しやすくなることはいくらか理解できる。ここで方法を誤れば，待っているのは考え方や感情の対立，その果ての決裂や分断かもしれない。したがって，そこでは支配的なディスコース，すなわち世の中の「当たり前」そのものを変えていく必要があるように思われる。

　繰り返し述べたように，社会の大多数の人たちにとっての「当たり前」には，それに沿えないマイノリティにとって抗いがたい暴力性が伴っている。たとえば，「結婚して子どもをもうけて育てる，それこそが人の幸せだ」であるとか，「わが子は別に立派でなくても，『ふつう』に学校に通って，『ふつう』の会社に入って，『ふつう』に暮らしてくれればいい」のようなディスコースは，そのわかりやすい例だろう。

　だから，心理臨床家が世の「当たり前」に敏感であることは，極めて重要な意味を持つ。リワークに限らず，精神科クリニックや心理相談室などの心理臨床の場を訪れる人の多くは，精神疾患，発達障害，不登校など，世の中

の多数を占める人たちと異なる面を持つ，すなわち「ふつう」から疎外されようとしている人々でもあるからだ。

そして，さまざまな領域の心理臨床実践に取り組むなかで筆者は，クライエントの困難や苦悩に対し組織や社会が関心や理解を示さず，向き合おうとしないとき，思わずその不条理に論争を仕掛け，戦いを挑みたくて仕方がなくなる。そうすることが正しいような気がするからだ。

ところが，社会構成主義はそれを肯定してはくれない。むしろ徹底してそれを戒める。Gergen（2022）にならえば，必要なことは異なる信念を持つ人たちを非難しないこと，そして多くの人との共有可能な物語を見出し，協働していくことなのだという。なぜなら社会構成主義において，「根本的な間違い」というものは存在しないからだ。たとえ「悪党」に見える人間たちも，自分のしていることには正当な理由があると考え，彼らのとっての「善」を追求しているのかもしれない。

だから必要なことは，共通して価値があると考える物事に一緒に取り組むこと，対立によって「意味の共創」の可能性が損なわれることのないようにすることなのだ（Gergen & Gergen, 2004）。たしかに，互いの「正しさ」を真っ向からぶつけあう営為は，結局は排除するかされるかのパワーゲーム，単なる「支配的なディスコース」の覇権争いに堕する。Gergen は言う，「未来とは私たちが『一緒に創造する』ものなのです」と（Gergen & Gergen, 2004/邦訳，p.23）。

それをヒントに，最後もリワークの例で考えてみよう。休むことをよしとしない日本の慣習は，既述のように戦後復興や高度成長とも関連づけられたある種の美学を伴っていた。しかし，お気づきと思うが，そのディスコースはすでに，かつてほど絶対的なものではなくなりつつある。

折しも本稿執筆時，日本より人口が少なく，かつはるかに労働時間が少ないドイツに，日本の GDP が抜かれることが報じられた。身を粉にして働く勤勉神話は，長時間働いても低賃金という事態が続く現状と並行して，急激に色あせてきている。また，若い世代からは，たくさん働くより余暇時間を十分に確保できる仕事に就きたい，という声も多く聞くようになった。そこから，復職を目指す人々だけでなく，多忙で「休めない」環境で踏みとどまっている人々も含めた，すべての労働者に共有可能な方向性が見出せない

だろうか。「休むことは悪いこと」という「当たり前」を変えていくことを，共に目指すことはできないだろうか。

Gergen は言う，「団結し，対抗する構成の仕方を生みだせば，人生や社会全体を変えられるかもしれません」（Gergen & Gergen, 2004/邦訳，p. 95）。社会構成主義が教えてくれるのは，「当たり前」は所与のものではなく人々が創出したものであり，それはまた人々の連帯によって新たに創り上げていくこともできるのだ，という視点である。

9. おわりに

以上，ナラティヴ・アプローチ，社会構成主義の視点から，社会正義について検討した。筆者としては，目指す方向はある程度見えたような気がする。一方，ゴールは遥か遠くにかすんで見えない。いや，社会構成主義が目指すのは果てなき共創なのだから，きっとそれでいい。

駆け出しのリワークスタッフだった筆者は，一介の研究者となった。そこで変わらないのは，ずっと多忙であるという事実であるのは，本稿の内容と照らすとなんとも皮肉である。しかし，ともかくなすべきは，思いを共にする人たちと連帯すること，その次に，考え方が異なる人々と一緒に目指せる方向を見つけ出していくこと，である。ひとつひとつ着実に，取り組んでみたい。

【引用文献】

Epston, D. (1998). *'Catching up' with David Epston: A collection of narrative practice-based papers published between 1991 & 1996*. Dulwich Centre Publications.［小森康永（監訳）（2005）．ナラティヴ・セラピーの冒険．創元社］

Foucault, M. (1966). *Maladie Mentale et Psychologie*. Presses Universitaires de France.［神谷美恵子（訳）（1970）．精神疾患と心理学．みすず書房］

Foucault, M. (1975). *Surveiller et Punir, Naissance de la Prison*. Gallimard.［田村俶（訳）（1978）．監獄の誕生——監視と処罰．新潮社］

Frank, A. W. (1995). *The wounded storyteller*. The University of Chicago Press.［鈴木智之（訳）（2002）．傷ついた物語の語り手——身体・病い・倫理．ゆみる出版］

Gergen, K. J. (2021). *The relational imperative: Resources for a world on edge*. Taos Institute Publications.［東村知子・鮫島輝美・久保田賢一（訳）（2023）．関係の世界へ——危機に瀕する私たちが生きのびる方法．ナカニシヤ出版］

Gergen, K. J. & Gergen, M. (2004). *Social construction: Entering the dialogue*. Taos Institute Publications.［伊藤守（監訳）(2018). 現実はいつも対話から生まれる――社会構成主義入門. ディスカヴァー・トゥエンティワン］

北中淳子（2014). うつの医療人類学. 日本評論社

礫川全次（2014). 日本人はいつから働きすぎになったのか――勤勉の誕生. 平凡社

国重浩一（2013). ナラティヴ・セラピーの会話術. 金子書房

蔵岡智子・井出智博・草野智洋・森川友子・大賀一樹・上野永子・吉川麻衣子（2023). 心理臨床領域における社会的公正とアドボカシーの視点――養成プログラムへの統合を見据えて. 東海大学文理融合学部紀要, **1**, 37-53.

McLeod, J. (1997). *Narrative and psychotherapy*. Sage Publication.［下山晴彦（監訳）, 野村晴夫（訳）(2007). 物語りとしての心理療法――ナラティヴ・セラピィの魅力. 誠信書房］

McNamee, S., & Gergen, K. J. (1992). Introduction. In S. McNamee & K. J. Gergen (Eds.), *Therapy as social construction*. Sage Publication.［野口裕二・野村直樹（訳）(1997). ナラティヴ・セラピー――社会構成主義の実践. 金剛出版, pp.13-22.］

美馬達哉（2012). リスク化される身体――現代医学と統治のテクノロジー. 青土社

元森絵里子（2012).「過労自殺」の社会学――法理論と制度運用に着目して. 年報社会学論集, **25**, 168-179.

Payne, M. (2006). *Narrative therapy: An introduction for counsellors* (*2nd ed.*).［横山克貴・バーナード紫・国重浩一（訳）(2023). ナラティヴ・セラピー入門. 北大路書房］

佐々木滋子（2005). フーコーの精神医学批判（承前）. 言語文化, **42**, 33-60.

田中純夫（2005). 学校教育問題における臨床心理学の適用と限界――スクールカウンセラー学校参入の現状と課題を中心として. 木畑壽信・田中純夫・角田史幸・西口正文（編著） 教育の臨界――教育的理性批判. 情況出版, pp.125-141.

東畑開人（2022). 反臨床心理学はどこへ消えた？――社会論的展開序説 2. 森岡正芳・東畑開人（編） 心の治療を再考する. 金剛出版, pp.9-29.

White, M. (1992). Deconstruction and therapy. In D. Epston, & M. White (Eds.), *Experience, contradiction, narrative, and imagination*. Dulwich Centre Publications.［小森康永（訳）(2018). ナラティヴ・セラピー・クラシックス. 金剛出版, pp.1-60.］

White, M. (2007). *Maps of narrative practice*. Sage Publication.［小森康永・奥野光（訳）(2009). ナラティヴ実践地図. 金剛出版］

White, M. (2011). *Narrative practice: Continuing the conversation*. W.W. Norton & Company.［小森康永・奥野光（訳）(2012). ナラティヴ・プラクティス. 金剛出版］

吉野淳一（2014). 自死遺族の癒しとナラティヴ・アプローチ. 共同文化社

COLUMN 3

沖縄戦を生きぬいた人々との実践活動
：なぜ「平和」を発信し続けるのか

［吉川麻衣子］

　アジア・太平洋戦争の頃，沖縄は激しい地上戦（沖縄戦）の舞台でした。当時の県民のうち，4人に1人が尊い命を失い，人々の生活や環境は破壊されました。私は沖縄で生まれ育ち，幼い頃から「もう二度と戦はしてほしくない……」という体験者の声を，何度も聴いてきました。祖父は沖縄戦で亡くなり，一般人として壕を転々と逃げた親戚は，戦後，精神を患い，言葉を失いました。私の実践活動の背景には，その当事者性があります。

　卒業論文では，「老年期の精神的健康と人生における戦争体験の意味づけに関する探索的研究」を行いました。対面で質問紙調査を行った結果，半世紀以上が経ってもなお，多くの人々が衝撃的なつらい体験の記憶に苛（さいな）まれ，体験者の心の中では，戦争はまだ終わっていないことが明らかになりました。

　長期間にわたってトラウマを抱える人々がいることは，容易に理解できました。しかし私は，彼らの"パンドラの箱"を開けてしまったのではないかと心配になりました。そこで，研究を協力者と共創し，その人々に役立つものにしようと考え，調査結果をフィードバックする機会を設けることにしました。「私だけではなく他の人もつらかった」と気づいたことで，「戦の時代を生きた人々と語り合いたい」というニーズが浮上しました。

　それを受けて「戦争体験を語らう場」を立ち上げ，やがて20年目を迎えます。最初は73名いた参加者が，現在では5名になりました。私たちは多くの人々の最期の語りを聴き，旅立ちを見送ってきたのです。

(1) 心理支援としての意義

　自己のコントロールが及ばない出来事によって未解決な葛藤を背負わされた人々の「対話」は，3,000時間を超えます。言葉にならなかった，または言葉にしてこなかった体験が少しずつ語られるようになり，他者の語りの

影響を受けながら，体験の意味が再構築されていきます。互いのペースを尊重し合う過程を経て，参加者にとっての居場所となり，安心して想いを話せるようになりました。孤立せずに日常生活でもつながりを持つ関係が築かれました。

このような点が，この活動の心理支援としての効果と言えます。これまで，論文や報告等のかたちで成果を発信してきました。しかし，少なくともこの実践を始めた当初，心理臨床の学会では，「これは心理の専門家がやるべきことではない」と揶揄されました。そして，25年近く経過した今でも，伝統的な心理支援の枠組みの外に位置するものだと感じています。

さらに，私の活動が，本書で説明されている社会正義アプローチの実践例と言えるのかについても，実は迷いがあります。アドボカシー・コンピテンシーの枠組みで捉えると，「社会政治的アドボカシー」に該当するかもしれません。しかし，私のアドボカシーの対象は，日米地位協定や国全体（その歴史を含む）です。これらの問題は非常に複雑で大きなものであり，困難や諦めを感じることもあります。それでも私が実践を続ける理由は，「社会が平穏でなければ心の平穏は保てない」と考えるからであり，声を聴き受けた者としての社会的責任を感じているからです。

(2) 沖縄と基地

沖縄戦当時，米軍は住民を収容所に強制隔離し，土地の強制接収を行い，基地を建設しました。高度経済成長期には，本土の米軍基地の整理縮小の流れに従い，本土から沖縄に基地が移転しました。現在，沖縄本島の約15％の面積を米軍専用施設が占めており，その面積は東京23区の13区に匹敵します（沖縄県，2023）。

基地関連の事件・事故も多発しています。「戦闘機が向かうその先で，自分たちのように人生を狂わされ，苦しむ人が出るのが悲しい。戦争に関連するものはこれ以上増やしてほしくない。自らの体験が活かされない社会を見ているのが嘆かわしい」と語るのは，沖縄戦で家族全員を失い，一人で生きてきた体験者（98歳）です。

それにもかかわらず，新たな基地建設が沖縄県内で進行中です。2019年の県民投票では，新基地建設「反対」が7割を超え，民主主義の根幹であ

る選挙で民意が示されていますが，住宅街に位置する普天間基地の危険性を除去するための「唯一の解決策は新基地建設である」と，国は繰り返し主張しています。ついには，県が求める対話による解決は退けられ，2023年12月には福岡高裁で「代執行」が可能となる判決が出されました。つまり，普天間基地を維持しては社会公共の利益が侵害されるため，県は新基地建設の工事を承認しなければならないというものです。

　このことは，地方自治体の権利の侵害であり，人権に関わる重大な事態です。このことを，どれだけの人々が心を寄せて関心を向けているでしょうか。「沖縄と基地」の問題は，遠い国の話ではなく，現実の問題として日本の中で起きています。長年，沖縄戦を生きぬいた人々やその家族との語りを聴き，社会のあり方と人の心のあり様は切り離せないものと考える私にとっては，やるせない気持ちが拭えないのです。

(3) あの時思い描いた「平和」な社会

　「1945年6月23日（沖縄慰霊の日）に，これでようやく殺し合いをせずに済む。空・海からの爆弾を心配せずに済む。これでようやく平穏が訪れると密かに喜んだ」「そう，私らも密かに。誰も彼も亡くなってしまい，もう二度と戦争に怯えることなく平和に暮らしたいと，ただ願った」「本当に。今の沖縄は，今の世界は，あのとき私たちが思い描いた平和と言えるかね」「いつの時代になっても戦争がない世の中にはなり得ないのかね」「沖縄に新しい基地を作ることについて，政治家は土下座の一つでもしろと思うが」などと語り合うのは，79年前，荒廃した沖縄の地で死の淵を見た人々です。

　連日，崩れ去った街で親を探し泣き叫ぶ子どもたちの映像が私たちに届くなか，世界情勢がテーマになった語らいの日がありました。「かつてドイツがポーランドに攻め入った頃，大陸で勃発した戦争（第二次世界大戦）のことなどまったく気に留めず，呑気に海で遊んでいた」と，体験者（93歳）が語っていました。戦争は突然，身近に迫ってくるのかもしれないと，切に感じました。

　人々の願いだけでは社会を形成することはできません。しかし，79年前に人々が思い描いた「平和」に近づけるよう，沖縄戦を生きぬいた人々の声を聴き，発信し続けていくこと。それが心理臨床家である私にとって，社会

正義に向き合うということなのかもしれません。

【文献】
沖縄県（2023）．沖縄から伝えたい。米軍基地の話 Q&A Book（令和 5 年版）．pp. 1-
　4．[https://www.pref.okinawa.jp/site/chijiko/kichitai/tyosa/documents/p06.
　pdf]（2023 年 12 月 25 日閲覧）
吉川麻衣子（2017）．沖縄戦を生きぬいた人びと ── 揺れる想いを語り合えるまでの 70
　年．創元社

第6章
心理力動的心理療法における社会正義アプローチ

[杉原保史]

1. はじめに

　本章では，心理力動的心理療法における社会正義アプローチについて論じる。心理力動的心理療法というのは，精神分析や精神分析的心理療法を中心として，幅広い洞察志向的心理療法をも含めた心理療法群のことである。これらの心理療法群は，自由度の高い対話によって内省を促進し，気づきを拡張し，新しい体験に開かれていくことを目指したものである。これらの心理療法群はいずれも，共感やコンパッションに基礎づけられた治療関係の中で，気づきから排除された体験領域に関心を向け，面接室内外の対人関係パターンを探索するものである。オーセンティシティやプレゼンスといった言葉で表現される率直で誠実なセラピストのあり方を，つまりユニークな個人としてのセラピストの人間性を，重視するものでもある。これらの心理療法群には，個人療法とともにカップル療法や集団療法があるが，本章では個人療法のみを扱う。

　なお，本章と併せて，より大きな視点から心理支援と社会正義について考察した拙論（杉原，2021，2023a）や，関連する拙論（杉原，2016，2023b）もお読みいただければ幸いである。

2. 心理力動的心理療法の落とし穴

　心理力動的な個人心理療法は，問題や症状の原因を個人の内面に求め，「面接室という密室でセラピストがクライエントに関わることで，クライエントの内面が変化する」という密室モデルを伝統的に基本としてきた。

たとえば，精神分析のメインストリームでは，発達早期において，乳幼児の特定の欲求・願望・空想が愛着対象である養育者の不安や恥を喚起すると，養育者の不安や恥が取り入れられ，その結果，欲求・願望・空想が発達中の自我にうまく統合されなくなり，幼児的なかたちのまま心の無意識の領域に保存される，という考え方が優位である。このようにして，遠い過去において心の一部が発達停止すると，その心の部分は無意識の領域に封印され，現実との接触による影響を受けることなく保存され，何年も，あるいは何十年も後の，精神的な不調の原因になるものと想定されている。

このような見方に基づく精神分析では，遠い過去に封印されて発達停止した心の部分の探索が中心となる。そこでは，現在の現実の環境は，理論上，重要な位置を与えられていないために，あまり関心が向けられない。

こうした見方を反映して，心理力動的な個人心理療法では，面接室における対話によってクライエントが気づきを拡張すれば，クライエントの苦悩は和らげられると考えられている。そこでは，個人の苦悩は，その個人を取り巻く環境の変化なしに，面接室の中の関わりだけで改善可能であることが前提となっている。こうした心理療法は，極めて個人主義的であり，精神内界主義的であり，密室主義的であると言える（Wachtel, 2008, 2014）。

心理力動的心理療法のメインストリームは，こうした傾向を強く帯びたまま発展を遂げてきた。しかしその陰で，その発展の初期段階から，これとは極めて対照的な見方に立った心理力動的心理療法の流れも存在してきた。

たとえば，Sigmund Freud がクライエントの性的外傷体験の語りを，クライエントの精神内界の願望や空想という視点から考察したのとは対照的に，Sàndor Ferenczi はこうした語りを事実として認め，事実としての性的虐待がもたらす心理的影響を考察した。Erich Fromm は社会規範が個々人に作用して作り出される無意識過程に注目し，現在，社会精神分析（social psychoanalysis）と呼ばれている心理力動的心理療法の流れをもたらした。Erik Erickson は，精神分析に心理社会的（psycho-social）な視点をもたらした。

これらの論者は，個人の精神内界が決して個人の中に閉じたものではなく，大きな社会や文化の文脈に開かれたものであり，常に社会や文化のあり方と相互作用していることを力強く論じている。これらの論者が導いてきた

94 第Ⅱ部 多様な学派からのアプローチ

心理力動的な個人心理療法は，現在，社会正義アプローチと呼ばれる流れの一部を構成している。

本章においては，心理力動的な個人心理療法において，これまで周辺的な扱いを受けてきながらも，なお絶えることなく脈々と続いてきたこうした流れについて解説する。こうした流れは多岐にわたり，とても網羅することはできないが，代表的な動きをいくつか紹介したい。そのうえで，心理力動的な個人心理療法における社会正義アプローチの実践の特徴について論じる。そして，その具体的な実践について簡単に紹介する。最後に，日本の心理力動的心理療法のあり方そのものの社会的・歴史的な課題を，社会正義の視点から検討する。

3. 心理力動的心理療法における社会正義アプローチの流れ

(1) 関係精神分析

Freud よりもむしろ Ferenczi を源流とする精神分析の流れとして，Erich Fromm，Karen Horney，Harry Stack Sullivan らを中心に，アメリカ合衆国で発展した対人関係精神分析がある。そして，その流れの延長線上に，現在の発展形として関係精神分析がある（Mitchell, 1993；Wachtel, 2014）。関係精神分析を理解するためには，一者心理学と二者心理学の区別をまず理解することが必要である（Aron, 1996；Mitchell, 1993）。

一者心理学では，セラピストはクライエントとの関係から独立して，客観的な視点からクライエントを観察できるということが前提とされている。そこでは，「クライエントは怒りを防衛している」「クライエントは転移を起こしている」など，クライエント個人の心理力動が単体で（一者で）記述される。

これに対して関係精神分析では，セラピストはクライエントとの関係に埋め込まれた存在であり，関係の外側に立って客観的にクライエントの心理力動を観察する視点は，現実には不可能であると考えられている。関係精神分析は，こうした点で古典的な精神分析を一者心理学だとして批判する。

一方，二者心理学は，クライエントとセラピストの二者の関係を出発点として，その関係の内部における参与観察によってクライエントを理解しよう

とする心理学である。セラピストは，セラピーのあらゆる瞬間において，意識的にも無意識的にも，クライエントと相互作用している。この視点からすると，逆転移はセラピー過程における特別のエピソード的な現象ではなく，セラピーのあらゆる瞬間において存在している，セラピーの基本的構成要素だということになる。

二者心理学においては，セラピストは相互作用への自らの寄与を，常に探索しなければならない。クライエントの感情，その防衛，転移などを理解するには，セラピストがどのようにそれらに寄与しているかを理解する必要がある。セラピーにおける臨床的に意味ある現象は，すべてセラピストとクライエントの共同作品であると考えられる。

関係精神分析は，二者心理学を基本とした精神分析である。現代社会には，人間存在の関係的側面を犠牲にして「主体的で境界のある自己」を価値づける文化的傾向が顕著である。関係精神分析は，これに対して批判的なスタンスを取り，より関係性に価値を置く方向に精神分析理論を再構築しようとする企てだと言える。

また，関係精神分析は，セラピストを「クライエントの心理を客観的に判断できる特権的な地位」に置く古典的な精神分析の前提に対して，重大な疑義を投げかける。関係精神分析では，セラピストとクライエントとはより対等で，相互的な関係であるとみなされている。もちろん，関係精神分析においても，専門家として関わるセラピストと，専門的な関わりに料金を支払うクライエントとの関係性は，完全に対等なものになることはなく，非対称のものであるとされている。しかしなお，セラピストとクライエントとの関係は「非対称な相互性」を特徴とするものとされ（Aron, 1996），その地位の特権性はかなり和らげられている。

このようにして，関係精神分析は，クライエントの心理力動を（セラピストの心理力動も），その場の関係性の文脈において見る見方を力強く推進した。この文脈化は，面接室の密室内の二者の文脈から出発したが，ひとたび文脈的な見方が採用されると，その文脈は面接室の二者にとどまらず，セラピストやクライエントを取り巻く生活環境の文脈にも，さらにはより大きな社会の文脈にも拡張されうるものだという理解へと発展した。

より大きな社会や文化という文脈で言えば，セラピストは自らが同一化し

ている集団の文化に埋め込まれた存在であり，文化の文脈から完全に独立した視点を持つことはできないと考えられる。この認識は，心理療法の実践のあり方に根源的な問いを突きつける。クライエントがセラピストとは異なる文化に埋め込まれているとき，セラピストが専門家として正しく確かなものと考えていることが，クライエントにとっても正しく確かなものだと，どうして言えるのだろうか。関係精神分析がもたらしたこうした問いは，精神分析に倫理的転回（ethical turn）をもたらした。これは，関係精神分析を源流の1つとして，さらにその先の発展として生じてきた精神分析の流れである。

(2) 倫理的転回

　倫理的転回は，20世紀の終わり頃に，幅広い人文科学の諸領域において生じてきたものである。この流れを推進した人物として Emmanuel Levinas の名前がしばしば挙げられる。伝統的に哲学においては，存在論が基礎的なものとして重視され，倫理学はセカンダリーな位置に置かれていた。Emmanuel Levinas は「倫理学は第一の哲学である」という有名な言葉によって，その位置づけを逆転させるべきことを主張した。

　心理療法の領域においても，その歴史の長きにわたって倫理は，心理療法の専門性に対してセカンダリーなものと位置づけられてきた。つまり，何よりもまず心理療法の専門性に基づいた実践があり，その後に倫理的な視点からの検討がある，という具合であった。心理療法における倫理的転回は，これを逆転させ，専門性に先んじてまず倫理的考察から出発する心理療法のあり方を模索する。精神分析では，こうした動きは精神分析の倫理的転回と呼ばれている（Orange, 2015；Goodman & Severson, 2016）。

　セラピストは（そしてセラピーそのものも），特定の文化的価値観に埋め込まれているがゆえに，たとえ理論的に正しいとされる実践でも，エビデンスによって支持されている実践でも，異なった文化的価値観に埋め込まれているクライエントを傷つけ害する可能性がある。倫理から出発する心理療法の実践は，理論的考察よりも，エビデンスよりも，人が苦悩を抱えた人と関わる際の倫理を優先する。富樫が，精神分析の倫理的転回は，セラピストに「自分が特定の文化的価値観に組み込まれていることの自覚と，他者への関

第6章　心理力動的心理療法における社会正義アプローチ　　97

与に必然的に含まれる加害性への自覚」を求めると述べているとおりである（富樫，2021，p. 31）。

　倫理的転回においては，しばしば植民地支配がモデルとして参照される。植民地支配においては，正義や慈愛の名の下に，力において優位な立場の植民者たちが，自分たちの文化的価値観を被植民者たちに暴力的に押し付けてきた。植民地主義やポスト植民地主義に関する研究によれば，植民者たちが「啓蒙」として行ってきたものは，自分たちの文化を成熟した正しいものとし，相手の文化を未熟な間違ったものとみなす前提に立ち，相手の主体を征服し，相手の文化を破壊することだった（Fanon, 1952；富樫，2021；本橋，2005）。

　心理療法も容易にそのようなものになってしまう可能性がある。倫理的転回は，セラピストがどれだけ注意したとしても，心理療法がそのようなものになることは防ぎようがないという認識を強調する。むしろそうなったときにできるだけ敏感に気づき，軌道修正ができるような姿勢を持ちうるかどうかが問われているのである。

　倫理的転回は，セラピストに，クライエントの文化的背景の多様性を認識し，尊重することを求める。セラピストにとってはごく当然と思われる専門的なセラピーが，クライエントにとっては加害性を帯びる可能性があることを常に想定し，反省的実践を行うことを求める。心理療法が，それを取り巻く文化，権力構造，政治などといかに深く複雑に絡まり合っているかについて，認識を深めることを求める。

(3) 社会精神分析

　精神分析の倫理的転回は，21世紀に入って発展してきた新しい流れであるが，こうした考え方は決して最近になって登場したものではない。

　ここでは Erich Fromm らに起源を持つ，社会精神分析を紹介しよう。社会精神分析では，社会と面接室の両方で作用する無意識過程が研究される。Fromm は1935年の論文で，「特定の衝動が一人の人間から非難されるだけでなく，所属する社会集団から非難される場合に」その衝動は防衛され，無意識な心理過程の一部となると述べている（Fromm/Falzeder, 2000）。つまり，養育者などの愛着対象である個人の愛情を失う不安以上に，社会的孤立

98 第Ⅱ部 多様な学派からのアプローチ

の不安こそが抑圧の最も重要な原因であると述べている。こうした考えは，「規範的無意識過程（normative unconscious process）」という概念をもたらした。その社会における社会規範（何が正しくまっとうであるか）に抵触する心的内容は，社会から疎外される不安を喚起するがゆえに防衛され，無意識的になるということである（Layton, 2020）。

　たとえば，弱音を吐かず，自律的・独立的に振る舞うのがまっとうな男性だという社会規範がある社会では，男性の相互依存的な関係性への欲求は，社会全体として防衛される。そうした社会においては，成人男性の心理療法において，セラピストは自律的・独立的に振る舞わない男性を問題視し，自律的・独立的に振る舞うことを当然のごとく治療目標に含めるかもしれない。規範的無意識過程は，社会的なレベルで生じる心理過程であると同時に，面接室内で生じる心理過程でもある。

　社会規範を暗黙の前提として無自覚に受け入れているセラピストは，こうした社会規範によって社会から孤立させられる不安を感じているクライエントを，助けることはできない。面接室の外に広がる社会における暗黙の社会規範は，セラピストには無関係な，社会学者に任せておけばよいような問題では決してなく，心理療法の成否に関わる重大な問題なのである。

4. セラピストの姿勢

　さて，以上を踏まえて，心理力動的な個人心理療法に基礎を置いた社会正義アプローチの実践について考えてみる。社会正義アプローチは，「学派」ではなく，このアプローチに定まった特定の理論や技法があるわけではない。しかし，さまざまな面で，その実践にはこのアプローチの考え方を反映する特徴が認められる。

(1) 社会的文脈をアセスメントに含める

　面接におけるアセスメントの対象は，文脈から切り離された「個人」ではなく，「文脈における個人」である。この文脈にはまずセラピストとクライエントの関係があり，家庭や学校や職場などのクライエントの生活環境がある。それに加えて，セラピーを取り巻く大きな社会や文化もある。

たとえば，クライエントが憂うつ感や不安感などの感情に苦しんでいる場合，クライエントの語りからそうした感情が生じる文脈を注意深く調べ，社会的，文化的，政治的，経済的な諸要因の影響を十分に探索する。そうした作業に十分に取り組むことなく，クライエントの憂うつ感を単純にクライエントの内部の心理力動の問題として扱うなら，不公正な環境要因に対する正常な反応を示しているクライエントに，その反応は治療が必要な個人の問題だという見方を不当に誘導することになる。

(2) セラピーに対するクライエントの要望を真剣に考慮する

心理力動的な心理療法では，セラピストには，セラピストやセラピーに向けられたクライエントの思いを額面どおりに受け取らず，その背後にある無意識の心理力動の現れとして解釈していこうとする傾向が強い。たとえば，クライエントを尊重して傾聴しているセラピストに対して，クライエントが「セラピストの意見を聞きたい」と訴えたとしよう。このときセラピストは，「クライエントは幼少期において，養育者から尊重されて傾聴される経験を剥奪されてきたため，セラピストから尊重されて傾聴されることに不安になっているのだ」などと解釈し，セラピストの意見を聞きたいという要望を，真剣に考慮しようとしないかもしれない。

こうしたセラピストの姿勢は，セラピストはあらゆる文脈から独立して，クライエントの心を客観的に判断できる特権的な地位を占めているという，間違った前提に立ったものである。たとえ自分の臨床的判断が正しいとしか思えない場合でも，クライエントの要望を真剣に聞きとり，額面どおりに受けとって考慮することが必要である。セラピストの専門的な考えも大事であるが，そのことはクライエントの考えを軽視してよい理由にはならない。

このようにして，個々のクライエントの要望をもとにセラピーを調整する。その際，それを標準的な実践からの「逸脱」とは捉えない。標準的な実践は大事にされるべきだが，標準に硬く縛られることは避ける。標準を緩やかに踏まえながら，セラピストとクライエントの個性や文化的背景を重視して，セラピーの関わりを調節をする。

これはクライエントの当事者の知を尊重する姿勢である。当事者の知をアプリオリに専門家の知より劣ったものとみなし，専門家が無知蒙昧な病者を

啓蒙するというスタンスを捨てることである。

(3) 規範的無意識過程へのセラピストの省察を深める

　ジェンダー，性指向，社会階級，人種，民族などに関して，不公正な社会の現状を維持するよう機能する社会規範が，セラピストとクライエントの両者がともに気づかないうちに，セラピーの可能性を制限するような仕方でセラピーを進行させているかもしれない。そうした可能性を想定し，そこに気づきを持つよう，常に省察を心掛ける。

　たとえば，感情の表現に困難がある男性のクライエントのセラピーでは，セラピストとクライエントのそれぞれが，その社会における男性の感情表現のあり方についての社会規範をどのように捉えているかによって，セラピーの行方は大きく左右されるだろう。セラピストとクライエントとが，ともに男性は感情を表現すべきではないという社会規範にとらわれていたら，このことはセラピーにおいて問題として取り上げられることさえないであろう。また，これを問題として取り上げる場合でも，セラピストがクライエントの感情表現に対する防衛を，単に個人的なものとみなし，男性の感情表現を抑圧するいかなる社会規範も存在していないという前提で感情表現を促すだけでは，セラピーはうまくいかないだろう。

　セラピストは，この世界には多様な社会や文化が存在することをよく認識し，それぞれの社会にはそれぞれの社会規範があり，それがもたらす無意識過程があることを想定しておく必要がある。さらには，自らがそうした社会規範とどのように関わってきたかを，よく自覚しておく必要がある。これに関して，Layton（2020）は，Davoine と Gaudilliére（2004）に基づきながら，治療の課題は，言葉では表現できなかったために症状として表出されている真実を明るみにすることであり，クライエントの信頼を回復するには，セラピストがその症状をもたらした大きな歴史の一部であることを認めることが必要であると述べている（Layton, 2020, Kindle 版，No.932）。

(4) 共感を面接室の外に広げる

　古典的な精神分析においては，セラピストは中立性，匿名性を保ち，クライエントの対人的な欲求・願望を映し出す白いスクリーンとなることを求め

られる。しかし，関係精神分析においては，そもそも中立性，匿名性は不可能であり，白いスクリーンは理論上の幻想であるとみなされる。

　セッションを通してセラピストはクライエントに常に反応しており，クライエントはセラピストに常に反応している。このことはセッションの現実であり，たとえ沈黙したりポーカー・フェイスを装ったりしたところで，沈黙もポーカー・フェイスもすべてが反応であることに変わりはなく，反応すること自体を避けることはできない。それゆえ，セラピストの基本姿勢としては，むしろ共感的で率直で，誠実な態度でクライエントに臨むことが望ましいとされている。ただし，関係精神分析においてもなお，セラピストの共感は面接室の中だけにとどめられるのが，現在の標準的な実践であろう。

　しかしながら，心理力動的心理療法に基礎を置きながらも，それが社会正義アプローチと呼ばれる実践であるならば，この共感は時に面接室の扉を超えて，外の世界にも広げられることが許容され，推奨される必要がある。クライエントがいじめ，DV，ハラスメントなどの被害に遭っているなら，そうした被害からクライエントを守るように，可能な手立てを尽くしたい。クライエントが社会において周辺化されており，偏見にされされているのであれば，そのような社会のあり方を変革することに向けて，たとえ小さなことでも可能なことに取り組んでいきたい。社会正義アプローチにおけるセラピストのアドボカシー活動は，クライエントへの共感の自然な表現なのである。

　この点に関して，Layton（2020）は，Fanon（1952, 1963）に依拠しつつ，「社会精神分析は，抑圧された人たちに（そして抑圧する人たちに）もたらされた心理的ダメージを単に説明するだけではなく，その抑圧を維持している制度を解体するために，どんなことであれ，できることに取り組まなければならない」と述べている（Layton, 2020, Kindle 版，No.940）。ただし，社会精神分析の内部にも，セラピストが面接室外でアドボカシー活動に取り組むことの意義を認めながらも，社会精神分析そのものは，あくまで面接室内における対話によるものだとする意見もある。

　いずれにせよ，セラピストにできる社会活動には限界があり，セラピストは面接室内での共感の延長線上で，あらゆる可能な社会変革活動に取り組まなければならない，ということにはならない。そんなことを職業的義務とし

て課せば，セラピストは早晩燃え尽きてしまうであろう。それでもなお，セラピストはクライエントへの共感を，「面接室の中だけ」と防衛的に割り切ってしまわないことが重要である。

5. 心理支援の実際から

　ここでは，私自身の心理支援の実際を紹介する。紙幅の制限もあり，1事例を取り上げ，社会正義アプローチとしての特徴が表れていると思われる対応を紹介するにとどめる。事例は複数の事例から構成した架空事例である。なお，心理力動的個人心理療法における社会正義アプローチにも多様な実践があり，以下の事例の記述には，その標準的なモデルを示す意図はないことに留意してほしい。

　ここで紹介するのは，大学の学生相談室における，20代の女性の大学院生の事例である。彼女の主訴は人間関係，特に最近破綻した恋愛関係についての悩みにあった。彼女の話を傾聴するなかで，カウンセラーは相手の男性に，彼女に対して不誠実で，侮蔑的でさえある言動が目立つことが気になった。クライエントは，そのように侮蔑的に扱われたエピソードを，ごく当たり前ことであるかのように平然と語った。また，クライエントは過去における人間関係のエピソードを語るなかで，「自分は愛されない」と，また「自分が能力や魅力を表現すると周囲から傷つけられる」と述べた。

　この事例においては，クライエントを不当に扱う周囲の他者と，不当に扱われることを受け入れるクライエントの性格傾向とが，互いを維持する悪循環を形成しているのが見てとれる。心理力動的な立場の心理支援者の多くは，おそらくこの両者のうち，クライエントの性格傾向という精神内界要因に主に焦点づけるのではないだろうか。私は，Wachtel（2014）の循環的心理力動論に依拠しており，この両者の悪循環のプロセスそのものに焦点づける。そのため，伝統的な心理力動的アプローチと比較すれば，環境側の要因を話題に取り上げることが多くなる。しかし，精神内界的要因を軽視しているわけでは決してない。

　より正確に言えば，循環的心理力動論では，精神内界要因と環境要因とを二分法で捉える見方を便宜的な単純化として斥ける。実際には，両者は互い

に影響し合い，形成し合うものであり，分けて取り出すことができない1つのプロセスの2つの側面だとみなされる。

　面接室外の環境要因を取り上げるなかで，カウンセラーは相手の男性の不当な扱いを，明確に「不当だと思う」と表明し，怒りを表現して見せた。また，面接室外の環境要因をより大きな社会的要因にまで拡張し，女性が非主張的であることに価値を置くジェンダー規範を話題にすることもあった。さらには，クライエントにハラスメント相談窓口を紹介した。この事例ではしていないが，類似のケースでは，クライエントの承認を得たうえで所属部局に連絡を取って，環境への直接介入を調整することもある。そして，こうした事例の相談経験を，学内のハラスメント予防研修会などの内容に反映させ，組織全体の変化を促進するよう努める。

　その一方で，面接室内の二者関係において，クライエントが「カウンセラーから愛されない」感覚をどのように体験しているかを探索する作業にも取り組む。加えて，「カウンセラーから愛されている」感覚に注意を向けて体験してみるよう促し，その感覚がどのように防衛されているかも探索する。そうした探索の作業には，クライエント側の省察だけでなく，クライエントがそうした感覚を体験したり防衛したりすることに，カウンセラー自身がどのように寄与しているかについてのカウンセラー側の省察も含まれる。

　心理力動的心理療法では，カウンセラーが環境の問題について意見を述べたり，環境に働きかけたりすることは，内面的な作業を妨げるものとしばしば想定されている。本事例において，クライエントは相手の男性の言動を不当だと怒るカウンセラーを見て，過去にいじめに遭ったとき，親はそのようには反応してくれなかったことを回想し，涙を流した。このことは，「自分は愛されない」という自己イメージや，主張的になることを恐れる傾向を探索する助けになった。

　このように，環境側の問題に正当な注目を与えることは，内面的な作業を妨げるよりは，むしろ促進することが多い。

6. 日本の心理療法の被植民性

　最後に，社会正義アプローチの視点から，心理療法を取り巻くより大きな

社会的文脈についても検討しておきたい。

心理力動的心理療法に限らず，日本の心理療法界は，その歴史を通して常に欧米のメインストリームの心理療法の輸入に非常に熱心である。かく言う私も，欧米の心理療法の輸入にエネルギーを注いできた一人ではあるが，他方では，日本の心理療法界における欧米中心のあり方には疑問も感じている。

こうした欧米中心のあり方は，日本の心理療法の被植民性の表れとして見ることができる。そこでは，心理療法の実践における知が序列化されてしまう。すなわち，欧米の優れた学者の知，欧米の学者に学んだ日本の学者の知，日本の学者に学んだ現場の実践家の知，専門性のないクライエントの知という順に，知が序列化される。この序列化においては，知は上から下へと一方通行に伝達され，下位に位置づけられるクライエントの当事者の知や，現場のセラピストの臨床の知は軽視される。

欧米に正しく高級な心理療法の知があると信じ，無自覚のうちに自ら進んでその知に教化されようとするセラピストは，クライエントをその知で教化しようとするだろう。そうしたセラピストは，クライエントが良好に反応しない場合でも，クライエントを啓蒙されるべき無知な存在とみなし，当事者の知には価値を認めないだろう。このことは心理療法の効果を損なう。というのも，クライエントを変化の主体として尊重し，クライエントからの公式・非公式のフィードバックをセラピーに反映させることが，セラピーの効果に大きく寄与するからである（Duncan et al., 2004）。

これに関連して，富樫（2021）は，精神分析の歴史のオーソドックスな記述に関する日本の精神分析家の反応について，次のような重要な疑問を投げかけている。

　　「私はこれまで，彼ら（引用者注：矢部八重吉，丸井清泰，古澤平作などS. Freud の元で学んだ日本の精神分析家たち）が何故『日本から精神分析を学びに来た者』といった形で限定的に記述されるのかについて，疑問を述べた文献に出会ったことがない。当時から今に至るまで，日本語を話す者が精神分析を学ぶ姿勢は，西欧の先進的な考えの教えを乞う者になっていないだろうか」
　　　　　　　　　　　　　　　　　　　　　　　　（富樫，2021, p.211）

ここで富樫は，日本の精神分析界の被植民性を指摘しているのである。さらに富樫は「ヨーロッパ人に認めてもらい，優しくしてもらうところからは日本語を話す者の精神分析は生まれない」（p. 221）と述べている。今後，日本の心理療法が成熟していくためには，その被植民性を自覚し，脱植民化に向けて努力する必要がある。その努力は，クライエントの当事者の知や，現場のセラピストの臨床の知の再評価を伴うものとなるだろう。

【文献】

Aron, L. (1996). *A meeting of minds: Mutuality in psychoanalysis.* Analytic Press. ［横井公一（監訳），揖斐衣海・今江秀和・今井たよか・長川歩美・野原一徳（訳）（2020）. こころの出会い──精神分析家としての専門的技能を習得する. 金剛出版］

Davoine, F., & Gaudilliére, J-M./Fairfield, S. (Trans.) (2004). *History beyond trauma.* OtherPress. Kindle 版

Duncan, B. I., Miller, S. D., & Sparks, J. A. (2004). *The heroic client: A revolutionary way to improve effectiveness through client-directed, outcome.* Jossey-Bass.

Fanon, F. (1952). *Black skin, white masks.* Grove Press. ［海老坂武・加藤晴久（訳）（2020）. 黒い皮膚・白い仮面. みすず書房］

Fanon, F. (1963). *The wretched of the earth.* Grove Press. ［鈴木道彦・浦野衣子（訳）（2016）. 地に呪われたる者. みすず書房. Kindle 版］

Fromm, E./Falzeder, E. (Trans.) (2000). The social determinants of psychoanalytic therapy. *International Forum of Psychoanalysis,* **9** (3-4), 149-165. (Original work published 1935).

Goodman, D. M., & Severson, E. R. (2016). Introduction: Ethics as first psychology. In D. M. Goodman & E. R. Severson (Eds.), *The ethical turn: Otherness and subjectivity in contemporary psychoanalysis.* Routledge, pp. 1-18.

Layton, L. (2020). *Toward a social psychoanalysis: Culture, character and normative unconscious processes.* Routledge. Kindle 版

Mitchell, S. A. (1993). *Hope and dread in psychoanalysis.* Basic Books. ［横井公一・辻川昌登（監訳）（2008）. 関係精神分析の視座──分析過程における希望と怖れ. ミネルヴァ書房］

本橋哲也（2005）. ポストコロニアリズム. 岩波書店

Orange, D. M. (2015). *Nourishing the inner life of clinicians and humanitarians: The ethical turn in psychoanalysis.* Routledge. Kindle 版

杉原保史（2016）. 個人内要因，対人要因，文化・社会的要因の相互作用について──心理相談とハラスメント相談を一つの連続したスペクトラムとして見ていくために. 田嶌誠一（編著）現実に介入しつつ心に関わる【展開編】. 金剛出版，pp. 53-69.

杉原保史（2021）. 倫理・社会正義・政治と臨床実践との統合. 日本心理療法統合学会（監修），杉原保史・福島哲夫（編）心理療法統合ハンドブック. 誠信書房，pp. 210-223.

106　第Ⅱ部　多様な学派からのアプローチ

杉原保史 (2023a)．心理支援を面接室の外の世界に広げよう．金子書房 note ［https://www.note.kanekoshobo.co.jp/n/nde51bc639f702023］（2023 年 8 月 20 日閲覧）

杉原保史 (2023b)．心理支援をめぐる経済，科学，倫理——経済的合理性の問い・効果のエビデンスの問い・倫理的要請の問い．京都大学学生総合支援機構紀要，**2**，17-26.

富樫公一 (2021)．当事者としての治療者．岩崎学術出版社

Wachtel, P. L. (2008). *Relational theory and the practice of psychotherapy*. Guilford Press.

Wachtel, P. L. (2014). *Cyclical psychodynamics and the contextual self: The inner world, the intimate world, and the world of culture and society*. Routledge. ［杉原保史（監訳），今井たよか・浅田裕子（訳）(2019)．統合的心理療法と関係精神分析の接点——循環的心理力動論と文脈的自己．金剛出版］

COLUMN 4 *107*

COLUMN 4

「学びの多様化」の促進：不登校という社会課題の解決に向けて
——タウンスクーリングという試み

[横地香代子]

　日本の学校教育において，不登校が問題として認識されて50年近く経過しました。それから今日まで年々不登校は増え続け，特にこの10年は増加率も加速し，コロナ禍の影響も受けて，2023年度の発表（2022年度の実態調査）では，義務教育段階の不登校児童生徒が全国で30万人を超えました。

　不登校には長らく「子ども本人の問題」「家庭の問題」とされてきた歴史があります。偏見にさらされ，社会的に不利な状況に追い込まれた親子は，相当数に上るでしょう。2023年現在でも，いまだこの価値観が払拭されたとは言えませんが，当事者や保護者，支援団体が，「不登校は当事者の問題ではなく，日本の学校教育，ひいては日本社会の構造的問題である」と声を上げ続け，ようやく社会や学校が変化しつつある兆しがあります。

　変化の兆しを支えているのは，この分野への国の施策の変化です。1992年の文科省通知では「どの児童生徒にも起こりうるもの」，2016年の通知で「不登校を子どもの問題行動としてはならない」などと明記され，2017年末に，不登校の児童生徒の学習権の保障や休養の必要性を示した議員立法「教育機会確保法（略称）」が施行されました。

　2023年3月には，「不登校問題の根底では，学校や学びの在り方が問われている」という文部科学大臣のメッセージとともに，「COCOLOプラン（誰一人取り残されない学びの保障に向けた不登校対策）」が発表され，学習指導要領を柔軟に応用できる「学びの多様化学校（旧不登校特例校）」の増設，自治体や学校内に教育支援センターを設置，民間のフリースクール等との連携などが盛り込まれました。

　今後は，この施策が学校現場にどう浸透し，教育の在り方がどう変化するかについて留意する必要がありますが，私がスクールカウンセラーとして様子を見ている限りでは，今のところこの施策に関して現場ではあまり話題に

なりません。前述の「教育機会確保法」が施行された6年前も，1・2年経っても現場に浸透する様子がなく，今年のCOCOLOプランの発表を受けて，やっとこの法律のリーフレットが職員室で回覧されました。

　学校現場にとっては，目の前の子どもたち（つまりは当たり前に登校してくる子どもたち）への対応が第一義的になるのは当然で，学校に来なくなってしまった子については，気にはなるものの教師にできる対応策は限られ，国や文科省の方針もどこか絵空事のように感じてしまうのも致し方ないかもしれません。だからこそ，不登校そのものを無くそうとか，なんとかしようとする支援対象として見るのではなく，学校の在り方そのものが公正なものになっているかという，社会正義的概念で捉えることが必要だと考えます。

　私は数年前から，愛知県で「タウンスクーリング」という取り組みを始めています。学校に行きづらく家庭で過ごす時間が多い小中学生を，地域の事業所につなぎ，平日昼間にそこで雑用をこなしながら過ごすというものです。受け入れ事業所と不登校親子にはそれぞれ登録してもらい，不登校親子が「受け入れカレンダー」から日時と行きたい事業所を選び，タウンスクーリングのスタッフが双方を調整して，必要なら引率もします。

　私がこの活動を始めた直接のきっかけは，我が子が小学3年生で不登校になったことです。それまで数年間，スクールカウンセラーとして「不登校支援」の枠組みで児童生徒アセスメントや保護者面接，教員へのコンサルテーションをしていましたが，そのどれもが我が子の不登校状態への良い対応にはなり得ないことを，当事者として実感してしまいました。それらが前述のように，不登校になる子もしくはその親に何らかの問題を見出し，その問題について支援するという発想だったからです。

　当初，その発想は私を追い詰め，親としての混乱に支援者としての葛藤も加わり，精神的に追い詰められました。その頃すでに不登校は全国で10万人を超えており，フリースクール等の資源も少しはあったのですが，そうした情報や客観的な判断が意識に上り，穏便に子どもの状態を受け止めて前向きに動き出すまで，半年以上かかりました。

　冷静さを取り戻したのは，自分の悩みが自分だけの問題ではなく，「社会から悩まされているのでは」という気づきからです。日本社会は，大勢から外れるということに過剰なまでの罪悪感を生み出すこと，学校に通わなけれ

ば他に行くところがほとんどないという疎外感により，ほんの数日で親子の精神状態はあっという間に追い込まれることを，身をもって体験しました。

　この体験と気づきが，タウンスクーリングの発想につながったのですが，思えばこれがまさに，すべての人が公平に資源にアクセスできる公正な社会を目指すという，社会正義の概念と一致するものでした。心理職が支援すべき問題にはさまざまなものがあり，なかには社会の有り様から切り離して理解し，働きかけることが適切なものもあるかもしれません。しかし，こと不登校の問題に関しては，日本の社会の有り様と切り離して捉えることは，不可能かつ無意味ではないでしょうか。にもかかわらず，長年それをしてきてしまったという点を，支援現場が猛省したうえで，国の新しい施策が効果的に活かされ，日本の教育が本当の学びの多様化に向かっていくことを強く望みます。

【参考文献】

義務教育の段階における普通教育に相当する教育の機会の確保に関する法律（平成 28 年法律第 105 号）. [https://www.mext.go.jp/a_menu/shotou/seotpshidou/1380952.htm]

文部科学省（2023）. 誰一人取り残されない学びの保障に向けた不登校対策（COCOLO プラン）（令和 5 年 3 月 31 日）. [https://www.mext.gp.jp/content/20230418-mxt_jidou02-000028870-cc.pdf]

第7章

パーソンセンタード・アプローチと社会正義

[井出智博]

1. パーソンセンタード・アプローチにおける社会正義を めぐる議論

(1) Rogers と多文化カウンセリング，社会正義カウンセリング

　Rogers, C. R. の偉功に目を向けるとき，カウンセラーの態度やクライエントとカウンセラーの関係性といった，個人カウンセリングに関する業績を思い浮かべる人が多いだろう。しかし，Rogers は晩年，世界平和プロジェクトに取り組み，その功績からノーベル平和賞にノミネートされたように，社会問題に目を向けた臨床心理学者でもあった。

　Rogers が平和問題に精力的に取り組み始めたのは，彼が個人カウンセリングからベーシック・エンカウンター・グループ（以下 BEG）に軸足を移した実践や研究を重ねてきた 70 歳を迎える頃で，当時，プロテスタントとカトリックの間の紛争が深刻だった北アイルランドで，それぞれの信者を参加者とする BEG を開催した。全 16 時間に及ぶ BEG では，両者間の憎悪，不信が表明され，十分に相互理解が得られる結果には至らなかったが，BEG が終了した後も参加者たちは自発的に集まり続けたとされている（村山，1998）。このほかにも，Rogers は南アフリカや中央アメリカにおける社会問題や，国際紛争を対象にした取り組みを重ねたことが知られている。

　北アイルランドでの BEG と時を同じくして，Rogers（1972）は Some Social Issues Which Concern Me という原稿を遺し，それまで社会問題に発言してこなかったが，危機に直面している今，市民として声を上げる義務があると前置きし，貧富の格差，結婚や離婚，人種や性，教育，戦争など，社会的な問題等に言及した。このように，Rogers 自身の人生に目を向ける

と，年を追うにしたがって社会正義を意識した発言や取り組みが増している。

　精神分析を心理療法の第1波，行動主義を第2波，そしてパーソンセンタード・プローチ（Person-Centered Approach：以下 PCA）を含む人間性心理学を第3波とすることがある。人間性心理学の広がりが Human Potential Movement（人間性回復運動）と表現されることもあるように，米国で人間性心理学会が組織されたのは，第3勢力の重鎮が集結して精神分析や行動主義への反旗を翻すためであった（金原，2013）。

　そしてその後，近年は第4波として多文化カウンセリング，第5波として社会正義カウンセリングを位置づけることがある（Ratts, 2009）。つまり，PCA を含む人間性心理学と多文化カウンセリング，社会正義カウンセリングの関係についての理解を深めることは，多文化カウンセリングや社会正義カウンセリングに移行する前段，あるいは移行する端緒を見出していく作業でもあるわけだが，そうしたことは，先に述べた Rogers が年を重ねるにしたがって社会問題に取り組むようになっていったこととも，無関係ではないだろう。

　では，Rogers はなぜ，どのように，多文化や社会正義に関心を向けるようになっていったのだろうか。彼が残した功績の1つに，カウンセリングを録画，録音し，その記録をもとにカウンセリングセッションを検討することができるかたちにしたということが挙げられる。最もよく知られたものの1つに，『グロリアと3人のセラピスト』というビデオがあるが，そのほか，黒人クライエントとのカウンセリングセッションに関する記録も複数残されている。*Carl Rogers Counsels a Black Client: Race and Culture in Person-Centred Counselling*（Moodley et al., 2004）では，Rogers が人種や人種差別という問題，ひいては社会的排除，社会問題とどのように向き合っていたのかについて，映像資料をもとにして検討した議論が，1冊の書籍としてまとめられている。この本の中で題材となった映像資料は，同一のアフリカ系アメリカ人クライエントとの Right to be Desperate と On Anger and Hurt という2つのセッションと，その数年後に行われたワークショップでのデモンストレーションにおける，Dadisi とのセッションである。

　その議論の中では，先に行われた2つのセッションと Dadisi とのセッショ

ンでは，Rogers の人種や人種差別への態度に差異が見られるという指摘がある。前者ではクライエントが人種や人種差別に言及しているにもかかわらず，Rogers が言及したのはわずかな回数に限れられる一方で，後者では前者とは異なり，人種や人種差別について明示的に言及する頻度が高まっているという（Brodley, 2004）。

　Rogers の人種や人種問題への態度の違いは，単に Rogers 自身の問題というよりは，クライエントがどのように人種や人種差別に言及したかによる差異だとみなす視点（Barbara, 2004）もあることに留意する必要がある。しかし，この2つのセッションが行われた期間（1977～1984 年）にさまざまな文化的，人種的，政治的影響にさらされたことで，Rogers 自身が人種差別をめぐる社会的状況やマイノリティグループへの認識を深め，対処能力を向上させたと考察する立場もある（Lago & Clark, 2004）。

　ところで，Rogers はカウンセラーとしてのキャリアを，非行少年や恵まれない境遇の子どもたちのケアからスタートさせたことをご存知だろうか。Rogers はそうした子どもの多くがカウンセリング終了後に再び非行を繰り返す例を多く経験し，既存のカウンセリング理論に限界を感じたとされている（富田，1992）。そうした経験を経て，Rogers が最初に専門書として出版したのが，わが国でも出版されている「ロージャズ全集（第1巻）」の『問題児の治療』（Rogers, 1939）である。後に共感的理解，無条件の肯定的関心，自己一致の概念に結実する，カウンセラーに必要な資質にも言及した本書の価値が認められて，その後大学での職を得て研究者としての道を歩み始めることになる（金原，2013）。この本の中で Rogers は，「子どもの個人治療」について述べる前の章で，「治療としての環境転換」や「環境調整による治療」について述べている。このことは，Rogers がカウンセリング理論を発展させていくごく初期の段階で，すでに社会的文脈を考慮した心理支援の可能性について目を向けていたことを示唆しており，晩年に世界平和プロジェクトに取り組み，社会問題に目を向けたことは必然だったと言えるのかもしれない。

(2) PCA の人間観，援助観と社会的文脈

　前項で述べたように，Rogers 自身はクライエントを理解したり，心理支

援を行ったりする際に，彼らが身を置く環境や社会的文脈を考慮しようとしていたと考えられる。しかし，PCA は多文化，社会正義の観点からいくつかの批判にさらされている。

その1つが，PCA の中核をなす人間観に関する批判である。Rogers は，人間一人ひとりは「他のいかなる人間とも異なるユニークな存在」（Cain, 2002, p. 5）であり，「自分自身の中に，自分を理解し，自己概念や態度を変え，自己主導的な行動を引き起こすための巨大な資源をもって」（Rogers, 1986/邦訳, p. 162）いるとした。そして，心理的な成長を促進する風土が提供されればその資源が動き始めるとして，「セラピーによるパーソナリティ変化の必要にして十分な条件」（Rogers, 1957）を提唱した。しかし，こうした人間観は本当にすべての人に当てはめることができるのだろうか。そしてその治療は，本当に「必要にして十分」だと言えるのだろうか。

西洋的価値観に基づく Rogers の人間観が，はたして他の文化圏で生きる人々にも適用可能なものなのかという議論がある。Rogers は個人の自由と社会適応のジレンマが蔓延する米国の文化の中で生まれ育ち，そのジレンマを解決するために，Dewey, J. に影響を受けながら自己実現傾向を含む人間観を発展させてきた。だが，Dewey が成長可能性を個人と社会によって絶えず形成されるとしたのに対し，Rogers は成長可能性を個人に内在するものと捉え，自己実現傾向（actualizing tendency）と呼んだ（Kim, 2018）。このように，個人の自律性や自立性が重視される Rogers の考え方は，彼に独自のものというよりも西洋的個人主義文化の価値観が反映されたものにすぎず，Rogers 自身も「時代背景および文化的背景の所産」（Rogers, 1951/邦訳, p. 12）だと述べている。

しかし，東洋的文化では集団主義的な文化に基づいた相互依存の自己概念を持つとされ，Rogers の自己実現の概念はこうした文化的差異を無視し，すべての個人の自己実現を，他者犠牲的な自己実現として一般化しているという批判を受けることがある（Kim, 2018）。はたして，個人主義的な西洋文化以外の文化のもとでも，PCA の自己概念や心理療法としてのアプローチは有益なのだろうか。

その問いの答えに迫る傍証として，ほかでもない日本における PCA をめぐる状況がある。東洋の集団主義的な文化に類する日本では，1966 年に世

界に先駆けて「ロージァズ全集」が刊行され，Rogers を招いてのワークショップも開催された。さらに，長年にわたり，多くの PCA に関する文献が国内で発行されてきたことに象徴されるように，PCA の考え方が広く受け入れられてきた。このように，文化的な差異を超えて PCA が想定する人間観が受け入れられた理由について，Kim（2018）は非西洋圏にも個人主義的な自己に関する概念を持つ文化があることに言及している。Rogers が日本に紹介され普及していった 1950〜60 年代は，戦後からの復興，高度経済成長の開始といった時期にあり，自由，平等，個人主義などの欧米の価値観が浸透し，戦前からの封建主義，イエ制度，全体主義が後退してきた時期であった。こうしたことから，当時の日本には PCA が想定する人間観が受け入れられやすい素地があったとも推察される。

　ところが，こうした文化的な背景の違いと人間観に関する議論は，多文化化が進むことで，単なる文化の問題ではなく，宗教や民族，人種，性別など，社会的文脈を考慮すべきだという議論に発展してきた。そして，それは単に人間観に関する議論としてだけではなく，援助観を巻き込んだ議論として展開されることになった。特にその問題が顕在化したのは，社会における女性の特殊な状況を踏まえたフェミニストアプローチとの間の緊張である（Proctor & Napier, 2004）。その背景には，社会的に排除され，マイクロアグレッション，スティグマにさらされている状況にある人々に対する心理支援を行おうとするとき，PCA のようにクライエント一人ひとりの固有な世界に入り込もうとすることは，その人々が置かれた社会的文脈を考慮しないことになってしまうという批判の目がある。

　このほかにも，社会階層という観点からは，すべての人がより高い社会階層を目指すものだという偏見（upward mobility bias）に留意すべきだという指摘がある（Liu et al., 2004）。すなわち，その人が置かれた状況によっては必ずしも上昇志向を持つことは容易なことではなく，もしそうした上昇志向を持たないのであれば逸脱者としてみなされてしまうことの危険性を指摘するものである。このように，自己実現傾向のような個人が持つ変化の可能性を無限のものとして重視するあまり，社会には何の問題もなく，変わるべきは個人であるという考えに傾倒してしまうリスクが指摘されている（Prilleltensky, 1992）。PCA をベースにした心理臨床を行ってきた窪田

（1999）が，女性クライエントとの面接では，個人レベルの問題を超えた社会的な視点から捉える必要があると述べていることから，ProctorとNapier（2004）らの指摘は日本国内にも共通のことだと言えるだろう。

このように，特定の社会的文脈に置かれたクライエントへの心理支援において，その社会的文脈は当たり前に存在するものとして考慮せずに個人に焦点化することは，社会的に排除された状況へのクライエントの適応を支持することでもあり，社会的不正義への沈黙の同意とも言える所業だろう。そして，PCAが社会的不正義を維持する仕組みを支持する，社会的な装置となってしまうことを示唆している。

現に，こうした観点からのPCAへの批判は少なくない。Rogersの最も親しい友人のひとりとされるO'Hara（1996）でさえ，Rogersは著名で成功した上位中産階級のアメリカ人白人であり，対する自分は若い無名の移民であり，労働者階級のイギリス人白人女性であると，Rogersとの立場の違いを述べ，PCAには意識的であれ無意識的であれ，ヨーロッパ中心主義的，家父長制的，ユダヤ教的，キリスト教的世界の利益を維持，保護するために役立っている側面があると批判的に述べている。

また，クライエントのサポートシステムをセラピーに組み込む試みが少ない（Usher, 1989），あるいは人種的マイノリティを対象にする場合には，そのグループを取り巻く外的要因をあいまいにするために逆効果になったり，文化的価値との対立を生んだりすることがある（Arciniega & Newlon, 2002）という批判もある。さらに，Rattsら（2016）が強調するように，時代的な，状況的な要請としては，カウンセラーには社会的文脈を考慮したアプローチが求められるようになってきている。しかし，PCAをオリエンテーションとするカウンセラーにとっては，社会的文脈すなわち集団や属性といったものを通してクライエントを理解しようとすればするほど，PCAの基礎となる原則から遠ざかってしまうという，アンビバレントな状況に陥ってしまうことになる可能性も指摘されている（Beton, 2020）。

(3) 共感的理解と中立性

先に紹介した窪田（1999）は，被害者支援においてカウンセラーは中立であることができるだろうか，という疑問を呈している。窪田はその議論の中

で，トラウマ治療の第一人者である Herman（1992）を引用し，治療者が「患者の内面の葛藤しあっているもののどれかの肩を持つ事をせず，また患者の生活決定に直接指示もしない」という技術的中立性は認めながらも，「犠牲者となった人たちを相手に働くということは，道徳的には断然ひとつの立場に立つ」ために，道徳的に中立であることはあり得ないという立場を主張している。そして道徳的中立性の見地から，カウンセラーが「社会への批判的なまなざしを持たなければ，それはただ歪んだ社会に迎合し適応を求めるだけで，本来の中立ではあり得ないのではないか。中立を自認し自らの価値観を排除しているカウンセラーの中には，既存の社会に適応することをよしとしてしまっている危険性がないだろうか」「中立性とはカウンセラーの価値観を排除し，無色透明であることでは実現するものではなく，社会の不公正や歪んだ価値観に対して，公正で中立な基盤を提供するということだ」（窪田，1999，pp.81-82）と指摘している。

　森岡（1991）は，クライエントの私的な世界をあたかも自分自身のものであるかのように感じるためには，中立性を保った眼が必要であると述べ，非人称性（im-personality）という概念を紹介した。脱人格性とも表現されるこの概念について，カウンセラーがいわば「無色」の状態でそこにいることによって，「誰でもなく，誰でもある」ことができ，「あたかも…のように」（as if）という性質を持つことができるとした。すなわち，中立性を持つことが共感的理解を可能にするということである。

　森岡（1991，p.252）が，「治療場面ではさまざまな両極的要因が出現するわけだが，そのどちらの側にも立たないという位置をまもり，それによって逆に，どちらの側にも立てるという役割を保つことが可能となるわけである」と述べているように，この文脈における中立性は，先の窪田の議論における技術的中立性に関するものであると考えることができるが，心理支援者が常に道徳的中立性と明確に区別し続けながら支援に臨むことは容易ではない。

　その証左として，増井（2006）の，今すぐに何とかする必要性に迫られている臨床場面では，固い中立性は使い勝手が悪く，クライエントに不快感を生じさせかねないという指摘がある。その必要性がある場合には，カウンセラーは柔軟にクライエントのために良いと思われる行動を選択する必要があ

るという示唆であるが，このときの中立性は技術的中立性でもあり，道徳的中立性を含むものでもあるように思える。

「あたかも…のように（as if）」と，クライエントに対して深く共感的理解を経験することは重要である。しかし，そうして後はクライエント自身の力に任せるということで本当に良いのだろうか。もちろん，共感的理解をはじめとするいわゆる必要十分条件が提供されることによって，自ら動き始めることができる人もいるだろう。しかし，社会的に排除されている人，構造的に身動きがとりにくい状況に追いやられた人にも，同じように関わるだけでいいのだろうか。

筆者は共感的理解の重要性やその治療的な力を否定するわけではなく，どのような心理支援においても共感的理解は重要であると考える。それは社会正義カウンセリングにおいても同様で，アドボカシーはカウンセラーの共感から自然と生まれるもの（Lewis et al., 2011）であり，共感的理解のない社会正義カウンセリングは，クライエントの真のニーズを置き去りにした，意味のないあるいは加害的なものになる可能性がある。しかし，自身の力ではどうしようもないような状況に追いやられているクライエントを目の前にして，カウンセラーだからということを盾に共感的理解に徹し，何の介入も行わないことは，窪田（1999）が指摘するように，中立ではなく社会的排除に加担するということである。

そこで，「行動を伴う共感的理解（empathic understanding with action）」という概念を提唱したい。これは，クライエントへの共感的理解を深めるなかで，その必要性がある場合，カウンセラーはカウンセリング，あるいはカウンセラーは「こうあらねばならない」という観念に縛られるのではなく，カウンセラーとしてあるいはひとりの人間として，クライエントのために良いと思われる行動を選択し，自然に行動するということである。

しかし，それは何も新しい概念というわけではない。そうあることは，セラピストが自分自身の内面で，その瞬間ごとに流れつつある感情や態度に十分にひらかれており，ありのままであるということ（Rogers, 1986），すなわち，純粋性以外の何ものでもないだろう。PCA のセラピストは，中立であるために多様性や抑圧などの問題に対処できなかったり，気づけなかったりするようなことがあってはならない（Swan & Ceballos, 2020）のである。

(4) カウンセラーの態度の問題

　多文化カウンセリングに従事してきた Lago と Hirai（2013, p. 439）は，「社会においてマジョリティのセラピストは，マイノリティのクライエントが異なる経験や世界観を持っているときに，本当に共感的に理解することができるのだろうか。クライエントと十分な関係を築くことができるのだろうか」という疑問を投げかけている。これは PCA に限らず，さまざまな心理支援のオリエンテーションを持つ支援者に共通に言えることであるが，"クライエント" という表現を用いて，クライエントとカウンセラーの関係性をカウンセリングの重要な構成要素とした PCA であるからこそ，この問題は非常に重要な意味を持つ。

　ところで，PCA ではどのようにカウンセラーのトレーニングを行ってきたのだろうか。その課題を論考した永野ら（2021）は，特に日本では体系的な取り組みは報告されていないとする一方で，自己受容や自己一致といったセラピストの態度に関するトレーニングが，重要な意味を持つとしている。しかし，この中に Lago と Hirai（2013）が呈した疑問のように，特定の社会的文脈に置かれたクライエントとの関係の中で喚起されるさまざまな感情，あるいはセラピストの中にある，そうしたクライエントや問題に対する評価や価値観に焦点を当てることが，どれほど意識されているのかということについての言及は見られない。

　米国における社会正義カウンセリングに関するカウンセラーのコンピテンシーを見ると，6 領域モデル（Lewis et al., 2003）がカウンセラーの行う介入レベルを示したものであったのに対して，その後，カウンセラーの自己認識の発達や，特権と排除というカウンセラーとクライエントの立場の違いを考慮した相互作用を明示的に含む，多文化と社会正義カウンセリング・コンピテンシー（MSJCC：Multicultural and Social Justice Counseling Competencies; Ratts et al., 2016）が示された（第 2 章）。こうした動きは多文化・社会正義カウンセリングの領域でもよりいっそう，カウンセラーの態度やクライエントとカウンセラーの関係性に着目した取り組みが重視されるようになってきていることを示している。

　PCA の立場に立つカウンセラーは，クライエントの内的照合枠からクラ

イエントを共感的に理解し，個人を尊重，受容することで，ステレオタイプ化や文化的無関心さのリスクを回避することができる（Barbara, 2004），あるいは人間性心理学と社会正義の間には哲学的共通点がある（Coma & Hunter, 2018）とする楽観的な見方もある。しかし，「必要十分条件」の6つ目の条件が，無条件の肯定的配慮や共感的理解がクライエントに伝わっていることとされているように，クライエントがカウンセラーをどのように知覚するのかが治療の中核的な課題に位置づけられている以上，特に人種や性別，社会経済的地位など，社会的文脈を考慮した心理支援が求められる現代においては，PCA の立場に立つカウンセラーの養成において，社会的文脈を考慮したトレーニングが行われる必要がある。

2. 社会正義実現に向けた PCA の可能性

　ここまで，PCA が直面する多文化・社会正義カウンセリングに関連する課題について，それへの対応も含みながら概観してきた。ここでは，PCA の立場から社会正義を実現するためにどのような取り組みが必要かについて，ここまで重ねられてきた実践も含めて紹介したい。

　Rogers がどのように社会的文脈に関する問題を捉え，カウンセリングや社会変革に取り組んだかあるいは取り組もうとしていたかは，先述のとおりであるが，その後の PCA の立場に立つ実践者，研究者はどうだろうか。現代の PCA を考えるときに欠かすことができない一人は，フォーカシング，体験過程理論を提唱した Gendlin, E. T. だろう。彼は A Short Summary and Some Long Predictions（Gendlin, 1970）の中で，心理的な問題は文化や環境，地域社会の慣習などとの相互作用で生じるものだとして，心理療法と社会的問題を結び付けて考える必要性に言及している。

　フォーカシングを用いてそれを具現化した取り組みの例として，Omidian（2017）を挙げることができる。医療人類学をベースにコミュニティ・メンタルヘルスを専門とする Omidian, P. A. は，さまざまな国，地域で活動を展開した。たとえば，Omidian（2017）では，メキシコの暴力が蔓延した地域での実践が紹介されているが，そこでは暴力に対して指導的な振る舞いをするのではなく，フォーカシングの手法を用いて現地の人々が自分たちの体験

に目を向けるアプローチをすることによって，彼ら自身が必要だと考えることを顕在化させ，コミュニティの機能を賦活化させた取り組みが紹介されている。そこで紹介されているのは，現地の人々が持つ英知をエンパワーする実践であるが，社会正義の観点からこの取り組みを捉えてみると，正義を支援者の中にあるものと捉えるのではなく，彼らの中にあると捉え，潜在的なニーズを顕在化させる。そして，エンパワーすることによってコミュニティを機能させることに取り組んでいるところに，特筆すべき点がある。

　また，近年のイギリスを代表する PCA の研究者である Cooper と McLeod（2011）は，PCA は他の人間性心理学，実存的心理学と同様に，人間一人ひとりをユニークな存在として見ることを強調しすぎるあまり，普遍的な法則やメカニズムと個々の人間の経験とを，関連づけて捉えようとすることを拒絶していると指摘している。Cooper らのこの批判は，人間観としては個々にユニークな存在として人を捉えているにもかかわらず，援助観という観点からは，無条件の肯定的配慮，共感的理解など，すべての人に普遍的な援助を想定し，実践しているということを意味していると捉えることができる。

　すなわち，人種や社会階層など，異なる社会的文脈に置かれた人々も含めて，個々の支援ニーズが異なるのであれば，無条件の肯定的配慮，共感的理解などを普遍的なものと位置づけるのではなく，セラピストは個々のクライエントに最も適した方法で，個々のクライエントに特有な可能性の実現を促進する必要があるという主張であるし，それが真に "Person-Centered" を体現することなのだという主張である。末武（2017, p. 11）は，Cooper ら（Cooper & McLeod, 2007；末武，2017, p. 11）は「多元的（pluralistic）」な視点によるアプローチを，「さまざまな人は，さまざまな時点で，さまざまな事柄によって援助されるという前提に立ち，それぞれの臨床家が専門とする特定の流派の枠にとどまらずに，種々の理論や方法を多元的に活用していこうとする臨床実践のパラダイム」と説明している。

　同様の主張は，わが国の PCA を代表する研究者のひとりである中田（2004）にも見られる。中田はエンカウンターグループ（以下 EG）の目的をめぐる議論において，「これが EG である」というある理想像をもってそれに近づけようとする価値観の人と，何かの目的を志向してそのために EG

を行う人とがおり，前者を「EG像志向的EG」，後者を「目的志向的EG」と表現し，前者のようなあり方を批判しているが，これはEGに限らずPCA全体にも当てはめることができるだろう。PCAを一定の固定化された理論やPCA像に沿って実践しようとするならば，それは「PCA像志向的PCA」と呼ばれるものになるだろうし，ある目的達成の手段としてPCAを用いようとするならば，それは「目的志向的PCA」と呼ばれるものになるだろう。そしてこの「目的志向的PCA」は，置かれた社会的文脈も含めて目の前のクライエントを理解しようとする，まさに"Person-Centered"であり，そこで提供される支援は，Cooperらが述べるような「多元的（pluralistic）」なものになるだろう。筆者が先に提案した「行動を伴う共感的理解」も，共感的理解をベースにしながら個々のクライエントが持つ支援ニーズに合った支援を提供するという意味で，Cooperや中田の述べることとの交わりは大きい。

　そして，先述したように，人種や社会的文脈という観点への関心，配慮が十分ではない点もあっただろうが，Rogers自身は非常に目的志向的な人であったという人物評は少なくない。Rogersは1968年に，Center for Studies of the Person（CSP）を設立したが，それはRogersに学ぶ組織，あるいはRogersが提唱したカウンセリングを学ぶ組織ではなかったとされている。また，This is Meと題される，Rogers自身が自らの思想の発展過程を紹介した論文の中で，彼は「治療経験から学んできた重要な事柄」について述べているが，その冒頭には，そうしたことが「みなさんにも当てはまるかどうかわかりません。こうした経験的知識を，他人の指針として提供するつもりはありません」（Rogers, 1961）と述べている。

　CSPのあり方やこうした表現には，何が"Person-Centered"であるかについての指針は，Rogersが遺した論文や著書の中にあるのではなく，個々の心理支援者の経験の中にこそあるものだというメッセージが込められている。そうした文脈から考えると普遍的とされる「必要十分条件」も，彼にとっては，彼が生きた時代，社会においてはそうだったかもしれないが，我々が盲目的にそれに倣うことを期待したものではないだろう。

　こうした観点から，わが国におけるPCAの取り組みにおいても，クライエントやカウンセラーが置かれた社会的文脈を考慮した実践，あるいはそう

122　第Ⅱ部　多様な学派からのアプローチ

した実践を可能にするカウンセラーのトレーニングについての議論が重ねられることを期待したい。

【引用文献】

Arciniega, G. M., & Newlon, B. J. (2002). Counseling and psychotherapy: Multicultural considerations. In D. Capuzzi & D. R. Gross (Eds.), *Counseling and psychotherapy: Theories and intervention* (*3rd ed*). Prentice Hall, pp. 417-441.

Brodley, B. T. (2004). 2004 postscript to 'uncharacteristic directiveness'. In C. Moodley, R. Lago & A. Talahite (Eds.), *Carl Rogers counsels a black client: Race and culture in person-centered counselling* (*Reprint*). PCCS BOOKS.

Beton, D. (2020). Person-centered social justice, association for humanistic counseling. *Newsletter* 2020 Fall. [https://www.humanisticcounseling.org/past-newsletters] (2023 年 12 月 18 日閲覧).

Cain, D. J. (2002). Defining characteristics, history, and evolution of humanistic psychotherapies. In D. J. Cain & J. Seeman (Eds.), *Humanistic psychotherapies: Handbook of research and practice*. American Psychological Association, pp. 3-54.

Coma, M. T., & Hunter, Q. (2018). Empathy, humanism, and mindfulness in multicultural counseling and social justice work. *The William & Mary Educational Review*, **6** (6), 70-90.

Cooper, M., & McLeod, J. (2007). A pluralistic framework for counselling and psychotherapy: Implications for research. *Counselling and Psychotherapy Research*, **7** (3), 135-143.

Cooper, M., & McLeod, J. (2011). Person-centered therapy: A pluralistic perspective. *Person-Centered and Experiential Psychotherapies*, **10** (3), 210-223.

Gendlin, E. T. (1970). A short summary and some long predictions. In J. T. Hart & T. M. Tomlinson (Eds.), *New directions in client-centered therapy*. Houghton Mifflin, pp. 544-562.

Herman, J. (1992). T*rauma and recovery: The aftermath of violence from domestic abuse to political terror*. [中井久夫訳 (1999). 心的外傷と回復. みすず書房]

Kim, J. (2018). Consideration of the applicability of person-centered therapy to culturally varying clients, focusing on the actualizing tendency and self-actualization from East Asian perspective. *Person-Centered and Experiential Psychotherapies*, **17** (3), 201-223.

金原俊輔 (2013). カール・ロジャーズの生涯. 地域総合研究所紀要, **11** (1), 21-52.

窪田容子 (1999). トラウマを持つ人へのカウンセリングにおける中立性の問題. 女性ライフサイクル研究, **9**, 75-83.

Lego, C. & Clark, J. (2004). Growing race awareness in the therapist. In C. Moodley, R. Lago & A. Talahite (Eds.), *Carl Rogers counsels a black client: Race and culture in person-centred counselling* (*Reprint*). PCCS BOOKS.

Lago, C., & Hirai, T. (2013). Counselling across difference and diversity. In M. Cooper, M. O'Hara, P. F. Schmid & G. Wyatt (Eds.), *The handbook of person-centered psychotherapy and counselling*. Palgrave Macmillan/Springer Nature, pp. 436-452.

Lewis, J. A., Arnold, M. S., House, R., & Toporek, R. L. (2003). *ACA advocacy competencies*. Retrieved. [https://www.counseling.org/Resources/Competencies/Advocacy_Competencies.pdf.] (2023 年 12 月 18 日閲覧)

Lewis, J. A., Ratts, M. J., Paladino, D. A., & Toporek, R. L. (2011). Social justice counseling and advocacy: Developing new leadership roles and competencies. *Journal for Social Action in Counseling and Psychology*, **3**, 5-15.

Liu, W. M., Soleck, G., Hopps, J., Dunston, K., & Pickett, T., Jr. (2004). A new framework to understand social class in counseling: The social class worldview model and modern classism theory. *Journal of Multicultural Counseling and Development*, **32** (2), 95-122.

増井武 (2006). 関係の質／固い中立性の弊害／図地反転. 臨床心理学, **6** (1), 118-120.

Moodley, R., Lago, C., & Talahite, A. (2004). *Carl Rogers counsels a black client: Race and culture in person-centred counselling (Reprint)*. Ross-on Wye: PCCS BOOKS.

森岡正芳 (1991). ロジャース理論再考 (1)――「非人称性」の視点. 天理大学学報, **42** (2), 237-254.

村山正治 (1998). 晩年の考え方と実践――静かな革命家カール・ロジャース. 現代のエスプリ, **374**, 78-85.

永野浩二・河﨑俊博・益田啓裕・荒木浩子・宮川裕基 (2021). 心理臨床家としての Personal Development――PCA のセラピストに必要なトレーニングについて考える. 追手門学院大学心の相談室紀要, **18**, 9-22.

中田行重 (2004). パーソンセンタード・アプローチの視点からみた地域臨床. 教育科学セミナー, **35**, 49-54.

O'Hara, M. (1996) Feminist analysis of a session of psychotherapy between Carl Rogers and a female client 'Silver'. In B. A. Farber, P. Raskin & D. Brink (Eds.), *Carl Rogers: Casebook and critical perspectives*. Guilford.

Omidian, P. A. (2017). *Reaching resilience: A training manual for community wellness*. CreateSpace Independent Publishing Platform. [土井晶子・高橋紀子 (監訳) (2021). レジリエンスを育むフォーカシング――コミュニティ・エンパワーメントの技法. 金子書房]

Prilleltensky, I. (1992). Humanistic psychology, human welfare and the social order. *The Journal of Mind and Behavior*, **13** (4), 315-327.

Proctor, G., & Napier, M. B. (2004). *Encountering feminism: Intersections between feminism and the person-centred approach*. PCCS Books.

Ratts, M. J. (2009). Social justice counseling: Toward the development of a fifth force among counseling paradigms. *Journal of Humanistic Counseling Education and Development*, **48** (2), 160-172.

Ratts, M. J., Singh, A. A., Nassar-Mcmillan, S., Butler, S. K., & Mccullough, J. R. (2016).

Multicultural and social justice counseling competencies: Guidelines for the counseling profession. *Journal of Multicultural Counseling and Development*, **44** (1), 28-48.

Rogers, C. R. (1939). *The clinical treatment of the problem child*. Houghton.［小野修（訳）(1966). ロージャズ全集1 問題児の治療. 岩崎学術出版社］

Rogers, C. R. (1951). *Client-centered therapy: Its current practice, implications, and theory*. Houghton Mifflin.［保坂亨・諸富祥彦・末武康弘（訳）(2005). クライエント中心療法. 岩崎学術出版社］

Rogers, C. R. (1957). The necessary and sufficient conditions of therapeutic personality change. *Journal of Consulting Psychology*, **21** (2), 95-103.［伊藤博 (2001). セラピーによるパーソナリティ変化の必要にして十分な条件. 伊藤博・村山正治（監訳） ロジャーズ選集上. 誠信書房, pp. 265-285.］

Rogers, C. R. (1961). "*This is Me*" *The development of my professional thinking and personal philosophy. On becoming a person*. Houghton Mifflin, pp. 4-27.［村山正治（編訳）(1967). 私を語る. ロージャズ全集12 人間論. 岩崎学術出版社, pp. 3-35.］

Rogers, C. R. (1972). Some social issues which concern me. *Journal of Humanistic Psychology*, **12** (2), 45-60.

Rogers, C. R. (1986). Client-centered/person-centered approach to therapy. I. Kutash & A Wolf (Eds.), *Psychotherapist's casebook*. Jossey-Bass, pp. 197-208.［中田行重 (2001). クライエント・センタード／パーソン・センタード・アプローチ. 伊藤博・村山正治（監訳）ロジャーズ選集上. 誠信書房, pp. 162-185. ］

末武康弘 (2017). フォーカシングとTAEをその他の方法とともに多元的に活用するセラピーのためのガイドの作成——多元的フォーカシングセラピー（pluralistic focusing therapy: PFT）のガイド. 現代福祉研究, **17**, 7-29.

Swan, A. M., & Ceballos, P. (2020). Person-centered conceptualization of multiculturalism and social justice in counseling. *Person-Centered and Experiential Psychotherapies*, **19** (2), 154-167.

富田和代 (1992). ロジャーズ. 氏原寛・小川捷之・東山紘久・村瀬孝雄・山中康裕（監修） 心理臨床大事典. 培風館, p. 1284.

Usher, C. H. (1989). Recognizing cultural bias in counselling theory and practice: The case of Rogers. *Journal of Multicultural Counseling and Development*, **17** (2), 62-71.

COLUMN 5

社会正義の観点から考える DV 加害者プログラムとは

[佐藤紀代子]

　DV（ドメスティック・バイオレンス）は，世界中で深刻な社会問題として認知されており，日本も例外ではありません。内閣府の調査によれば，国内の女性の4人に1人が何らかの暴力（身体的・精神的・経済的・性的）被害を経験しており，この数字は2001年のDV防止法（配偶者からの暴力の防止及び被害者の保護に関する法律）制定時から，ほとんど変わらずに推移しています。そして，「命の危険を感じるほどの暴力を受けた」経験は男性に比べて女性が圧倒的に多く，被害者が命を奪われる痛ましい事件が後を絶ちません。

　DVの根底にはジェンダーによる差別があり，親密な関係性の背後に支配とコントロールが存在します。家庭という閉ざされた空間で起きるDVは，個々の夫婦の問題に集約されるものではなく，社会全体の差別と偏見が表出する「事象」であることを，理解する必要があります。

　日本のDV対策はこれまで，被害者が暴力から逃れるための支援に焦点が置かれてきました。DV加害者（多くは男性）への対策として，DV防止法における保護命令（被害者のいる自宅からの一時的な退去，および被害者への接近禁止）が存在します。しかし，被害者が住居や仕事を手放し，加害者から「隠れ」「逃げる」対処方法には疑問を感じます。というのも，この方法は，加害者に加害行為の責任を問いかけ，問題意識を促進して行動変容へと向かわせるようなメッセージ性に乏しいからです。

　本来，暴力は「する側」に責任があります。加害者自身が問題意識を持ち，変わろうとしなければ，DVを根本的に減らすことはできないでしょう。とはいえ，加害者が「加害行為の責任を自覚して変化する」ことを促すには，どうすればよいのでしょうか。加害者に働きかける対処方法が必要だという考えを持ちながらも，私自身，加害者に対する心理治療の枠組みをどこでも教わったことがありませんでした。

（1）DV 加害者プログラムとの出会い

　2015 年に開催された研修会，「加害者は変われるか」（主催：NPO 法人 RRP 研究会）にて，オーストラリアの Jenkins, A.（クリニカル・サイコロジスト）および，カナダの高野嘉之（ブリティッシュ・コロンビア州公認クリニカル・カウンセラー/当時）による，ワークショップに参加しました。そこで私は，カナダを含む諸外国では DV 加害者プログラムが公的に存在すること，DV 加害者更生支援が治療的司法の枠組みの中で運営されていることを知り，衝撃を受けました。

　Jenkins は，ナラティブセラピーを応用した加害者臨床の専門家です。暴力の要因を本人の特性やパーソナリティの問題に追求することを避け，加害者との語りを通して，彼らが変容する方法を私たちに見せてくれました。加害者自身が置かれた社会的文脈や価値観，習慣，信念に，「自らがどのようにとらわれ，非暴力になることを妨げられてきたのか」に気づき，本人の倫理観に沿う新たな価値観で非暴力になることを目標とします（Jenkins, 2014）。なにより，DV 加害者が暴力行為の責任を認識し，改善できるようになることが重要であり，セラピストはそのような加害者の「語り」を促す役割を求められます。

（2）長崎でスタートした DV 加害者プログラム

　私は仲間とともに，2017 年に「ながさき DV 加害者更生プログラム研究会」を設立し，DV 加害男性を対象とした非暴力教育プログラムを始めました。プログラムの目標は，暴力以外の方法で，他者と自分を尊重する良好な関係を築く方法を身につけることです。

　参加者の多くが，幼少期に親から暴力的な関わりを受けた経験があり，意識的・無意識的にかかわらず，暴力を容認する価値観を取り込んでいます。その考え方が，本人の生き方や周囲との関係にどのように影響を及ぼしているかを共に振り返りながら，新たな生き方を一緒に模索します。この作業は「学び落とし」と呼ばれます。もちろん，プログラムを受講したからといって，非暴力的な生き方をすぐに体現できるわけではありません。しかし，暴力や虐待の世代間連鎖を止めるためにも，DV 加害者プログラムは，現代の

この社会にとって必須のものだと確信しています。

（3）社会正義の視点から考える DV 加害者プログラムとは

　2023 年現在，DV 加害者プログラムを実施する団体や精神科クリニックは国内で数カ所存在しますが，数としてはまだ非常に少ないのが現状です。私自身も，団体を設立した当初は，「本当にプログラムに効果があるのか」と疑問視されることが多かったです。また，いまだ国策として被害者支援が十分ではない現状もあり，「加害者更生支援よりも，被害者支援を優先すべき」という声も聞かれます。

　ジェンダー平等の社会を目指す活動団体アウェア代表の山口のり子は，次のように述べています。「加害者に必要なのは治療でもカウンセリングでもなく，教育と訓練。DV をなくすには，加害者を変えること。DV は社会が生み出している問題であり，社会が加害者を変える必要がある。その受け皿になるのが DV 加害者プログラム。変わりたいと思う加害者もおり，被害者もそれを願っている。（中略）加害者更生は，究極の被害者支援である」。

　DV の撲滅には，「加害者が暴力を振るうことを容認する社会全体の価値観」を変えていく必要があります。私たち心理職もこの社会の構成員である以上，誰しもその社会正義に取り組む責任を問われているのだということを忘れてはなりません。

【引用文献】
Jenkins, A./信田さよ子・高野嘉之（訳）（2014）．加害者臨床の可能性──DV・虐待・性暴力被害者に責任をとるために．日本評論社
内閣府男女共同参画局（2021）．男女間における暴力に関する調査報告書．[https://www.moj.go.jp/content/001347785.pdf]（2023 年 12 月 10 日閲覧）
山口のり子（2022）．JICA【ジェンダーと開発】ジェンダーに基づく暴力の撤廃──日本の取り組み（動画インタビュー）．[https://youtu.be/HugXBEaC3MM?si=9DKYX0etvOKf-Pn6]（2023 年 12 月 10 日閲覧）

第8章
認知行動療法における社会正義アプローチ

[小堀彩子]

1. はじめに：心理学と社会正義

　米国心理学会（American Psychological Association：APA）は 2009 年の戦略計画の中で，社会正義を主要な価値として位置づけた。社会正義とは公平性，平等性，社会の変革という 3 つのキーワードで説明される（APA, 2021）。心理援助サービスという社会資源を例にとると，これを公平，平等に人々に行き渡らせるため，提供に関して人々がどのように関わるべきか，その過程に関する検討をしたり（手続き的正義），実際の支援を個人にどのように提供すればよいか，分配の仕方に関して検討をしたり（分配的正義）する必要がある。なぜなら，社会には人種差別や性差別，階級差別などさまざまな不平等や抑圧の問題があり，必要な資源が必要な人の所へ届かないことが多々あるからである。そして，心理学はこれらの問題に大いに関係している学問である。私たち心理学者は社会正義に基づく実践者として，日々の研究や実践，教育活動に従事する必要がある。本稿では，認知行動療法（cognitive behavioral therapy：以下 CBT）を志向して臨床心理学に基づく実践を行う筆者の立場から，心理学者，特に臨床心理学の実践者や研究者が，社会正義の問題にどう向き合っていけるのか，CBT という物差しから検討する。

2. "王道" としての CBT

　CBT は数ある心理療法の中でも，いち早く効果研究に取り組んできた歴史を持ち，効果を検討する実証的な研究の数が最も多い（David et al.,

2018)。また，それらの研究に基づき，200以上のマニュアルが作られている（Kot, 2007）。心理的問題という個別性の高い扱いづらい問題に対して，それに取り組む手がかりとなるマニュアルを作成したことは，たくさんの臨床家の助けとなっており，これは臨床家の間でCBTが広まった一因だろう。実際，Simom（2007）によれば，2,000人以上の心理専門職を対象とした調査で，調査協力者の約69％がCBTを利用していると回答しているほか，現役の心理学者470人のうち89％がCBTを利用しているというデータもある（Meyers, 2006）。こうした状況を踏まえ，CBTは心理療法の王道と称されることが多い。

　もちろん，それに対する懸念も少なくはない（Leichsenring & Steinert, 2017）。たとえば，不安障害と抑うつ障害に対するCBTのランダム化比較試験（RCT）のうち，質の高いものはわずか17％（144件中24件）という報告や，不安障害に関する121の研究の80％以上がプラセボ群や通常治療群との比較ではなく，何の治療もしていない待機リスト群との比較しかしていないという報告がある（Cuijpers et al., 2016）。

　こうした指摘はもっともで，単に研究や実践者の数でもってCBTの効果を確信して，心理療法の王道とみなすのは慎むべきだろう。しかし，現時点で他の療法と比べてCBTが最も経験的に研究されている心理療法で，そのエビデンスに基づいた知見を手掛かりとしてCBTを用いる多くの心理専門職が存在することは間違いなく，その点でマジョリティとしての立ち位置にいることは事実である。

　社会正義からCBTを見ると，CBTはヨーロッパ系アメリカ人である白人で中流階級，高学歴のサービス利用者に焦点を当てた研究が圧倒的に多い（Suinn, 2003）。また，研究協力者の文化的背景や宗教的背景を，研究のなかで報告することは一般的でない。せいぜい白人，アジア人，黒人といった大まかな括りでもって語られる程度で，グループ間の差異について検討されることは少ない。さらに研究協力者の性的指向性について言及することもほとんどない（Bowen & Boehmer, 2007）。

　セラピスト（therapist：以下Th）は，CBTがことほど左様に「マジョリティ仕様」（といっても他の療法も総じてマジョリティ仕様であるが。Hays, 2009；Naeem, 2019）となっていることを自覚し，相手の背景を踏まえて柔

130 　第Ⅱ部　多様な学派からのアプローチ

軟に療法を適用する必要がある。また，マイノリティに目を向けた研究を増やすことも急務である。

　以下，社会正義の実践において CBT が抱える具体的な課題と成果を紹介する。

3. 改めて，CBT とは何か

　ここまで CBT という言葉を何の説明もなく用いてきたが，いったんその内容の指し示すものについて触れておく。

　この用語は，話し手によって意味がさまざまに異なる。それは 100 年を超える歴史を持つ CBT が，時代とともに視点の異なる治療理論を生み出していることに起因する。「群盲象を評す」という寓話があるが，CBT という言葉の意味するところもこれに似ている。話し手が「CBT（象）」と表現しているものが，一部を触りながら語っているものなのか，そうであればどの部分を触りながら語っているのか，あるいは話者の中ですでに CBT（象）が CBT（象）として統合されていて，総称として用いているのかという点に留意しながら聞く必要がある。

(1) 第 1 世代

　CBT を成す個々のパーツは技法や理論など無数にあるが，大まかには歴史的経緯を踏まえて，第 1 世代，第 2 世代，第 3 世代と区別されている。第 1 世代は，学習理論の発展変化の過程と捉えられる行動療法的な色彩が強い（熊野，2012）。米国の行動主義の心理学者である Skinner, B. F. が創始した行動分析学は，この行動療法の潮流の 1 つである。これは「スキナー箱」と呼ばれる装置を用いて，動物のオペラント行動の制御変数を実験的に明らかにする実験的行動分析から出発したもので，その成果が人間のさまざまな問題行動に応用されている（熊野，2012）。

　たとえば，教室で騒ぐ子どもを観察し，騒ぐという行動が持っている機能（先生の「注目」を引くことができるとか，授業を妨害できて嫌な算数の課題から「回避」できるとか）を明らかにしうえで，環境を変えることで本人がより適切な行動ができるようにする（たとえば，プリントを配る係を担当

してもらって，適切な形で先生の「注目」を集めるとか，より簡単な課題の算数プリントを配布することで，「回避」をせずに済むようにするとか）といったものである。この応用行動分析を含めた第1世代は，細かく区分するといろいろな系譜や呼称があるが，すべてまとめて「行動療法」と呼ばれることが多い。

(2) 第2世代

　第2世代は，情報処理理論に基づく新たな治療体系と位置づけられ，認知療法的な色彩が強い（熊野，2012）。「不合理な信念」や「歪んだ認知」などの言葉は，この第2世代出身である。筆者の印象ではCBTによる支援を希望する人の頭の中にあるCBTの多くが，この第2世代である。第1世代では認知を環境との関わりの結果として増えたり減ったりするもの，つまり従属変数として捉えていた。しかし第2世代では，自らの意思で行動をしたり思考をしたりすると捉え，認知を独立変数として取り上げる（熊野，2014）。したがって，支援では不適応や苦痛を引き起こす認知の内容や頻度を変えることに焦点が当てられる（たとえば，友達が挨拶を返さなかったという経験をした際，友達は自分のことを憎んでいるのだと考えて悲しいという感情が引き起こされた場合，自分のことを憎んでいるという思考は歪んだ認知の可能性がある）。

　このように不適切な認知を見直し，新たな捉え方を検討して習得する技法（たとえば，友達はたまたま挨拶の声が聞こえなかっただけかもしれないと捉え直し，次回同じ場面に遭遇した場合は大きな声で挨拶をするという計画を立てるなど）は，Beck, J. S.が考案した。これは「認知再構成法」と呼ばれており，この世代の代表的技法である。また「スキーマ療法」と呼ばれるものは，価値観やルールなど，認知の中でも深い部分に入り込んでいるスキーマと呼ばれるものに焦点を当てる方法であり（伊藤，2022），これも認知療法に位置づけられる。

(3) 第3世代

　第3世代は，第1世代・第2世代を否定するというよりも，これらの限界点を乗り越えるべく登場した新たな流れである。ここでは，「マインドフル

ネス」と「アクセプタンス」と呼ばれる介入要素が新たに加わる。これまでの世代と比べると，行動や認知を直接修正するというよりむしろその内容や体験様式を重視し，なぜその認知や行動が生起したのか，その文脈を捉えることに力点を置いている（中尾，2023）。

まずマインドフルネスとは，今の瞬間の現実に常に気づきを向けて，その現実をあるがままに知覚して，それに対する思考や感情にはとらわれないでいる心の持ち方や，存在のありようを意味する言葉であり（熊野，2011），そのルーツは仏教である。これをアレンジして，Kabat-Vinn, J. が「マインドフルネスストレス低減法」と呼ばれる心理療法を提唱し（カバットジン，2007），マインドフルネスが医学や心理学の世界に広く知られるようになった。具体的な方法として，瞑想や呼吸法などの技法が考案されている。さらに，うつ病の再発メカニズムを研究していた Teasdale, J. D. はこの療法の効能に着目し，「マインドフルネス認知療法（MBCT）」を考案した（熊野，2011）。

次にアクセプタンスだが，この概念を理解するには，アクセプタンスを中心に据えている療法である「アクセプタンス＆コミットメントセラピー（Acceptance and commitment therapy：以下 ACT）」を理解するとよい。以下は熊野（2011）の要約である。

ACT は行動分析学に基づいた体系，つまり第1世代の流れを持っていることから，思考，感情，記憶，身体感覚などの私的出来事を「認知」とは呼ばず，「行動」とみなす。さらに，認知の内容ではなく「機能」を重視する。そして，認知を含めた行動を独立変数ではなく従属変数と捉え，行動の機能に着目し，その行動が環境との相互作用の中でどのように生起したのかを検討する。

そんな ACT が，人間の苦悩の原因として最も害が大きい行動とみなしているのが「体験の回避」である。これは嫌悪的な状況だけでなく，それに対する自分の反応も回避する傾向のことで，嫌な感情や不快な記憶や身体感覚を避けようとする傾向である。皮肉なことに，いつも嫌な感情や感覚を避けたいと思っていると，意識し続けるせいで，回避した行動の影響力がかえって強くなる。あるいは，回避したい対象が次第に拡大していくこともある。

このように回避行動が拡大すると，回避行動に物理的・心理的なエネル

ギーを注ぐことになるため，他の行動をとることがままならなくなる。こうした事態を予防・介入するためには，体験の回避を減じる行動である「アクセプタンス」が必要になる。アクセプタンスとは，嫌悪的な私的出来事に気づきながら，それと自分との関係を変えるための行動（回避行動）をしない，つまり，今この瞬間の私的な体験の世界に対して開かれた態度で臨むことである。

　なお，ACT は特定の疾患に対する支援というよりも，「体験の回避」という生活習慣とその維持要因に対する支援である。つまり DSM のような操作的診断基準に依拠せず，メカニズムの解明に重きを置いた診断横断的アプローチである。これは，社会正義に基づく実践の中でも特に手続き的正義の点で注目に値する。なぜなら，このアプローチは支援に関する構成要素を極力絞る工夫をしているため，たとえば CBT があまり広まっていない地域や，資金の少ない発展途上国など，支援に関する資源が少ない場合に有効とされているからである。なお診断横断的アプローチと CBT との関連については，武藤・三田村（2011）や杉浦（2019）を参照するとよい。

　以上，本章の理解をしやすくするため，CBT の歴史や内容を簡単に説明した。さらなる知識をつけたいなら，まずは熊野（2011）を読むことをお勧めする。呼称については認知療法，行動療法，ACT などと区別して呼ばれているぶんにはわかりやすいが，CBT と呼ばれている場合は，その用語の使い手が第 3 世代までを広く網羅した総称として呼んでいるのか，あるいは 3 つの時代のうちのいずれかの療法のことなのかに気をつけながら，話を理解するとよい。

4. CBT と多文化共生

(1) CBT のセラピストが多様な文化のクライエントとうまく やるには

　上述の特長を持つ CBT を用いて支援を行う際，私たちは何に気をつけたら良いのだろうか。CBT を使う以前の問題としてまず念頭に置きたいのは，私たち Th は，専門知識を有し，それを提供するという仕事をしている以上，Cl をある方向に方向づけをしたり，指示したり，指摘したりするというこ

134　第Ⅱ部　多様な学派からのアプローチ

とである。信田（1999）はこれを「必要悪としての支配」と呼んでいる。専門家としての責任を果たすために彼らを「支配」することが正当化されていることを，私たち Th は明確に自覚する必要がある（信田，1999）。そしてマジョリティ文化出身の CBT を用いる Th においては，なおいっそう，その支配性を自覚する必要があるだろう。私たちはマイノリティの人々への配慮不足が起こりやすい CBT の特徴を心に留め，CBT の理屈でもって横暴に彼らを支配していないかどうか常に点検するとよい。点検の際には APA のガイドライン（APA, 2002）を元に作成された，マジョリティの人々が見落としがちな多様な文化に関する一覧（Hays, 2009）が参考になるだろう（表8-1）。Hays（2009）はこれを，頭文字を並べて「ADRESSING リスト」と呼んでいる。

表8-1　ADDRESSING（文化とそれに該当するマイノリティの人々一覧）

文　　化	該当する人々
Age/generational：年齢や世代	子ども・高齢者
Developmental disabilities：発達障害	発達障害を有する人たち
Disabilities acquired later in life：後天的な障害	後天的な何らかの障害を負った人たち
Religion and spiritual orientation：宗教やスピリチュアルな志向性	少数派の宗教を信仰する人たち
Ethnic and racial identity：民族や人種に関するアイデンティティ	少数民族人種の文化
Socioeconomic status：社会的・経済的な地位	階級や職業，教育，収入や居住地
Sexual orientation：性的志向性	ゲイ，レズビアン，バイセクシャルな人たち
Indigenous heritage：先住民	アメリカ先住民やオーストラリア先住民
National origin：国籍	難民，移民，外国人留学生
Gender：ジェンダー	女性，トランスジェンダーの人たち

（2）多様な文化に対する配慮不足を招きかねない CBT の潜在的な特徴

　さらに，Hays（2009）は多文化への配慮不足を引き起こす可能性のある CBT の特徴を以下の3つにまとめている。

　第一の特徴が価値観の偏りである。CBT は西洋的な文化に支えられた価

値観の多くと結びついている。たとえば，CBTではアサーティブさ，合理性，言語化，個人の自立などを，好ましいものとしている（Hays, 2009）。しかし，たとえば筆者は日本人だが，日本ではアサーティブで明確な言語化や意見の表明は場の調和を乱す好ましくないものとみなされ，個人が自立して個性を発揮するよりも，空気を読んでその場に合った振る舞いをするほうが適切とされる場面が少なくない。日本人にとって受け身の社会性（柏木，2013）は慣れ親しんだコミュニケーションスタイルだが，標準的なCBT的価値観からすると，これは依存的でノンアサーティブな不適切な態度かもしれない。

　CBTを取り扱うThは，CBT固有の価値観にクライエント（client：以下Cl）を押し込めて判断をしてしまう危険性に十分留意する必要がある。一方で，強迫性障害の子どもに対して母親が暴露反応妨害法を実施するやり方を採用したサウジアラビアの事例では（Alatiq & Alrshoud, 2018），CBTの認知度の低さや言語の壁といった問題はあったが，行動に働きかける技法自体は，文化を考慮した調整をすることなく成果を挙げたという。確かに，第1世代は動物でも人間であっても行動の原理は同じで，行動は環境との関わりの結果であるとシンプルに捉えていることから，文化という枠組みをわざわざ用いなくても，その環境との相互作用をよく観察したうえで介入しさえすれば，支援の成果は上がると思われる。

　第二の特徴が過去に対する配慮不足である。今のClの思考や行動を理解するうえで，生育歴等の聴取をしたり，特徴的な思考や信念のルーツを過去に遡って探ったりするのは，CBTでは必須のアセスメント項目である。しかしCBTは基本的に未来志向，解決志向の療法なので，今生じている問題に関する原因探しに多くの時間を割くことはあまりしない（小堀・神村，2015）。現在や未来に重きを置く特徴ゆえに，Clが身を置いている文化の歴史に思いを馳せ，彼らの背景の理解のために歴史に関する知識の習慣を怠りやすいことをCBTのThは自覚するとよい（Hays, 2009）。

　第三の特徴が個人主義である。第2世代の認知療法では，個人の認知に焦点を当てる視点が強調されたことから，特に経験の浅いThは環境に働きかけることをせず，個人の認知の仕方に焦点を置く認知再構成法を強調しすぎるきらいがある（Hays, 2009）。とはいえ，第1世代と第3世代は行動が物

理的・社会的環境の影響を強く受けていることを強調しており，CBT が個人主義一辺倒であるとは必ずしも言えないと筆者は考える。

(3) 文化へ配慮した CBT の実践方法

では，CBT の志向性を持つ Th は，多様な背景を持つ人を前にした際，どのような工夫をすればうまくいくのか。Hays（2009）は CBT，とりわけ第 2 世代と呼ばれる認知に焦点を置いたアプローチを念頭に，介入がうまくいくポイントを複数挙げている。上述のとおり，第 2 世代は個人の思考のクセや信念に特に着目してアセスメントや介入を行う。したがって，その特徴にこだわりすぎてしまうと，時として個人の努力ではどうすることもできない環境や状況要因への介入の重要度や優先度を，低く見積もってしまう可能性があるからである。とはいえ，ここで挙げられたポイントは，いかなる世代の CBT を用いる際にも多くの示唆を含んでいるので紹介をする。

①アセスメントに必要な情報を杓子定規に聞き出そうとしない

アセスメントをする際，相手の文化に沿った方法にアレンジすること。CBT では必要な情報を収集するために積極的に質問を重ねていくことがあるが，こうした聞き方は，マイノリティの人たちには自分たちが尊重されていない言動のように映ってしまい，受け入れにくい場合がある。したがって，たとえば質問のペースをゆっくりにしたり，Cl が回答せずに沈黙することに寛容な態度で臨むとよい。あるいは，アセスメントをする前に Th の自己開示を含めた世話話をすることで，温かく親密な関係作りを意識して行うといった配慮が必要な場合もある。

②アセスメント時，Cl の文化に関連した Cl の強みや資源を明らかにする

アセスメントの際には，文化に関連したその人の強みや資源について尋ねる。それらは個人的な強み（信仰心や伝統工芸作品を作る能力，多言語能力など）と，対人面での資源（宗教行事や地域の行事，大家族など）と，環境面での資源（宗教的な居場所や，釣りのような活動ができる自然環境など）に分類できる。ただし，質問する際には，自分の長所や優れた点を語ること

第8章　認知行動療法における社会正義アプローチ　*137*

に懸念を示す文化を持つ人がいる点に留意しながら聞く。

③問題解決の糸口として，個人の認知の問題を安易に選ばない

　問題が生じている原因が，環境から来ているものなのか個人的要因から来ているものなのかを注意深く検討すること。そうでないと，本当は環境を変えることを優先すべきであるにもかかわらず，最初に認知再構成法に着手するといった過ちを犯す可能性がある。

④Cl が自分の環境でうまくやれるスキルを身につけられるように支援する

　Cl の置かれた環境を改善をする必要がある場合，Cl がその環境でうまくやれるスキルを身につけることを支援するとよい。例を以下に挙げる。

- 集団療法やスキルトレーニングを実施する。その際には，Cl の文化に合わせた実施方法や内容にする。
- Cl が身を置いているマジョリティの人たちとのコミュニケーションの取り方を身につけるための，スキルトレーニングを実施する。ただし，Cl 自身の文化に沿ったコミュニケーションの取り方も同時に尊重することを伝える。
- 文化に沿ったお金のかからないセルフケア活動を増やす。たとえばそれは自然の中で果物を摘むといった行為であり，自然とつながることができる安価で楽しい活動である。

⑤Cl が差別された経験を語った場合，まずはその出来事が起きた前提で話を進める

　Cl が差別や抑圧といった経験をしたと報告した際は，Cl 側の受け止め方に着目する前に，まずはその出来事が起きた前提で話を進めていく。つまり，「相手の発言には別の意図があったのでは」とか「相手はたまたま機嫌が悪かったせいでは」といった別の見方を検討する方法を最初に採用しない。これをやると Th には差別的な態度があるのではないかと Cl が警戒する可能性がある。Cl の認知の仕方を点検する方法は，Cl がセラピストに認められていて信用できると思えている状況を作ってから導入する。

⑥Cl に正しい認知を習得「させる」のではない。一緒に良い方法を模索する

　認知療法を用いる際，Cl と対立するのではなく，協力する姿勢を大切にする。認知再構成法とは，Cl の認知の仕方を否定し，CBT の理論に沿った正しい認知の仕方を習得「させる」方法であると勘違いしている人は少なくない。しかし，実際には Beck（2005）が述べているとおり，Cl と協働的に手を取り合って問題に取り組むことが重要である。

⑦Cl の認知を扱う際は合理性ではなく有用性を問う

　認知再構成法を用いるときは，Cl の思考や信念の妥当性や合理性ではなく，有用性を問うとよい。Th と Cl が異なる文化圏同士の場合，行動や信念の妥当性や合理性を問うやり方は，Cl から思いやりがないと受け止められる可能性がある。したがって Beck（2005）が提案するように，Cl の信念に関して，長所と短所を挙げるといった方法を用いるとよい。このような質問の仕方をすることで，Cl は信念や行動の有用性について，最終的に最もよく判断できるのは自分自身であると認識できる。

⑧Cl の文化的信念に基づく言動に対して安易に改善を促さない

　Th から見たら不合理な言動に思えたとしても，それが Cl にとって重要な文化的信念に基づいた行動であるならば，それを改善するよう Cl に勧めることは基本的に避けたほうがよい。

⑨認知や思考の代替案を検討する際は Cl が持つ強みや資源を手がかりとする

　Cl が現状を打開する新たな考え方を思いつくことができないときは，2)で作成した強みや資源のリストを参考にしながら取り組むとよい。そうすることで，Cl は自分に良い影響を与えてくれている環境や，自分の過去の成功を思い出すことができ，自分に対する肯定的な声掛けという表現方法でもって，解決に向けた適切な思考を表現することができるようになる。

⑩相手に合ったやり方や素材を用いて宿題を出す

　宿題を出す際は，Cl の文化的背景と Cl 自身の志向性を念頭に置くこと。「あなたが前進していると感じられる，可能な限り小さな一歩は何ですか」とか「今週あなたが踏み出せる，可能な限り小さな癒しの一歩は何ですか」といった質問は，良い宿題を出すのに役立つ。小さな一歩を踏み出すことは変化を起こすことであり，それが積み重なることで成功経験が増え，良い変化を維持することができる。

5. CBT における社会正義の実践例

　最後に，過去に筆者が Th として関わった事例を紹介する。社会正義に基づく実践の具体例として参考になれば幸いである。なお，以下は筆者が過去に関わった Cl の状況を複数組み合わせた架空事例である。

(1) 事例概要

　Cl は両親が興した会社で勤務する韓国籍の男性（28）である。Cl は 5 歳から家族と共に日本に住み，日本の小中高校大学を卒業した。苗字は一見して日本人ではないことがわかるものだった。日本語は流暢だが，独特のイントネーションから母語が日本語ではない可能性を周囲に推測させた。

　父親は Cl が高校 2 年時，くも膜下出血で突然死をしている。以来，母親は父親と興した会社を引き継いで仕事に専念せざるを得ない状況となり，Cl は当時まだ小学校 5 年生の妹の身の回りのサポートや，それに伴う家事を担うこととなった。大学を卒業後，3 年間は IT 企業に勤めた。その後，韓国の兵役法に従って入隊をし，2 年間弱軍隊での生活を送った。兵役の後は日本に戻り，両親の会社で主に営業を担う従業員として勤務するようになった。

　日常生活に戻って 3 カ月ほど経過した後，接待の会食の前に頭痛が起こるようになり，以来仕事で会食を伴う日は朝から断続的に頭痛が出現するようになった。また，新聞やテレビ，インターネット上などで死に関する言葉を見つけると，自分の健康問題について考え始め，不安で頭がいっぱいになるようになった。Th に望むことは，頭痛の改善と不安の解消であった。

(2) インテークから終結まで

　インテーク当日は一緒に妹がついてきた。妹が同席するパターンは Th にとって比較的珍しい経験であったことから，率直にその旨を伝えたところ，妹は忙しい母親の代わりについてきたと述べた。母親の依頼を受けて，家族から見た最近の Cl の様子を説明しにきたとのことであった。Cl は妹の同席を了承し，インテークの場において妹が席を外して Cl が 1 人で Th と話す時間は不要であるとも述べた。

　妹は兄がいかに自分たち家族を立派に支えてきたかを力説し，その兄がこの数カ月間で極端に弱ったことに戸惑いを覚えていると話した。兄の元々の性格を尋ねると，穏やかで繊細なので，軍隊での厳しい生活は向かない人であろうとも述べた。Cl は妹の発言に同意しながら話を聞いていた。

　一通り話し終わった時点で Th は，Cl が高校生の頃から父親の代わりに家族を支えてきたこと，兵役という大変な任務を終えたことを労った。

　Cl は頭痛外来での検査予約をしており，脳に関する疾患の可能性を疑っていると述べ，身体面での苦痛を多く訴えた。その背景には父親が脳疾患で亡くなっていることも関連しており，父から引き継いだかもしれない体質を気にしているようであった。Th は，兵役を終えた直後から精神状態が良くないこと，会食のある日に頭痛が起きやすいことなどから，心理的要因が身体に影響を及ぼしている可能性を推測し，まずは先行して起きている出来事である兵役の経験について話してほしい旨を伝えたが，Cl は今は頭痛の緩和に焦点を当てたいと語り，兵役経験の語りに時間をかけることは本意ではない様子であった。

　そこで Th は，この依頼を取り下げた。兵役での経験が今の Cl にどのような影響を及ぼしているのかを確認するため，いずれはその話題について触れたいことを伝えたうえで，当面の目標として直近の困りごとである身体症状の緩和に取り組む旨を伝えた。そして身体に働きかけ緊張を下げる方法としてマインドフルネスを紹介した。Cl もこれに前向きであったことから，Th は読書療法として適切な本 3 冊を挙げ，次回までにその中から取り組めそうな書籍を 1 冊選ぶか，あるいはより Cl が肌に合うと感じる書籍や方法があればそれでも良いこととし，その書籍や方法を持参することを宿題とし

た。さらに次回は生育歴について訊ね，育ってきた環境や元々の性格が今の困りごとにどのように影響しているかについて検討するための材料を集めることを予告して終わりとなった。

　2回目の面接では予告なく母親が同伴した。母親は来談の理由について，生育歴を語るのに最適な役割を担っているためであると述べた。前回の妹に続いて母親が登場したことから，念のため家族療法の希望がないかどうか尋ねたが，答えは否であった。そこで，まずは Th が韓国の文化や日本との文化差に関して詳しくないことを伝えた。さらに，Th の知識の及ばない点については，知識を補ってもらえると助かることも伝えた。そのうえで，一般的に成人男性のカウンセリングの場に妹や母親が複数回同伴することは珍しいことであると Th は認識しているが，これは Cl の家族固有の特徴なのか，あるいは韓国の文化が影響していることであると思うかを尋ねた。すると母親は，韓国人は文化的に家族の結びつきが強いと思うが，自分の家は夫が亡くなっていることもあって，よりいっそう家族の凝集性が高い一家であると思うと述べた。そしてこの意見には Cl も同意をしていた。以上のやり取りを通じ，Th は，家族の同伴は家族の過干渉というよりも，韓国の文化を基礎として家庭の困難を家族一丸となって乗り切ってきた，Cl の家族独自の文化であることを理解した。

　母親の語りは，Cl の出産から現在に至るまで非常に細かく丁寧なもので，愛情を持って Cl を育ててきたことが伝わるものであった。特に印象深かったのは，Cl の高校の担任が Cl に高圧的な態度で接し続け，保護者面談に応じた母親に対しても横暴な発言をしていたことを報告した際の親子の語りであった。母親は「外国人の私たちが日本の学校に子どもを預けるとなると，我が子を受け入れてくださってありがとうございますという姿勢で臨むほかなく，ハラスメントだと相手に抗議することを考える余裕などなかった」と語った。それを受けて Cl は，「自分に関していえば，韓国語が日本語よりも下手なので，韓国人でありながら国に帰っても中途半端な位置づけで，日本のほうが自分が受け入れられていると感じられる」と語った。

　以上のやり取りから，Th は外国籍の家族の立場の弱さを痛感するとともに，母国にも日本にも染まりきることができないなかで兵役をしたり，親の会社を引き継いだりといった重責を担い続けている Cl の大変さを垣間見た

気がした。そのうえで，Th は母親に対し，「Cl の元担任の横暴な振る舞いや，他国籍の人に対する配慮のなさに対して，同じ日本人として恥ずかしさと憤りを感じた。日本人として申し訳なく思う」と述べた。このとき母親は涙ぐんでいた。また，前回課した宿題に関して，Th が勧めた書籍ではなく，Cl が所属するキリスト教の教会でミサを受け，祈ったり歌ったりしてマインドフルネスな活動に取り組むというアイディアが Cl より提出された。Th はマインドフルネスの趣旨を理解したうえで，より自分の生活にあった方法を考え出したことを Cl に対して賞賛し，続けるよう促した。

　2回目以降，Cl の面接に家族が同伴することはなかった。Cl はミサへの参加以外にも少しずつ趣味の活動などに着手し始めるとともに，兵役の際の理不尽な経験について語るようになった。そして，父親亡き後，後ろを振り返る余裕を持てないまま，高い緊張感を維持して前進してきたことを振り返った。当面は両親の会社のスタッフとして勤務はするものの，将来については視野を広く持って検討するつもりであることが語られた。また，当初の主訴であった頭痛と不安は7回目頃には語られなくなり，全10回で終結となった。

(3) Th が心がけたこと

　このケースでは，①CBT のオーソドックスな理論や方法を物差しとして，そこからズレている事柄は，Cl の国や家庭といった独自の文化に由来するものであるのか，それとも Cl 個人の認知や特性に基づくものであるかを洗い出して丁寧に Cl 理解に努めたこと，②Cl の文化に沿って適宜介入方法をアレンジしたり，Cl 自身が意見を出したりすることを促したこと，この2点が功を奏したと思われる。それにより，Cl の行動活性化と過去の振り返りの作業が進み，Cl の将来に対する積極的な態度の獲得につながったのだろう。

　CBT の面接の基本姿勢は，今生じている問題を外に取り出してみて（外在化），それを Cl と Th とで一緒に眺めて作戦会議をするというものである。外在化がうまくいっているとき，Th と Cl の関係は，問題を間に挟んでその両端に Th と Cl が並んでいるかのような，「3」の関係になっている。「3」の関係を構築するメリットは，Cl が問題に圧倒されることなく，ある程度

の冷静さを保った状態で客観的に問題に取り組むことができる点である。ホワイトボードを用いて問題を書き出すといった作業は，物理的に問題が眺めやすくて便利なだけでなく，「3」の関係を可視化し，その視点を維持する効果がある。

　しかし日本を含め，ある程度親しい間柄において自他の境目がやや曖昧になりがちな文化が背景にある Cl だと，「3」の関係は機械的で冷たいものとして受け取られる可能性がある。そのような場合，Cl が問題について語るのを躊躇するなどして面接がうまく進まなくなることが多い。上記ケースにおいても，心理的要因に着目するために軍隊での経験を取り上げるという Th からの提案が，Cl から却下されている。これは，Cl と Th の関係が「3」の関係へ移行するほど温まっていない可能性が高い。まずは Cl の語りに耳を傾けることに注力し，「2（Cl と Th）」の関係をあえて意識してみるとよい。それは，たとえば本章4.(3)①で言うところの「Th の自己開示を含めた世話話」や，上記事例の Cl 親子が経験した大学でのハラスメント体験の告白に対する Th の感想などが該当する。

　なお，ADDRESSING のリストには載っていないが，軍隊文化もマジョリティの人々が配慮すべき事項である（Zwiebach et al., 2019）。実際，常に監視され，緊張感でいっぱいの生活は，日本人の筆者には特に想像しがたいものであった。書籍等を通じて知識を得たほか，Cl に Th の知識不足を補うための説明を依頼することが多かった。

　上記事例のほかにも *The Cognitive Behaviour Therapist* 12 巻（2019）や，*Cognitive and Behavioral Practice* 13 巻（2006）による特集記事，Campbell & Scarpa（2020）による『恵まれない人々に心理療法を提供するための課題と戦略』というタイトルの書籍などを読むことで，多様な文化の多様な問題に CBT がアレンジされていることが理解できるので，参考にしていただきたい。

6.　おわりに

　以上，第4節と第5節では，CBT と多文化共生の理論と実践について論じた。特に第2世代の CBT は個人の価値の検討や変更を提案するアプロー

チであるため，マイノリティに適用する際の配慮が強調されていた。とはい
え，第2世代の代表である Beck は，一貫して Cl との協調的な連携の重要
性を強調している（Beck, 2005）ことを，改めて繰り返しておく。

　CBT を含めた特定の学派に軸足を置いて心理援助の技術の向上を目指す
ことは，Th が強みを持つという点では重要だが，Th の志向性に固執し，
それを Cl に無理やり嵌め込むのは良いやり方ではない。Th は，まずは自
らの支配性を十分に自覚し，Th と Cl が非対称の関係にあることに配慮す
る。そして，Th の志向性にかかわらず Cl の問題を適切に見立て，彼らの
大変さが少しでも早く緩和する方法が何であるかを Cl と共に検討し，適切
な方法を選んで実践をする。マジョリティ出身の理論と実践方法である
CBT を用いる場合は，とりわけこの点を十分に認識する必要がある。

【引用文献】

Alatiq, Y. & Alrshoud, H. (2018). Family-based cognitive behavioural therapy for obsessive-compulsive disorder with family accommodation: case report from Saudi Arabia. *The Cognitive Behaviour Therapist*, **11**. [https://doi.org/10.1017/S1754470X1800017X]

American Psychological Association (2002). Guidelines on multicultural education, training, research, practice, and organizational change for psychologists. *American Psychologist*, **58**, 377-402.

American Psychological Association (2021). *Moving human rights to the forefront of psychology: The final report of the APA task force. on human rights retrieved*. The American Psychological Association.

Beck, J. S. (2005). *Cognitive therapy for challenging problems*. Guilford Press.

Bober, T., & Regehr, C. (2006). Strategies for reducing secondary or vicarious trauma: Do they work? *Brief Treatment and Crisis Iintervention*, **6**, 1. [https://doi.org/10.1093/brief-treatment/mhj001]

Bowen, D. J., & Boehmer, U. (2007). The lack of cancer surveillance data on sexual minorities and strategies for change. *Cancer Causes Control*, **18**, 343-349

Campbell, J. M., & Scarpa, A. (2020). Psychotherapy for developmental disabilities. In J. Zimmerman, J. E. Barnet & L. F. Campell (Eds.), *Bringing psychotherapy to the underserved challenges and strategies*. Oxford University Press. (ebook).

Cuijpers, P., Cristea, I. A., Karyotaki, E., Reijnders, M., & Huibers, M. J. H. (2016). How effective are cognitive behavior therapies for major depression and anxiety disorders?: A meta-analytic update of the evidence. *World Psychiatry*, **15**, 245-258.

David, D., Cristea, I., & Hofmann, S. G. (2018). Why cognitive behavioral therapy is the current gold standard of psychotherapy. *Frontiers in Psychology*, **9**. [http://doi.org/10.3389/fpsyt.2018.00004]

Hays, P. A. (2009). Integrating evidence-based practice, cognitive-behavior therapy, and multicultural therapy. *Ten Steps for Culturally Competent Practice*, **40**, 354-460.

堀越勝・野村俊明（2012）．精神療法の基本支持から認知行動療法まで．医学書院

伊藤絵美（2022）．世界一隅々まで書いた認知行動療法・認知再構成法の本．遠見書房

カバットジン, J.／春木豊（訳）（2007）．マインドフルネスストレス低減法．北大路書房

柏木恵子（2013）．おとなが育つ条件——発達心理学から考える．岩波書店

小堀彩子・神村栄一（2015）．スクールカウンセリングにおける認知行動療法の活用．精神療法，**41**，210-215．

小堀彩子（2006）．対人援助職のバーンアウトと情緒的負担感．東京大学大学院教医学研究科紀要，**45**，113-124．

Kot, T. (2007). One practitioner's reflection on the 40th annual ABCT convention: Are you a cognitive behavior therapist? *The Behavior Therapist*, **30**, 33-35.

熊野宏昭（2011）．マインドフルネスそしてACTへ．星和書店

熊野宏昭（2012）．新世代の認知行動療法．日本評論社

熊野宏昭（2014）．認知行動療法の基礎と展開2．[https://www.youtube.com/watch?v=6aF5WsLp2N0]

Leichsenring, F., & Steinert, C. (2017). Is cognitive behavioral therapy the gold standard for psychotherapy?: The need for plurality in treatment and research. *Journal of the American Medical Association*, **318**, 1323-1324.

Meyers, L. (2006). Psychologists and psychotropic medication. *Monitor on Psychology*, **37**(7), 46.

武藤崇・三田村仰（2011）．診断横断的アプローチとしてのアクセプタンス＆コミットメント・セラピー——並立習慣パラダイムの可能性．心身医学，**51**，1105-1110．

Naeem, F. (2019). Cultural adaptations of CBT: A summary and discussion of the special issue on cultural adaptation of CBT. *The Cognitive Behaviour Therapist*, **12**, 1-20

中尾智博（2023）．CBTの歴史にみる「認知」と「行動」．精神療法，**49**，791-795

信田さよ子（1999）．アディクションアプローチ——もうひとつの家族援助論．医学書院

Simon, R. (2007/March/April,). The top 10: The most influential therapists of the past quarter-century. *Psychotherapy Networker*. [https://www.psychotherapynetworker.org/article/top-10/]

杉浦義典（2019）．診断横断アプローチ．心理学評論，**62**，104-131．

Suinn, R. M. (2003). Answering questions regarding the future directions in behavior therapy. *The Behavior Therapist*, **26**, 282-284.

Zwiebach, L., Lannert, B. K., Sherrill, A. M., McSweeney, L. B., Sprang, K., Goodnight, J. R. M., & Rauch, S. A. M. (2019). Military cultural competence in the context of cognitive behavioural therapy. *The Cognitive Behaviour Therapist*, **12**. [https://doi.org/10.1017/S1754470X18000132]

COLUMN 6

ハラスメント相談における社会正義

[葛文綺]

　昨今「○○ハラ」という言葉をマスメディアで耳にしない日はありません。私は2008年から約10年間，大学のハラスメント相談センターに勤務し，数々の相談に携わってきました。本コラムでは，私が勤めていた間の心境変化について述べ，それがどのように社会正義という概念につながったかを説明します。

　個人心理面接の経験しかなかった当初の私は，相談室内で相談者の気持ちに寄り添いながら共に気持ちと状況の整理を行い，対応策を考えました。そして，面接を通してエンパワーメントされた相談者が，自身の力で問題解決していくことを目指しました。しかし，ハラスメント問題については，相談者自身で解決するには限界があります。相手の言動を含めた相談者を取り巻く環境が改善されない限り，根本的な問題解決にはならないのです。私自身もこの面接室内での対応に限界を感じ，面接室の外，たとえば相談者が所属する部署に出向いて修学・就労環境の改善を依頼することの必要性を強く感じ始めました。私がハラスメント相談の能動性という視点で，自分の臨床を見つめ直した瞬間でありました（葛ら，2014）。

　まず「環境調整制度」の構築に取り組みました。それ以前にも，環境調整と似たような動きがありましたが，非公式なもので，学内ではほとんど認知されていませんでした。他の相談員とともに相談センター長や防止対策委員長などに相談し，学内のハラスメント規程やガイドラインの整備を提案しました。その結果，アカデミック・ハラスメントの被害に遭った学生の研究室変更や，パワー・ハラスメントの被害に遭った職員の異動などの環境調整が制度化されました。

　続いて，制度化された規則に従い，相談員が環境調整を行うために，学部長や管理職など当事者が所属する組織の長に働きかけ，相談者の修学・就労環境を整えるよう依頼することが，明確に相談員の役割の1つになりまし

た。そのとき私の意識は，相談者個人へのミクロレベルのアプローチから組織などへのメゾレベルのアプローチへ変化していました。

　環境調整が制度化されることで，被害者へのサポートが行いやすくなった一方，同じ研究室や同じ部署で被害者が続出し，幾度となく環境調整を行わなければいけない現状に，相談員として疑問や無力感を抱くようにもなりました。加害者へのアプローチが難しく，十分に対応できていないのが原因でした。環境調整制度はあくまでも被害者の救済に主眼を置いてあり，加害者への対応までつながっていませんでした。

　そこで，加害者が相談センターに来談し，ハラスメントや指導などに関する心理的教育を受けられるように，センター長や防止対策委員長らに相談しました。申し立てが行われ，加害者の行為がハラスメントと認定された場合，加害者が相談センターでハラスメント防止研修を受けるよう勧告することができるようになりました。また，環境調整の一環として，組織の長が加害者とされる者に対し，相談センターに指導方法やアンガーマネジメントなどについて相談するよう推奨してもらうことが増えました。加害者の来談動機が低く，個人面接につながらない場合は，加害者が所属する部署でのハラスメント防止研修を積極的に行いました。

　加害者とされる者との面接や研修の機会から，彼らの抱えている苦悩が見えてくる場合があります。近年，大学での成果主義が進み，教職員は多忙を極めたうえ，大きなプレッシャーに常にさらされています。ストレスフルな環境で，多くの教職員は他者と丁寧にコミュニケーションをとる余裕がなく，大学全体でハラスメントが起こりやすい状況になっています。そこで，センター長と共に大学の役員会（総長や副総長，学部長らが参加する会議）に出向き，大学のハラスメント防止への取り組みを説明し，大学を運営する側の理解と協力を求めました。その後，ハラスメントを未然に防止するために，学内のすべての研究室の教職員および学生を対象とした研究室訪問型のハラスメント防止研修を実施することとなりました。

　環境調整の制度化，加害者とされる者へのアプローチ，研究室訪問型防止研修などのハラスメント防止・相談体制を構築していく過程で行ったもう1つの取り組みは，社会への発信です（山内・葛，2020）。私が関わり始めた頃，心理職にとってハラスメント相談はまだ新しい分野で，実際に携わっ

ている者は少なく，相談の専門性も確立されていませんでした。このような状況のなか，私は他大学のハラスメント相談員らとともに，事例検討会や学会発表，科学研究費の獲得などに取り組みました。これら社会への発信は，マクロレベルのアプローチと言えるかどうか自信はありませんが，ハラスメントのない社会づくりのために続ける必要があると強く感じています。

【文献】
葛文綺・中澤未美子・小川智美・田中佳織・島貫理絵（2014）．ハラスメント相談の専門性に関する一考察──ハラスメント相談の特徴と対応を中心に．心理臨床学研究，**32**(3), 359-368.
山内浩美・葛文綺（編）（2020）．大学におけるハラスメント対応ガイドブック──問題解決のための防止・相談体制づくり．福村出版

第 III 部

トピックス

第9章
新自由主義と現代人の心

［杉原保史］

1. 社会や政治と個人の心

　伝統的に心理支援においては，個人の心の状態を，過去や現在の家族関係，あるいは友人や同僚などの身近な人間関係による影響を受けて，作り出されたものとして見る見方が優位である。より大きな社会のあり方もまた，個人の心の状態に大きな影響を与えているが，そのことへの注目は乏しい（杉原，2016）。

　ここでは，現代の我々の社会の特徴として新自由主義（neoliberalism）を取り上げ，それがどのように個人の心の状態を方向づけているかを見ていくことにする。新自由主義とは，この後，説明するように，現代の我々の社会における資本主義のあり方である。

　そこで，まずは資本主義社会が，どのように個人の心を形成しているのかを検討する。そのうえで，資本主義の中でも，新自由主義が現代人の心に与えている影響について探究していきたい。こうした探究の全体を通して，社会のあり方と個人のメンタリティとが，いかに相互に支え合いながら発展するものであるかを示す。

　また，社会と個人が相互作用的に作り出すそうしたプロセスが，たとえ社会にとって破滅的であり，多くの個人を苦しめるものであったとしても，いかに修正されずに持続されやすいかを示す。さらに，社会がそのように維持されるうえで，「規範的無意識過程」と呼ばれる集団的な心理過程が果たしている役割についても見ていこう。

2. 資本主義社会とそれを成立させる個人のメンタリティ

　資本主義は，社会の近代化・工業化とともに現れた社会のあり方であり，民主主義とも密接に関係したものである。それは，私有財産を認め，自由競争による商取引ができる市場経済を基本としている。またそれは，労働や土地のような，以前には基本的に市場経済の外側に位置づけられていたものまでをも，市場経済に組み込むことを特徴としている。

　資本主義社会では，こうした制度的条件が整えられると同時に，人間を，経済的利益への飽くなき欲求を持ち，利潤動機に基づいて行動する，本来的に競争心が強い生き物とみなす人間観が普及した。このことについて，経済人類学者の Karl Polanyi は，1947 年の時点で以下のように述べている。

　　　「市場メカニズムが社会全体の生命にとって決定的な要因となった。当然，新しく登場した人間集団は，以前には想像もつかなかったほどの『経済的』な社会になった。『経済的動機』がその世界の最高位に君臨し，個人は，絶対的な力を持った市場に踏み躙られるという苦しみを受けながら，その『経済的動機』に基づいて行動するよう仕向けられた。そして，功利主義的世界観へのこのような強制的な改修が，西洋人の自己理解を致命的に歪めてしまったのである」（Polanyi, 1947/邦訳, p.55）

　現代社会を生きる我々にとって上述のような人間観は，ありのままの人間の自然を記述したものと感じられ，それ以外のあり方は想像すら難しいかもしれない。しかし，伝統的社会においては社会の構成員に，上に示したような資本主義が前提としているメンタリティは認められないことが知られている（Malinowski, 1922；Thurnwald, 1932）。

　近代化以前の社会では，人々は生存が脅かされていない限り，たとえ時間や体力に余裕があっても，もっと働いてより多くを得ようとはしなかった。マンモスがたくさんいたとしても，マンモスの消費量を増やして利益を上げるための，マーケティング戦略を考えることはなかった。遊んでいる土地があっても，その土地を耕してもっと生産性を上げようとはしなかった。伝統

的社会においては，働くことはただ生きるための行為であり，また，生産する喜びの行為であった。生きるために必要とされる以上に生産する必要はなかったし，生存が確保されているなら，生産する喜びをもたらさないような種類の労働に，あえて従事する動機もなかった。

つまり，資本主義社会においては，人間の自然なメンタリティとみなされる飽くなき欲望や強い競争心は，実は資本主義という社会のありようによって引き出されたものだと考えられる。また翻って，資本主義社会は，こうした人間のメンタリティによって成立させられたものであるとも言える。資本主義社会とこうした個々人のメンタリティは，相互に循環的に支え合いながら，時間をかけて現在のかたちに発展してきたものとして捉えられるだろう。現実には，資本主義社会は多くの人々を，競争せざるをえず，利潤を追求せざるを得ない状況に置いているのであるが，人間は利潤を追求する生き物であり，競争心が強い生き物だという人間観が，その状況を自然のものとして正当化するように働いている。

我々は，資本主義を人類の歴史的な発展の必然と捉え，飽くことのない欲望と強い競争心を，人間の自然のメンタリティとして捉える見方にリアリティを感じてしまうが，まずはこうした個人のメンタリティと資本主義社会との結びつきを，認識しておくことが重要である。

3. 新自由主義が作り出す心理

(1)「経済的利益の飽くなき追求」を緩められない

新自由主義とは，政府と市場のパートナーシップによって特徴づけられる資本主義のあり方である。新自由主義的な政府は，福祉国家においては市場原理の適応範囲外とみなされてきた，健康，教育，社会保障などの公共性のある行政サービスを民営化し，市場原理に委ねる。このことから，新自由主義は「自由市場原理主義」と呼ばれることもある。

Polanyi は，資本主義社会においては，社会のすべての意思決定が，最終的にはすべて市場経済の法則によって支配されてしまうと述べている。

「いったん生活が利潤動機に基礎を置き，競争的態度によって決定さ

れる相互に関連した市場の連鎖によって組織されると，人間の社会はどの点においても，物質利潤的な目的にこびへつらう有機体となってしまった」

(Polanyi, 1966/邦訳, p.29)

　これと調和して，Paul Wachtel（2016）もまた，資本主義社会において，人々は，効率を求めるなかで，道徳や常識さえも市場に譲渡していると述べている（杉原，2023）。そこでは，あらゆる意思決定において，コスト–ベネフィット（費用–便益）分析が道徳や常識を含めた他のどんな観点からの分析よりも重視される。その極端な例として，ビジネス雑誌で「子どもを持つことはコスト・エフィクティブか」が論じられた例が挙げられるだろう。子どもを育てるという金銭には替え難い人生の経験でさえ，コスト–ベネフィット分析の対象になり，子どもを持つかどうかの意思決定において重視される。

　こうした分析においては，親密な人とただ一緒にいるだけの時間，住み慣れた土地への愛着，手つかずのままの自然環境，自分の手で物を創り出す喜びといったものが持つ，単純には金銭に替え難い，経済的な観点を超えたところにある独自の価値は常に軽視され，せいぜい経済的な価値に付加されるおまけ程度の価値としかみなされない。

　こうした社会においては，経済的な利益を追求する過程で，親密な人間関係を犠牲にすること，住み慣れた土地を離れること，自然環境が破壊されることは，当然の如く受け入れられる。生産効率を高めるために細分化された分業により，物を創り出す喜びは失われる。こうしたことの結果，経済的な豊かさは向上しても，幸福感は向上しない。

　そうであれば，経済的な利益を追求する努力を手放しても良さそうなものである。にもかかわらず，資本主義社会においては，こうした発想は大きな力を持ち得ない。その理由の1つとして，経済的な利益の飽くなき追求は人間の自然なメンタリティであるという認識が浸透し，社会規範となっているということが挙げられるだろう。経済的な利益を追求する傾向は，我々のアイデンティティの構成要素になっており，そこに疑義が差し向けられることはない。かすかに疑義が生じることがあったとしても，規範的無意識過程（第6章参照）によって気づきの外に追いやられてしまう。

その結果，我々は経済的な利益を追求する以外の可能性に目を向けることができず，幸せが得られない虚しさを埋めるには，経済的な豊かさを追求する努力にいっそう拍車をかけるしかないと思い込んでしまう。そのことは新自由主義の社会を維持し，さらに加速することになる（Wachtel, 2016）。

(2) 格差の拡大に伴う生き残り競争の激化を抑止できない

新自由主義は意思決定を市場原理に委ねる。市場原理に委ねた結果，富の分配には大きな格差がもたらされている。しかし，その格差は自然な現象とみなされ，社会システムの問題として是正されることはない。また，市場原理に伴うリスクは，社会全体で引き受けるよりも個人で担うことが基本とされる。新自由主義は自己責任の領域を拡大し，社会的なセーフティネットを縮小したのである。

新自由主義によると，個人は，自己責任と自己利益を基本とする競争的な企業家であるとみなされる。新自由主義社会が期待するこうした個人のあり方は，しばしば「企業家的自己（entrepreneurial self）」と呼ばれる。企業家的自己は，あらゆる行動の目的を自己利益の最大化とする主体であり，経済行動のみではなく，余暇，社会関係，そして親密性といったあらゆる領域を，「生産活動」ないしは「投資」として認識する主体である（畑山，2012）。Layton（2016）の記述を参考に企業家的自己の特徴をまとめると，以下のようになる。

①あらゆる行動の目的を，自己利益の最大化に置く
②競争の結果を自己責任として引き受ける
③依存を恥と感じる
④負け組を侮蔑する
⑤勝ち残ることへのプレッシャーに駆られている
⑥万能感
⑦卑小感へと崩れやすい脆さ

新自由主義的な社会の構成員のこうした自己のあり方は，新自由主義的な社会を機能させるために，社会が個人に求めるあり方であることに，注意を

喚起したい。個々のメンバーがこのような自己であることによって，新自由
主義的な社会は機能できるのである。いかに富の分配が不公平であり，格差
が拡大したとしても，勝ち組を目指して競争することを当然のこととみな
し，その競争の結果を個々人が自己責任として引き受けることによって，新
自由主義的な社会は維持される。新自由主義的な社会は，その存続にとって
好都合なメンタリティを，社会のメンバーに作り出しているのである。

　しかし，ここで重要なのは，社会を構成する個々人は，新自由主義的な社
会の存続のために社会からの求めに応じて，そのような自己になろうと自覚
的に選択をしたわけではない，ということである。また，こうした自己は，
決して幸せで満ち足りたものではなく，痛々しい不安定さを内包しているに
もかかわらず，それを変えたいという願いが自覚されることは少ないという
ことである。勝ち残ることへの必死の努力が生み出すストレスや，依存の回
避によるソーシャル・サポートの希薄さの結果，心身に不調が生じることは
多いが，その不調の背後にあるこうした企業家的自己のあり方そのものが，
相談機関や医療機関に主訴として持ち込まれることは滅多にない。むしろ，
タフに勝ち残りの努力に取り組めない自分，立派に企業家的自己になりきれ
ない自分に対する，自責感が見られることが多い。

　企業家的自己は，新自由主義的な社会における自己の規範であり，そのよ
うな自己であることをやめたいという願望は，規範に反するがゆえに規範的
無意識過程に委ねられる。個人は企業家的自己であろうとする姿勢を，アイ
デンティティの構成要素として内在化させているのである。こうした個人の
心理過程が新自由主義的な社会を機能させ，維持させているとも言えるし，
このような新自由主義的な社会のあり方が，個々人にこうした心理過程をも
たらしているとも言える。社会の構成員がこのような自己であることを拒否
すれば，新自由主義的な社会は維持できず，社会は変わっていかざるを得な
いが，そのようなことは起きにくく，システムは全体として維持される。

4. 心理支援者に対する示唆

　以上のような考察が，心理支援者に何を示唆するかを考えておこう。前述
のように，社会階層を上昇しなければならない，転落してはいけないという

プレッシャーは，常に個人を緊張状態に置き，その結果，さまざまな心身の問題をもたらす。たとえば，それはストレス性の身体的不調（頭痛，胃腸障害など）として現れることがある。学校教育においては，テスト不安の問題として現れることがある。不登校問題の背後に，そうしたプレッシャーがあることもあるだろう。引きこもりの問題の背景にも，おそらくこうしたプレッシャーの影響があるものと推測される。さらには，こうしたプレッシャーがもたらす最も深刻な問題として，過労死や過労自殺を挙げることができるだろう。

　心理支援の現場では，こうしたプレッシャーの起源は，しばしば成長過程で過剰な期待をかけてきた親に由来するものと解釈されがちである。しかし，以上のような考察を踏まえれば，個人史の観点だけからの理解では不十分である。こうしたプレッシャーの起源は，かなりの部分，新自由主義的な社会にある。具体的には，現実の政策や社会制度にあり，マスメディアを通して毎日浴びせられる情報にある。このように，大きな社会のあり方や政治への理解を深めていかなければ，社会階層を上昇しなければならないというプレッシャーに駆り立てられているクライエントの心の理解は，極めて不十分なものとなってしまう。

　さらには，心理支援者が大きな社会のあり方や政治に無関心であれば，心理支援は，クライエントを単純に「成功した企業家的自己」にさせる仕事となってしまうかもしれない。心理支援者が健康な個人のあり方をどのように考え，支援の目標をどのように設定するかという問題は，心理支援者が健康な社会のあり方をどのように考え，どのような社会を目指すべきだと考えているか，という問題と切り離すことができない。心理支援は，健全な社会を実現しようとする市民の努力に寄与する限りにおいて，価値を持つものである。社会の健全性を問わずして心理支援を行うのは，非常に危険なことである。

　Polanyi（1947）によれば，社会が資本主義化する以前は，経済システムは社会関係の中に埋め込まれていた。しかし，社会が資本主義化していくにつれてこの関係は逆転し，今度は社会関係が経済システムの中に埋め込まれてしまった。Polanyi は，こうした社会のあり方を異常であると考えている。私は心理支援者であり，社会学者でも経済学者でも政治学者でもないが，そ

第9章　新自由主義と現代人の心　　*157*

れでも一市民として Polanyi の見方に共感を覚える。最後に Polanyi の言葉
を引用して本稿を閉じることとしたい。

　　「私が願うのは，生産者としての毎日の活動において人間を導くべき，
　あの動機の統一性を回復することであり，経済システムを再び社会の中
　に吸収することであり，我々の生活様式を産業的な環境に創造的に適応
　させることである。（…略…）今日我々が直面しているのは，技術的に
　は効率が落ちることになっても，生の充足を個人に取り戻させるという
　極めて重大な任務である」　　　　　　　　（Polanyi, 1947/邦訳，pp. 68-69）

【文献】

畑山要介（2012）．ネオリベラルな主体の形成をめぐる問題構成の転換．現代社会学理論
　研究，**6**，37-49.

Layton, L.（2016）．Yale or Jail: Class struggles in neoliberal times. In D. M. Goodman &
　E.R. Severson（Eds.），*The ethical turn: Otherness and subjectivity in contemporary*
　psychoanalysis.（Kindle 版 Chapter5）．Routledge.

Malinowski, B.（1922）．*Argonaunts of the Western Pacific*. Routledge.［寺田和夫・増田
　義郎（訳）（1967）．西太平洋の遠洋航海者．中央公論社］

Polanyi, K.（1947）．Our obsolete market mentality. *Commentary*, **3**（2），109-117.［玉野
　井芳郎・平野健一郎（監訳）（2003）．経済の文明史．筑摩書房，pp. 49-79］

Polanyi, K.（1966）．*Dahomey and the slave trade: An analysis of an archaic economy*.
　University of Washington Press.［栗本慎一郎・端信行（訳）（2004）．経済と文明——
　ダホメの経済人類学的分析．筑摩書房］

杉原保史（2016）．個人内要因，対人要因，文化・社会的要因の相互作用について——心
　理相談とハラスメント相談を一つの連続したスペクトラムとして見ていくために．田嶌
　誠一（編著）現実に介入しつつ心に関わる　展開編．金剛出版，pp. 53-69.

杉原保史（2023）．心理支援をめぐる経済，科学，倫理——経済的合理性の問い・効果の
　エビデンスの問い・倫理的要請の問い．京都大学学生総合支援機構紀要，**2**，17-26.

Thurnwald, R.（1932）．*Economics in primitive communities*. Routledge.

Wachtel, P. L.（2016）．*The poverty of affluence: A psychological portrait of the American*
　way of life.（*2016 Edition*）．Ig Publishing.

COLUMN 7 大学生の支援にもっと社会正義の視点を！

[中澤未美子]

　現代の日本の大学生は，紛争などで日々，生命の危険が迫っているという状況にはなく，明日の衣食住が保障されていないという訳でもありません。大きく見れば，日本の大学生は恵まれた環境を生きていると言えるでしょう。しかし，昨今，日本での若者の自殺率は国際的に見ても高い水準であり，深刻な問題となっています。これを見てもわかるように，恵まれた環境にいるからといって悩みが小さい，ということにはなりません。

　たとえば，平均的には貧困とは言えない日本の大学生のなかにも，相対的貧困の問題は看過できない問題となっています。高等教育費が無償の国もあるなかで，日本ではまだまだ貸与型奨学金が多く，その手続きも自らが行う申請主義がとられています。メンタルヘルスの問題を訴えて相談に訪れる大学生が，実は学費や生活費のやりくりに深刻に悩んでいることもないとは言えません。このような，金銭的な状況に深く関連している学生のうつや無気力について，カウンセラーが単に心の問題として見る視点しか持たないでいるならば，そもそも，学生が相対的貧困の問題を抱えていることに，気づきさえしないでしょう。

　学生は相対的貧困の状況を個人や家庭の恥と捉え，自分からは口にできない可能性もあります。たとえ学生がそのことを話したとしても，カウンセラー自身が貧困を個人や家庭の努力や能力の不足による問題とのみ捉え，社会的な問題として見る視点を欠いているならば，対話の中でその学生はますます恥じ入ることになる可能性もあります。また，経済支援の制度を紹介する場合には，「どうしても大変な家庭のための最後の救済策として，授業料免除の制度もありますよ。どうしようもなければ，それも１つの手段ではありますね」というような伝え方になるかもしれません。もしこのカウンセラーが社会正義の視点を持っていれば，伝え方が変わってくるはずです。たとえば，「この社会では貧困は誰もが陥るリスクがある重要な社会問題です。

だからそういう状況にある人のために経済支援として授業料免除の制度があるんです。ぜひ活用してくださいね」といった伝え方になるでしょう。ひとりの大学生の不本意退学を防ぐうえで，情報の伝え方は非常に重要です。紙面や画面に支援情報を掲載するだけでは十分ではないことが多くあります。カウンセラーがその状況をどう見ているかが，言葉の微妙なニュアンスに乗せられて伝えられるのです。そのことで，同じ情報でも，学生をエンパワーする温かな情報に再構築されるのだと思います。

　社会正義を志向するカウンセラーであれば，学生の心を苦しませているのは何かを探索する際に，学生の心の中だけでなく，学生を取り巻く社会にも目を向けます。上記のような学生と接することがあれば，教育政策に関心を持ち，日頃から関連するニュースなどに敏感になるでしょう。また，貧富によって受けられる教育に差があることから，高等教育の枠を超えて関連する政策にも目が向くはずでしょう。たとえば，奨学金をめぐる政策について敏感になり，また初中等教育にも考えを馳せることにもなります。このように目の前の学生との関わりを深めるためには，カウンセラー自身に社会への視線が求められます。

　大学における学生支援は，学生が無事に学業を終え，社会に巣立つまでの支援です。その出口では，社会の側の課題を扱う必要がしばしば生じます。たとえば就職活動があります。対人不安が理由でコミュニケーションが苦手な学生が，就職活動をするなかで，企業から高いコミュニケーション能力を求められ，焦っている場面を考えてみましょう。カウンセラーには，その学生が，企業が求めるコミュニケーション能力を示すことができるよう，面接内で一緒に努力することが期待されるかもしれません。もちろん，そうした支援も役立つこともあるでしょう。社会に求められる姿とのギャップに悩んでいる学生とともに，理想に近づくための模索は，時に有用であり，もしかしたらこれまでも疑いもなく行われていた社会秩序を安定させるための支援なのかもしれません。

　しかし，学生を「社会に適応させる」支援だけが支援なのでしょうか。社会の側のそのような要請の健全性を疑ってみる視点も必要ではないでしょうか。時には，「適応しない勇気」を持てるようサポートする支援があってもよいのではないでしょうか。もし，カウンセラー自身が，社会の側の問題に

気づいているのならば、「本当はこんな社会はよくないと思っているんだけどね」と、その問題意識を誠実に学生に伝えて、話を深めていくことが真摯な態度でしょう。カウンセラーが社会のあり方に何の違和感も感じないのであれば、カウンセラー自身が「社会と調和できている特権」に気づくことが必要でしょう。

　これからの学生支援では、カウンセラーが自らの視野をあらためて確認し、学生個人への従来からの支援だけでなく、社会や企業・組織へのアプローチをもっと視野に入れていくことが期待されています。多様な個性を持った学生がそれぞれに人生を楽しめるように、社会や企業・組織に対して変化を求める啓発活動をしていく必要があるのではないでしょうか。

第10章

新植民地主義と心理臨床における文化盗用
：マインドフルネスを例に

[和田香織]

1. はじめに

　2007年頃，カナダの大学院生だった私は，仏教心理学についての論文を学術誌で発表しようと奮闘していた。宗教学専攻の日本人留学生が残していった，仏教哲学の日本語文献を多く引用して書いたものだった。査読者には，「仏教心理学を論じるなら，創始者である Jon Kabat-Zinn を引用するように。また引用文献は英語で」とコメントされた。返答として「Kabat-Zinn は，マインドフルネスストレス低減法（MBSR）の創設者だが，仏教心理学の創始者との意見には同意できない，仏教心理学は何百年も脈々と受け継がれてきた文化遺産だ」と抵抗はしたものの，業績を必要としていた私は，最終的に MBRS に言及し，文献もなるべく英語のものに替えた。

　論文がアクセプトされた翌年，アメリカのある心理学会で，在外研究のため渡米したばかりの日本人研究者と出会った。マインドフルネスの「本場」で勉強し，日本に「輸入」したいと意気込んでいた。

　時を経て2022年，私は日本心理臨床学会に出席し，心理療法の国際化に関するシンポジウム（河合ら，2022）を拝聴する機会を得た。シンポジストには森田療法や箱庭療法の功労者がおり，それら日本土着の療法専門家が，マインドフルネスやアクセプタンス＆コミットメント・セラピー（ACT）などに影響を与えていることを誇ると同時に，（これは私の解釈ではあるが）英語圏の著者による論文が引用を重ね，日本人の功績が触れられずに普及されることで，「権威」が国外へ移行しつつあることへの戸惑いを言内外に漏らしていた。

　上記はともにマインドフルネスに関する体験である。同時に，国境を移動

する心理学の知見，つまり心理学の「輸出入」に関わるエピソードでもある。Edward Said（1983）は，ある理論が起源の地を離れ異なる文脈に定着するとき，解釈が豊かなものになることもあれば，批判精神的な要素や革新性が削がれ，飼い慣らされ，骨抜きにされてしまうこともあると論じた。グローバルに展開する経済構造において，知的生産物としての心理学は，意図にかかわらず新植民地主義，新自由主義を助長する役割を担うことが少なくない（Bhatia & Priya, 2018；Wada & Kassan, 2022）。

　本章ではマインドフルネス運動を具体例として，欧米中心主義と新植民地主義の観点から，心理療法の知見の輸出入を考察する。断っておくと，ここで展開するマインドフルネス運動の批判は，マインドフルネス効果の是非やそれを実践する臨床家への批判ではない。あくまで，急速に広まったマインドフルネス運動という社会現象を，北米に在住し目撃した筆者の視座から考察することで，心理療法が新植民地主義にどのように加担し得るかを鮮明にし，心理療法の分野における欧米中心主義に一石を投じることを目的としている。

2. マクドナルド化したマインドフルネス，表出するマインドフルネス批判

　2000年代後半からの北米におけるマインドフルネスの爆発的な流行は，一言でいえば異様だった。何にでも効く万能薬のように謳われ，学校のカリキュラムや企業研修に組み込まれた。専用の保養施設やリトリートが雨後の筍のように現れ，スマートホンの普及とともにアプリがヒットし，ベンチャー起業家たちを瞬く間に富豪にした。スーパーマーケットの雑誌コーナーには，マインドフルネスやヨガをスタイリッシュなライフスタイルとして宣伝する雑誌が並び，瞑想をする部屋を飾るために大量生産された仏像が，ホームセンターの一角を占めた。

　その反動か，2010年代に入り，マインドフルネス批判文献が顕在化するようになった。なかでも，PurserとLoy（2013）による「Beyond McMindfulness」というハフポストの記事は，広く拡散し反響を呼んだ。タイトルは，利益追求のための合理化，グローバル市場での商業展開，それに伴う商

品やサービスの均一化と脱文脈化，格差の増長などを包括した現象を指す社会用語である「マクドナルド化」（Ritzer, 2011）を内含している。

　マインドフルネス運動を評価する学術文献は多々あるが（e.g. 池埜，2021；Forbes, 2019；Karelse, 2023；Kirmayer, 2015；Purser, 2019；Pursue et al., 2016），これらの文献の主な批判は，以下のようにまとめることができる。

(1) ご都合主義の世俗化

　マインドフルネスの提唱者や伝道者たちは，仏教由来を隠したいときには宗教要素を削ぎ落とし，科学的エビデンスや脳科学に依拠していることを強調してマインドフルネスを世俗化し，瞑想は西洋文化にもあるから普遍的であると主張した（e.g. Kabat-Zinn, 2011）。しかしその一方で，仏教ブランドやスピリチュアルな要素が効果を発揮するときには，仏教の叡智を持ち出し，ダライ・ラマら高僧の威光にあやかる。スイッチを入れたり切ったりするように，都合よく仏教を利用したり切り捨てたりすることは「コード・スイッチング」と呼ばれ，ご都合主義の世俗化として批判されている（Gunter Brown, 2016）。

(2) 個人化・自己責任化と新自由主義との親和性

　ストレスが蔓延する根本の問題には蓋をして，個人が自己管理して対応するべき問題に転換される傾向が指摘されている。たとえば，企業が推進するマインドフルネストレーニングには，過剰な結果主義的な労働状況や搾取構造のなかでも従順に働く，資本家にとって都合の良い労働者を生産するための管理ツールとして，新自由主義（第9章）に迎合しやすい。新自由主義は，社会の「勝ち組」として成功するために理性的に行動する主体として個人を形成し，成功も失敗も自己責任として転嫁する機能を持つ。このような文脈でのマインドフルネスは，ストレスや負の感情をコントロールすることでパフォーマンスを向上し，生産性を上げるための自己啓発の道具として運用される（Ng, 2016）。

(3) 社会問題の非政治化

　個人化により社会問題が不可視化され，政治的関心や社会参加への意欲を削ぐ。上記の労働環境，競争主義から生じる問題の自己責任化の例のほかに，路上生活者や経済困窮家庭の子どもへのマインドフルネストレーニングの提供などがある。極めて困難な状況下で暮らす人々に，あるがままの「今」を受容し，ストレス軽減を促すことは，貧困，公衆衛生，社会福祉などの構造的問題から目を逸らす策略に使われているとの批判がある（Moses & Choudhury, 2016）。

(4) 暴力や搾取構造への加担

　Kabat-Zinn らも関わったとされる，マインドフルネスの軍事訓練への応用が批判されている。不殺生戒やコンパッションなどの仏教的倫理観はコード・スイッチングにより消去され，集中力を向上することで，より効果的に敵を撃退するための技法（Mindfulness-Based Mind Fitness Training）として，イラクやアフガニスタン侵攻時の米国軍事作戦として活用された（Purser, 2019）。

　その一方で，まさにそれらの軍事侵攻で難民となったイラク人やアフガニスタン人に，欧米の NGO やグローバルメンタルヘルスの専門家が，PTDSなどに対する医療的介入法としてマインドフルネスを提供する。そのとき，イスラム教徒らに他宗教由来の介入を行うことは，コードスイッチングにより消去される。軍事大国が戦闘力を高めて覇権を拡大し，結果として軍事産業を潤わせることに，マインドフルネスが関与している（Purser, 2019）。

(5) 新植民地主義，白人化，そして文化の盗用

　軍事占領など直接的な収奪がなくとも，経済・物資的な搾取や依存など，関節的に従属関係が維持される構造を新植民主義と言う。その構造には，植民地化された人々が西洋化・白人化されたものを積極的に崇めて取り入れる一方，土着のものを時代遅れで非科学的と見下すようになる精神の従属，「自己植民地化」も含む（Wada & Kassan, 2022）。

　マインドフルネス運動における新植民地支配の特色には，下記に述べるよ

うに，アジア圏の人々が長く培ってきた文化的・宗教的慣習を欧米人が都合のよい側面だけを「拝借」し，商業品化することで経済優位に立ち，ついにはもともとマインドフルネスが根ざしていた文化圏を市場として従属する，「文化盗用」の問題がある。

また，上記の難民救済の例が示唆するような「白人救世主」の発想や，マインドフルネスの専門家，トレーナー，関連商法の企業家の大多数が白人で，有色人種がいたとしても「お飾りの多様性」として利用され，実際の権威は白人が持つ「白人化」の側面も指摘されている（池埜，2021；Karelse，2023）。

3. マインドフルネスは文化盗用か

マインドフルネス運動が文化盗用かどうかは，白黒つけがたい複雑な問題だ。文化盗用という概念自体が，定義しがたく論争をはらむ問題だからだ。変容を許さなければ，過去の鋳型やステレオタイプに押し込めて進歩を許さないことになってしまうし，「アジア圏も欧米の文化や学問を輸入して，文脈に合うように適応させてきたではないか」という反論を招くだろう。「私はアジア人高僧の誰々に師事し，お墨付きを得ています」と権威的存在を持ち出されたら，沈黙せざるを得なくなってしまうし，「盗用とは聞き捨てならぬ，異文化の伝統に親しみを持ち，他国に紹介することの何が悪いのか」というのも，論駁を封じ込める常套文句だ。

文化盗用の議論には，マイクロアグレッション（第12章）のように，申し立てする側の人間を，「気にしすぎ」で「被害妄想」を持った理性を欠く存在に落とし込める，ガスライティングの側面があると言ってもいいかもしれない。

断っておくと文化盗用において，文化を「拝借」する人の意図は，ほとんど議論に寄与しない。最初から悪意をもって異文化を貶めるつもりであれば，文化盗用ではなく，ただの「侮辱」だからだ（Lenard & Balint, 2020）。マインドフルネス運動も，良いものを世に広く届けたいという善意に支えられてきたことは，疑いの余地がない。

文化盗用の根幹には，第一に，権力の不均衡がある。経済的地位であれ，

内面化した白人至上主義や欧米中心主義であれ，拝借する側とされる側の間に権力の勾配があることで，文化を拝借する側の利益の吸い上げにつながる。利益は，金銭的なものだけでなく，名声や権威，正統性といった無形資産も含む（Lenard & Balint, 2020）。それら無形資産は，たとえば高額の受講費を必要とする米国の資格を取ることで，マインドフルネスの講師となることができる制度などを含み，さらなる金銭的利益の呼び水となる。

　利益の循環は，権威の独占へと発展する。日本の心理臨床家は，欧米由来の療法を日本の風土に土着化させて発展させてきたが，その起源や正統性は日本にあるという主張は聞いたことがない。いかにナポリタンや明太子スパゲティが日本に根づいても，パスタ料理の創始者は日本人で，イタリア人のパスタの料理人は日本で修行するべきだと主張する人がいないのと同じである。また，日本には古くから「うどん」という食べ物があり，中国大陸にも麺類があるのだから，パスタとは普遍的なものでイタリア由来のものではないと主張したとしたら，どれだけ荒唐無稽だろう。しかし，マインドフルネスではそれと似た現象が起きている。にもかかわらず違和感を感じないとしたら，権力の勾配が逆方向に作用しているからであり，私たちの内面に欧米中心主義が根づいているからではないだろうか。

　第二に，文化盗用には拝借する側の意図にかかわらず，適応の際に脱文脈化，もしくは一部だけをチェリーピッキングすることにより，拝借された文化が歪められ，再定義され，変容する帰結が伴う（Lenard & Balint, 2020）。仏教の四諦や諸法無我という，新自由主義とは相容れない思想が削ぎ落とされて運用されるのは，偶然だろうか。また，利那利那に移ろう意識に注意を向けることで，自らが囚われている自己像や感情，他者への執着が，いっさいの煩悩であることに気づくことが本来のマインドフルネスの本質だが，欧米心理学研究の手にかかると，「マインドフルネス指数が高い人は低い人に比べて○○が高い」などと，個人の特性として操作定義されてしまうことに，私たちはなぜ違和感を持たず，運用の担い手となってしまうのか。

4.　"Naturalize" されるマインドフルネス

　宗教学者のFaure（2017）は，マインドフルネス運動の問題を「Naturalize

された仏教」という表現で論じた。Naturalize という動詞には複数の意味がある。まず，宗教的または超自然的（supernatural）なものを，脳科学や科学実証により，「神秘的でなくする，自然なものにする」という意味がある。フランス語には，動物を剥製にするという意味合いもあるという。剥製は，生物の外観や表面を防腐剤で保存したうえで，内臓を取り出し，詰め物をすることで標本となる。マインドフルネスが剥製化されるとき，中身は「西洋的なもの」で詰め替えられると Faure は言う。

また，naturalize には，移民や難民が移住国に「帰化する」という意味もある（Faure, 2017, 2018）。欧米において，ヨガやマインドフルネスがメンタルヘルスに効果があるものとして普及する一方，それらが文化・宗教的に根づいていたインドが「メンタルヘルス後進国」とみなされ，抗鬱剤や抗不安剤のドル箱市場と化している新植民地化現象に対し，インド系の批判心理学者たちが批判の声を上げている（Bhatia & Priya, 2018；Mills, 2014）。同じく，インド人の両親を持つ Róisín（2022）は，『ウェルネスは誰のためのものか』という著作の中で，先祖の文化に起源を持つ瞑想やヨガを白人のインストラクターから教えられることの屈辱感について記し，ウェルネス産業における新植民地化や文化盗用を問題視している。

仏教において「自然」な状態とは何なのか，それを誰が決めるのか，誰が何のために「神秘的でなく」し，それで失われるものは何なのか。何がどこに帰化し，そのプロセスに，個人化・医療化の著しい心理学・心理療法業界がどんな役割を担っているのか。Naturalize という多義的な言葉は，マインドフルネス周辺におけるさまざまな問題に輪郭を与える。

5. おわりにかえて

2024年現在，欧米におけるマインドフルネスは，一時期の狂酔的ブームが落ち着きを見せつつあるように思う。常に新しい療法がもてはやされ，特に北米では新奇性自体が治療における説得力を持ち，「車輪が再発明」される傾向がある心理療法の領域における，ある種の病理とも言えるだろう。しかし，流行が去った後のマインドフルネスはどうなるのだろうか。旨みのある部位だけがしゃぶり尽くされ，消費され，打ち捨てられるのだろうか。そ

168 第Ⅲ部 トピックス

れとも脈々と欧米文化に受け入れられ，しかしその過程で権威が欧米に移り，仏教やアジア由来であったことは，心理学史の教科書で触れるだけのトリビアに成り果てるのだろうか。

池埜（2021）は，仏教の知慧や倫理性に回帰した，「セルフ・ケアのみならず，人々の苦悩が社会政治的文脈に組み込まれている現在に体現された気づき」に基づく，「社会正義に資する方法として」のマインドフルネスの可能性を示唆している。私はその実現には，心理療法の使い手が，新植民地化というグローバルに展開する社会政治的文脈にすでに組み込まれているプレーヤーであることを認識し，そのうえで社会的・倫理的責任を探求することが必要であると考える。

【文献】

Bhatia, S., & Priya, K. R. (2018). Decolonizing culture: Euro-American psychology and the shaping of neoliberal selves in India. *Theory & Psychology*, **28** (5), 645-668.

Faure, B. (2017). Can (and should) neuroscience naturalize Buddhism? *International Journal of Buddhist Thought & Culture*, **27** (1), 139-159.

Faure, B. (2018). *Beyond the hope: Buddhism at the risk of neuroscience.* The annual Leslie S. Kawasaki Memorical Lecture. University of Calgary.

Forbes, D. (2019). *Mindfulness and its discontents: Education, self, and social transformation.* Fernwood.

Gunter Brown, C. (2016). Can "secular" mindfulness be separated from religion? In R. E. Purser, D. Forbes & A. Burke (Eds.), *Culture, context, and social engagement.* Springer, pp. 75-94.

池埜聡（2021）. 位相的観点から見通すマインドフルネスの新展開——社会正義に資する方法として. *Japanese Psychological Review*, **64** (4), 579-598.

Kabat-Zinn, J. (2011). Some reflections on the origins of MBSR, skillful means, and the trouble with maps. *Contemporary Buddhism*, **12** (01), 281-306.

Karelse, C-M. (2023). *Disrupting white mindfulness: Race and racism in the wellness industry.* Manchester University Press.

Kirmayer, L. J. (2015). Mindfulness in culture context. *Transcultural Psychiatry*, **52** (4), 447-469.

Lenard, P. T., & Balint, P. (2020). What is (the wrong of) cultural appropriation? *Ethnicities*, **20** (2), 331-352.

河合敏夫・葛西真記子・奇恵英・黒木俊秀・冨樫公一・名取琢自（シンポジスト）・藤原勝紀・葛西真記子（司会）（2022）. 諸外国が抱えている心理療法に関わる課題——未来を見据えて. 大会実行委員会企画シンポジウム，日本心理臨床学会.

Mills, C. (2014). *Decolonizing global mental health: The psychiatrization of the majority of world*. Routledge.

Moses, J., & Choudhury, S. (2016). A "mechanism of hope": Mindfulness, education, and the developing brain. In R. E. Purser, D. Forbes & A. Burke (Eds.), *Culture, context, and social engagement*. Springer, pp. 447-598.

Ng, E. (2016). The critique of mindfulness and the mindfulness of critique: Paying attention to the politics of our selves with Foucault's analytic of governmentality. In R. E. Purser, D. Forbes & A. Burke (Eds.), *Culture, context, and social engagement*. Springer, pp. 135-152.

Purser, R. E. (2019). *McMindfulness: How mindfulness became the new capitalist spirituality*. Repeater.

Purser, R. E., Forbes, D., & Burke, B. (Eds.) (2016). *Handbook of mindfulness: Culture, context, and social engagement*. Springer.

Purser, R. E., & Loy, D. (2013). Beyond McMindfulness. Huffington Post. [https://www.huffingtonpost.com/ron-purser/beyond-mcmindfulness_b_3519289.html]

Ritzer, G. (2011). *The McDonaldization of society 6 (Vol. 6)*. Pine Forge Press.

Róisín, F. (2022). *Who is wellness for?: An examination of wellness culture and who it leaves behind*. Harper.

Said, E. W. (1983). *Traveling theory. The world, the text, and the critic*. Harvard University Press.

Wada, K., & Kassan, A. (2022). The internationalization of counseling psychology and psychotherapy: Decolonizing diversity and social justice training. In A. Kassan & R. Moodley (Eds.), *Diversity and social justice in counseling psychology and psychotherapy: A case study approach*. Cognella, pp. 355-368.

COLUMN 8

あらゆるジェンダー・セクシュアリティおよび LGBTQ+ コミュニティへの支援

［大賀一樹］

　近年，LGBTQ+ コミュニティを支えるための課題は，LGBTQ+ 当事者の個人レベルにおける臨床にとどまらず，当事者を取り巻く家族，所属組織，さらには地域，文化，国家にまで視野が拡大してきました。というのも，LGBTQ+ コミュニティの援助では，それぞれの当事者個人のレベルにおけるセクシュアリティとジェンダーの理解や専門的知識を援助者が獲得し支援を行うだけでは，その当事者が所属する地域社会における「スティグマ」の除去や差別への対応は難しいからです。もっと言えば，文化的背景および国家の法制度の理解および人権を擁護するためのあらゆる行動がなければ，当事者に付与された人権を「救済・擁護する」という当然の人道的援助を行うことに困難を極めやすいのが実情と言えます。LGBTQ+ コミュニティに応答するとき，私はミクロ（個人）-メゾ（集団・地域）-マクロ（社会文化・国家）といったさまざまなレベルでアセスメントを行いながら，エンパワメント・アドボカシーにつながる対応をしていくことを心がけています。私の実践する「心がけ」について，以下に 2 つの支援の例を通して，具体的に説明していきましょう。

　1 つ目は，HIV/AIDS をはじめとした性感染症への罹患リスクを持つコミュニティ支援です。厚生労働省エイズ動向委員会（2022）によると，男性同性間における性的接触：MSM（men who have sex with men）における罹患率が半数以上であることが報告されていますが，そもそも感染するのはいわゆる「ゲイ・バイセクシュアル男性」だけではなく，例えば「セックスワーカー」としての異性愛者など，さまざまなセクシュアリティやジェンダーの人々が内包されていることを前提とした枠組みを援助者は持つ必要があります。ミクロレベルでは，当人が「感染した事実」について自己受容を行ううえでのエンパワメントは重要で，服薬や経過について現代科学の知見に基づき助言を行うことが求められます。また，メゾレベルとしては，たと

COLUMN 8 *171*

えば感染した人同士のピアサポートの場を案内するなどのアドボカシー行動が，エンパワメントを促進するために求められることも多いと考えます。また，就労を行う際に，感染事実をカミングアウトすべきかどうかという課題が挙げられるため，雇用における社会福祉サービスの情報を提供し，つないでいくことが必要でしょう。さらには，職場における周囲の人たちが当人の「感染症」やその経緯を知った際の差別的発言や，マイクロアグレッションなどによる当人のメンタルヘルスの低下にも注意を払い，職場に向けた啓発活動なども大事になってきます。マクロレベルでは，性感染症における服薬や治療における近年の目覚ましい進歩と発展による整備や，服薬コンプライアンスなどの変化にも援助者は応答し，感染していない人々に対しても予防啓発（たとえば，性感染症を防ぐことが可能な服薬や性感染症予防グッズ）を，社会のさまざまなコミュニティに足を運んで行うなどの対応も行っています。このような活動もまた，スティグマの除去や人権を擁護するためのアドボカシー行動と言えるでしょう。

　2つ目として，性別違和を持つコミュニティの援助において，たとえばミクロレベルで「トランスジェンダーかどうか」というアセスメントを援助者が行うだけでは，人権を擁護する行動に結びつかないことがあります。当人の性別違和の状態をアセスメントしたところ，他のメンタルヘルスや発達的特性を持つ状態と複合している事例も少なくないので，たとえば援助者が，発達的特性によるジェンダーステレオタイプの混乱であると「安易に」アセスメントして，「トランスジェンダーではない」と当人に返してしまうことは，結果的に当人のセンシティブなアイデンティティへのエンパワメントを損ない，スティグマを強化させたり，「二次被害」的状況をもたらしたりする可能性があります。こういったミクロレベルでのアセスメントですぐに判断（ジャッジ）を下すのではなく，複合的で当人のジェンダーアイデンティティがすぐに同定できないという場合は，メゾレベルでのアプローチに進むこともできるでしょう。たとえば，性表現や実生活経験：RLE（Real Life Experience）の状況，ニーズを探り，当人をより多角的にエンパワメントしたり「気づき」をもたらす機会として専門相談機関の情報を提供したり，トランスジェンダーコミュニティへつなぎ，ロールモデルとなる人々を探すのを手伝ったりすることで，自身のジェンダーアイデンティティを考えられ

る機会を作るなどが考えられます。こうした支援は，当人の性別違和をミクロレベルでは同定できなくとも，「気づき」を促進することにつながるエンパワメントやアドボカシーとして大切な視点だと考えるからです。さらに，マクロレベルでは，世界トランスジェンダー保健専門家協会が発行する世界基準のケア基準「WPATH：STANDARDS OF CARE VERSION 8」等に目を通したり，国内では 2003 年に成立した「性同一性障害者の性別の取扱いの特例に関する法律」，2023 年 6 月に成立した「性的指向及びジェンダーアイデンティティの多様性に関する国民の理解の増進に関する法律」をもとに，国内におけるさまざまな判例を知ることなども考えられます。憲法 13 条「個人の尊重の原理に基づく幸福追求権」に関わり，従来の法律が人権を定めた憲法に違反するとした判決も行われています（最高裁判所判例集，2023）。こうしたことを踏まえて，当人を取り巻く社会文化や，国家における人権感覚の変遷に対してもセンシティブに応答することが，ソーシャルジャスティスの観点やアドボカシーを行う際に重要であると考えます。

　このように，LGBTQ+ コミュニティへの支援を社会に根差していくということは，ミクロ—メゾ—マクロのさまざまなレベルで，アドボカシーおよびエンパワメントを行うことに他ならないと考えます。ひいてはこのような援助行動そのものが社会正義の視点となり，当人のみならずコミュニティ全体の人権やメンタルヘルスの低下を予防する取り組みになっていくでしょう。今後も，幅広い視野をもって，多様な支援を展望し，常に更新し続けていくことが求められていると考えます。

【文献】

厚生労働省エイズ動向委員会（2022）．令和 4（2022）年エイズ発生動向——概要．p. 3

最高裁判所判例集（2023）．令和 2 年（ク）第 993 号　性別の取扱いの変更申立て却下審判に対する抗告棄却決定に対する特別抗告事件（令和 5 年 10 月 25 日大法廷決定）．p. 10

第11章
スティグマ

[井出智博]

1. スティグマとは何か

(1) スティグマの定義

　たとえば，精神疾患を持つ人たちは周囲から否定的な意味づけをされ，不当な扱いを受けることがあるが，こうした特定の人や集団に対して付与される社会的な価値を下げるようなラベル（烙印）を，スティグマと言う。スティグマは精神疾患に限らず，人種や国籍，セクシュアリティ，生い立ちなど特定の人や集団に対して向けられ，社会的に立場の弱い人々の周囲に共通して見られる社会問題（山口，2023a）である。

　スティグマに関する議論の基礎を作ったGoffman（1963/邦訳，p.293）が，「信頼をひどく失わせるような属性をいい表すために用いられる」と表現したように，スティグマを向けられた人やその集団は，社会的な信用を失い，正常性から逸脱した存在と位置づけられ，排除するに値する存在として，描き出されることになる（Major et al., 2017）。

　スティグマはいつでもどこでも同様に存在するのではなく，その発生や内容は状況依存的である。たとえば，染色した髪やピアスのようなものは，年配の人たちにとってはスティグマの対象となることもあるが，若者たちにとっては憧れや賞賛の対象となることがある。セクシュアルマイノリティの人々に向けられるスティグマも，その社会や文化が性の多様性にどれほど開かれているかによって，その程度や内容が異なることになるだろう。すなわち，スティグマは社会に内在する認識，関係性の中で付与され，社会的に構築されていくものであり，制度や文化，市民や当事者の意識が，社会の中で複雑に絡み合うことによって生み出され，維持されるのである（山口，

2023a）。

ところで，Goffman（1963）はスティグマが向けられる対象について，身体的な特徴，個人の性格や特性上の特徴，人種や民族，宗教など，その人が帰属する集団の3つを挙げている。この3つの分類を意識しながら日本国内で行われてきた研究を概観すると，身体的な特徴として，ハンセン病や身体障害者に向けられるスティグマ，個人の性格や特性上の特徴として，統合失調症や依存症などのメンタルヘルスの問題に向けられるスティグマ，被虐待経験や加害・被害経験など生い立ちや経歴に向けられるスティグマ，帰属集団の特徴として，社会経済的地位に向けられるスティグマ，セクシュアリティに向けられるスティグマ，先住民族や外国籍の人に向けられるスティグマなど，多岐にわたる対象や問題に関する議論が見られる。しかし，ここではそうした各論的な議論ではなく，総論としてのスティグマについて整理したい。

(2) スティグマの種類

総論としてのスティグマについて整理する理由は，心理支援を行う際，その対象になる人々は必ずしも1つだけのスティグマにさらされているわけではないという，臨床的特徴があるためである。先述したように，日本でもさまざまな対象に向けられるスティグマの問題に関する議論が重ねられており，個々の問題が及ぼす影響や必要な対策について，心理支援者の立場から検討することはもちろん必要であるが，その際，交差性（第13章）ふまえて理解することがより臨床的である。たとえば，学生相談の現場で留学生のセクシュアルマイノリティ女子学生の心理支援を行う際，そこには少なくとも留学生であること，セクシュアルマイノリティであること，女性であることという，3重のマイノリティに関する特性が存在する。それぞれの特性に向けられるスティグマがあるが，その影響は単純に加算されるわけではなく，複雑に絡み合いながらより深刻な影響を与えることにつながっていく。

スティグマの影響を理解するためには，スティグマにはどのような種類があるのかについて理解しておく必要がある。そこでまず考えてみたいのが，スティグマの可視性-不可視性についてである。スティグマの可視性とは，ある人がスティグマを持っていることを他者に告知する手がかりが，スティ

グマそのものに備わっているということを意味する（Goffman, 1963）。たとえば，肌の色や身体障害に関連するスティグマは可視的なスティグマ，生い立ちや性的指向に関連するスティグマは不可視的なスティグマと言える。

　この可視性–不可視性は，スティグマを向けられる特徴を持つ人々の行動や思考などに強く影響を与える。可視的な特徴を持つ場合には，その特徴をなるべく目立たないようにしようとする「擬装工作(covering)」という適応戦略が用いられるのに対して，自ら開示しなければ気づかれないような不可視的な特徴を持つ場合には，それを隠して振る舞う「パッシング（passing）」という適応戦略がとられることが多い（Goffman, 1963）。そして後者の場合には，状況に応じてその特徴を隠蔽したり開示したりするといった選択を迫られることになるが，それは自分のアイデンティティをどう管理するかという問題とつながる。

　このように，スティグマが向けられる特徴による差異もあるが，他の観点からスティグマを分類するものもある。山口（2023b）は，図11-1のようにスティグマとその構成要素を整理して示している。それによるとスティグマは，①構造的スティグマ，②市民のスティグマ，③当事者のスティグマ，④関係者のスティグマの4つに分類されており，さらにそれぞれに構成要素が存在している。ここでは山口（2023b）をもとにその内容を見てみよう。

①構造的スティグマ

　制度や文化，メディアといった構成要素を含み，社会の制度やイデオロギー体系によってスティグマ化された状態が正当化され，永続化されることと定義される（Banaj & Pellicano, 2020）。不十分な支援制度や地域に根づいた当事者への差別などが，構造的スティグマに含まれる（山口，2023a）。

②市民のスティグマ

　未知，偏見，差別などの要素から構成されるのが，市民のスティグマである。山口（2023b）は，知識（未知），態度（偏見），行動（差別）の3つの要素は相互関係にあるが，正しい知識が好ましい態度や受容的な行動に必ず結びつくとは限らない点に留意すべきであり，専門家のように知識を豊富に持っていても意識的，無意識的に偏見を持ったり，差別的なふるまいをして

スティグマ

構造的スティグマ (Structural stigma/discrimination)
●当事者に対して不利益に働く政策や慣行

- 制度：効果的支援の未整備，低予算，少ないマンパワー，欠格条項
- 文化：こころの病気に対する地域独自のしきたりや慣習，こころの病気を指す差別的表現
- メディア：こころの病気に関する誤った描写，まったく情報を取り上げないなど

市民のスティグマ (Public stigma)
●当事者に対するステレオタイプ，否定的態度，差別的行動

- 知識の問題（未知）：事実に基づかない否定的な知識や知識自体がないこと
- 態度の問題（偏見）：当事者に対する否定的な態度や感情（例：一緒に働きたくない）
- 行動の問題（差別）：当事者を排除する行動（例：雇用しない）

当事者のスティグマ：広義のセルフスティグマ (Service users' stigma, Self-stigma)
●当事者が否定的なステレオタイプに気づき，認め/予想し，自身に当てはめてしまうこと

- 知覚されたスティグマ：社会や他の市民がもつ否定的なステレオタイプや態度に気づくこと
- 経験したスティグマ：実際に差別や活動の制限を受けた経験
- 予期スティグマ：被差別経験の有無にかかわらず，スティグマの対象となると予想すること
- セルフスティグマ：こころの病気に関するスティグマを自身に当てはめ，自身を価値の低い者としてとらえ，自ら行動を制限すること

関係者のスティグマ (Stigma by association)
●家族や支援者に対する否定的態度や差別的行動，あるいは家族が否定的なステレオタイプなどを内在化すること

- 経験したスティグマ：家族や支援者が実際に差別や活動の制限を受けた経験
- 代理スティグマ[*1]：家族が，当事者が受けた偏見や差別に傷つき，それによって苦しむこと
- セルフスティグマ[*2]：家族等がこころの病気に関するスティグマを当事者や自身に当てはめ，当事者や自身を価値の低い者としてとらえ，自ら行動を制限すること

*1　代理スティグマ（vicarious stigma）は，代償的/犠牲的/副次的なスティグマと訳されることもある。

*2　関係者のスティグマ，とくに家族のスティグマは，学術的には affiliate stigma と呼ばれることが多い。

図11-1　スティグマの種別と構成要素（山口，2023b）

いたりする可能性があることを指摘している。

③当事者のスティグマ

　当事者のスティグマには，当事者が自分たちに向けられたスティグマに気づいたり，経験したりすることのほか，スティグマを向けられるかもしれないと感じたりすることが含まれる。また，そのように自分に向けられたスティグマを内在化させ，自らのことを価値のない存在だとみなしたり，行動や可能性を制限したりする，セルフスティグマが含まれる。

④関係者のスティグマ

　関係者のスティグマは，当事者家族や支援者に向けられるスティグマであり，当事者が受けたスティグマの影響によって家族が傷ついたり，苦しんだりする「代理スティグマ」などが含まれる。

2. スティグマが及ぼす影響

(1) スティグマとマイノリティストレス

　スティグマが及ぼす影響を理解するために，「マイノリティストレス」という概念について述べたい。近年，LGBTQ+ 当事者の経験に関する研究を中心として議論が重ねられてきたマイノリティストレスという概念は，LGBTQ+ に限らず，さまざまなスティグマにさらされてきた当事者が経験するストレスを理解するうえで重要な概念である。

　Meyer（2003）はマイノリティストレスを，スティグマに関連した慢性的で累積的なストレスと定義した。犯罪被害経験を例に考えると，犯罪被害という強烈なトラウマ体験が与える影響については，PTSD を中心として心理支援の領域でも注意が向けられてきた。しかし，犯罪被害者が経験するストレスは，そうした事件そのものによるものだけでなく，犯罪被害者に向けられる市民のスティグマ，あるいは当事者のスティグマなど多岐に及ぶ。こうした影響は，事件そのものによるものに比べ強烈ではないかもしれないが，長期にわたって，真綿で首を絞められるかのように当事者を苦しめ続けることになる。

178　第Ⅲ部　トピックス

このようにマイノリティストレスは，スティグマを向けられた人たちが経験するストレスを理解する際に重要な概念であり，関連する研究からは長期にわたって身体的，精神的健康に深刻なダメージを与え続けたり，生活習慣の問題を引き起こしたりすることが指摘されている。

(2) スティグマが健康に及ぼす影響

ところが，スティグマが与える影響の全容は，その影響の理解が対象や領域によって別々に展開され，統合して検討されることが少なかったために，十分に解明されているとは言い難い。それでも，スティグマにさらされることは，その人の「自尊心を傷つけ，トラウマ体験となり，夢と希望を失わせ，自己効力感を乏しくさせるという暮らしと人生への深い影響があること」，そして「そのいずれもが，リカバリーを妨げる」（福田，2023，p. 15）ということは，共通に理解されるべきことだろう。

スティグマの影響は，高血圧などのリスクを高めるという身体的健康に関する影響や，PTSD 発症のリスクを高めたり，回復を困難にさせたりするといった精神的健康に関する影響がある（Major et al., 2017）。そして，スティグマが与える影響に関する議論の中で注目されてきたのが，アイデンティティへの影響をめぐる問題である。特にそれは，スティグマにさらされた人たちがどのようにアイデンティティを管理するかという問題として，位置づけられてきた（山口，2003）。

私たちはスティグマにさらされることで自我同一性（エゴアイデンティティ）を形成する危機に瀕することになる。先に述べた擬装工作やパッシングという適応戦略に加えて，スティグマにさらされた人たちはスティグマの対象となる社会的アイデンティティから自分自身を遠ざける，ディスアイデンティフィケーション（disidentification）という対処をとる（Dean, 2008）。

こうした対処は，苦痛の原因であるスティグマ化された集団から距離を置くことで，精神的健康を保つことに寄与する場合もある。しかし，その結果として解離症状が顕著になったり（Lashkay et al., 2023），同じような状況に置かれた人が団結して差別に対抗するといった，集団レベルの戦略が用いられにくくなったりする（Jetten et al., 2017）ために，エゴアイデンティティの確立やアイデンティティの管理が重要な課題になる。

(3) 支援の障壁としてのスティグマ

アイデンティティの問題は，治療や支援へのアクセスの制限というかたちでも顕在化する。たとえば，貧困の領域における研究で提唱されている，貧困であるがゆえに自ら就学や就労の機会を制限し，社会的地位の形成を制約する「制約の感覚」(Lareau, 2003) という概念は，スティグマがその人から機会を奪うことを表現した好例だろう。

このように，スティグマは援助希求を遅らせ，周囲が支援を届ける障壁となり，回復を妨げる（福田，2023）。スティグマにさらされた人々は支援者を信頼しなくなり，自分の問題を隠そうとして，必要かつ当然な支援を受けることを遅らせたり避けたりするのであるが，その背景には支援者側のスティグマだけでなく，当事者のスティグマの問題が影響していることも指摘されている（Penner et al., 2017）。

3. スティグマ問題への対応

スティグマ問題への対応としては，まず社会にあるスティグマをなくす取り組みがある。「アンチスティグマ」と呼ばれるこうした取り組みは，たとえば精神疾患に関する啓発活動や，当事者の社会的排除，孤立の問題，社会参加を促す支援への取り組みなどが，それに該当する（山口，2023b）。精神保健福祉士養成のカリキュラムにおいては，身につけるべき観点・視点としてアンチスティグマが取り上げられており，近接する心理支援者においても，アンチスティグマについて学ぶことは重要なことであろう。

また，アンチスティグマの問題に取り組む際には，支援者が持つ偏見やマイクロアグレッションについての理解と対応が重視されている（金子，2023）。このとき，支援者自身の中にあるスティグマを減らす方略として，当事者に会い，話を聞くこと（小池ら，2021），あるいは支援者と当事者が対等な関係で共通の目標に向かって協働すること（熊谷，2023）が，重要であるとされている。

また，心理支援者には，クライエントの主訴やその背景にスティグマの影響がないかを理解する能力，あるいはその影響を低減させるように介入する

能力が求められるところである。このとき，本章で概観してきたような，どのような種類のスティグマが関与しているかという理解を深めることは，クライエントとの関係を構築し，有効な支援を提供していくうえで，極めて重要である（Banaj & Pellicano, 2020）。

【引用文献】

Banaj, N., & Pellicano, C.（2020）．Childhood trauma and stigma. In G. Spalletta, D. Janiri, F. Piras, G. Sani（Eds.），*Childhood trauma in mental disorders: A comprehensive Approach.* Springer, pp. 413-430.

Dean, J.（2008）．The lady doth protest too much: Theorizing disidentification in contemporary gender politics. *Ideology in Discourse Analysis*, **24**, 1-19.

福田正人（2023）．こころの病気とスティグマ．こころの科学，**228**, 15.

Goffman, E.（1963）．*Stigma: Notes on the management of spoiled identity.* Prentice-Hall.［石黒毅（訳）（2016）．スティグマの社会学——烙印を押されたアイデンティティ．せりか書房］

Jetten, J., Haslam, S. A., Cruwys, T., & Branscombe, N. R.（2017）．Social identity, stigma, and health. In B. Major, J. F. Dovidio & B. G. Link（Eds.），*The Oxford handbook of stigma, discrimination, and health The Oxford handbook of stigma, discrimination, and health.* Oxford University Press, pp. 301-316.

金子努（2023）．精神保健福祉士が取り組むアンチスティグマ．精神保健福祉，**54**（3），233-236.

小池進介・山口創生・安藤俊太郎・小塩靖崇（2021）．日本人のメンタルヘルスに関する認識 2021.［chrome-extension://efaidnbmnnnibpcajpcglclefindmkaj/http://klab.c.u-tokyo.ac.jp/wp-content/uploads/2021/08/d9c0d9dba0f58f21d8c44005704444a3.pdf］（2023 年 12 月 18 日閲覧）

熊谷晋一郎（2023）．スティグマのない社会を目指して——社会モデルと当事者研究．こころの科学，**228**, 24-30.

Lareau, A.（2003）．*Unequal childhoods: Class, race, and family life.* University of California Press.

Lashkay, A., Kinsella, E., & Muldoon, O.（2023）．When trauma is stigmatized: Disidentification and dissociation in people affected by adverse childhood experiences. *Journal of Community & Applied Social Psychology*, **33**（5），1241-1255.

Major, B., Dovidio, J. F., Link, B. G., & Calabrese, S. K.（2017）．Stigma and its implications for health: Introduction and overview. In B. Major, J. F. Dovidio & B. G. Link（Eds.），*The Oxford handbook of stigma, discrimination, and health The Oxford handbook of stigma, discrimination, and health.* Oxford University Press, pp. 3-28.

Meyer, I. H.（2003）．Prejudice, social stress, and mental health in lesbian, gay, and bisexual populations: Conceptual issues and research evidence. *Psychological Bulletin*, **129**（5），674-697.

Penner, L. A., Phelan, S. M., Earnshaw, V., Albrecht, T. L., & Dovidio, J. F. (2017). Patient stigma, medical interactions, and health care disparities: A selective review. In B. Major, J. F. Dovidio & B. G. Link (Eds.), *The Oxford handbook of stigma, discrimination, and health*. Oxford University Press, pp. 183-201.

山口毅 (2003). スティグマ再考——「見せかけの受容」とその回避をめぐって. ソシオロゴス, **27**, 139-154.

山口創生 (2023a). こころの病気に対するスティグマと精神科医療. こころの科学, **228**, 16-23.

山口創生 (2023b). 精神疾患とスティグマ——わかっていること・いないこと. 精神保健福祉, **54**(3), 216-224.

COLUMN 9

学校臨床における社会正義

[蔵岡智子]

　学校には特有の文化が存在し，良くも悪くも文化的価値観の素地を形作ってきました。時間厳守，集団の輪の維持，目上の人には従う等々，スクールカウンセラー（以下SC）はこれらの文化的価値観に挑む場面に多く出くわすでしょう。それは，SCが現行の学校システムに不適応を示すクライエントと出会うことが多いためです。

　面談でクライエントが理不尽な状況にあることを知れば，SCはアセスメントで個人にアプローチしつつ，環境調整やコンサルテーションを行うでしょう。単に，学校システムへの適応を促すことは，その背景にある社会の構造に根差した問題を個人の内面に求め，個人が対処すべき問題として扱いかねません。追い詰められてストレス症状を呈するクライエントへ，認知の変容やリラックス法などのアプローチは必要ですが，個人にのみ焦点を当ててしまうと，理不尽な現状へ適応させようとするアプローチになりかねません。

　SC活用調査研究委託事業の開始当初，「面接室にこもらず手伝えることはなんでもやろう」「職員室で先生たちと対話をしよう」と声をかけ合い，励まし合ったと聞きます。SCには面接室を出て，クライエントの課題に対処するため学校システムに変化を促し，教職員と対話を重ね，環境に働きかけ，コミュニティ支援に主軸を置いてきた30年余の歴史があります。

　すべての人が公平に資源にアクセスできる公正な社会を目指す社会正義の概念と，それを達成するための行動であるアドボカシーが対人支援分野で注目されており，この視点は，これまで実践においてエンパワメントや環境調整，コミュニティ支援などと呼ばれてきた活動に，社会正義を目指すという明確な目標と，積極的に関与し行動する姿勢を求めています（蔵岡ら，2023）。SCはクライエントをエンパワメントし，環境を調整し，学校コミュニティと協働していますが，その専門性を社会正義の観点から捉え直

し, 学校や社会のシステム全体をより良くしていく視点が求められています。

　米国スクールカウンセラーカウンセリング協会による「全米モデル」と呼ばれる指針では, アドボカシーが SC の重要な役割として組み込まれています (ASCA, 2012)。そこでは, SC のアドボカシー活動の目的について, ①生徒の発達を妨げる障害を取り除くこと, ②すべての生徒に学習の機会を創出すること, ③質の高い学校カリキュラムへのアクセスを確保すること, ④生徒のニーズを満たすために学校内外の他者と協力すること, ⑤学校における肯定的な制度改革を推進すること, が挙げられています。これを見ると, アドボカシー活動が, 公平に資源にアクセスできる公正な社会を目指していることが明確に伝わってきます。①および②については, 合理的配慮や不登校生徒の学びの保障の観点から, 発達障害特性のある生徒についてのコンサルテーションや, 不登校生徒のために別室登校の場の確保を学校に求めるなど, 国内の SC も積極的に取り組んでいると思われます。しかし, ⑤の「制度改革を推進する」となると, 一気にハードルが高くなるでしょう。それは SC の仕事ではないという内面化や, 教育制度の厚い壁に, 尻込みする人もいるでしょう。

　SC は対人関係のプロであり, 組織の中で管理職や教職員と信頼関係を構築したうえで, クライエントの小さな声をそこへ届けてきた実績があります。しかし, 現状との調和を維持することに注力するあまり, 対立を避け, 社会正義の仕事を避ける傾向が指摘されています (Bemak & Chung, 2008)。これはクライエントが制度改革を求め, それにつながるような要望が述べられるとき, SC がどう耳を傾けていくかという倫理的な課題でもあります。複雑で大きな課題を回避し, 組織におもねることは, ストレスの少ないシンプルな解決策です。閉じられた面接室を出てコミュニティと連携を深めてきた SC は, さらに不公平を強化する制度, 社会といったより大きな舞台とシームレスにつながることが求められています。

【文　献】

American School Counselor Association. (2012). *ASCA national model : A framework for school counseling programs* (*3rd ed.*). American School Counselor Association.

Bemak, F., & Chung, R. C. (2008). New professional roles and advocacy strategies for school counselors: A multicultural/social justice perspective to move beyond nice counselor syndrome. *Journal of Counseling & Development*, **86**, 372-381.

蔵岡智子・井出智博・草野智洋・森川友子・大賀一樹・上野永子・吉川麻衣子（2023）. 心理臨床領域における社会的公正とアドボカシーの視点――養成プログラムへの統合を見据えて. 東海大学文理融合学部紀要, **1**, 37-53.

第12章
マイクロアグレッション

[葛西真記子]

1. マイクロアグレッションの定義

　意図的か否かにかかわらず，政治的文化的に疎外された集団に対する何気ない日常の中で行われる，言葉による，あるいは無意識の偏見や差別に基づく見下しや侮辱，否定的な態度を「マイクロアグレッション（Microaggression）」と呼び，微妙だが広範な「日常的な人種差別」の一形態を指す（Alvarez et al., 2016；Endo, 2015；Pierce, 1974；Solórzano & Huber, 2020；Sue, 2010；Sue et al, 2007）。露骨な人種差別とは対照的に，マイクロアグレッションは通常，加害者側に意図性や自覚がなく，多人種の国や地域では，より一般的に存在していると考えられる（Dovidio et al., 2018）。社会そのものが多様化すればするほど，こうした経験をする機会が増え，マイクロアグレッションはあからさまな人種差別よりも，有害になりうるとの指摘もある（Robinson-Wood et al., 2015）。つまりマイクロアグレッションは，社会正義や人権と密接に関係する概念なのである。

　マイクロアグレッションはとても微細なアグレッション，いわゆる攻撃性であり，それを向けている本人や受けている者も気づいていない場合も多く，知らず知らずのうちに精神的苦痛を経験していることになる。自分は偏見を持っていない，理解していると思っている者であっても，マイクロアグレッションを向けてしまっていることがある。そして，心理支援を専門的に行っている者であっても，意識せずにマイクロアグレッションを向けてしまったいることがあり，このことを常に意識しておくことが大切である。

2. マイクロアグレッションの研究

　前述したように，もともとマイクロアグレッションは，海外において有色人種に与える影響について，多くの研究がなされてきた。特にアフリカ系アメリカ人（Bowleg et al., 2016；Hollingsworth et al., 2017；Lewis & Neville, 2015；Mercer et al., 2011；Torres et al., 2010），ラテン系アメリカ人（Nadal et al., 2014；Rivera et al., 2010；Torres & Taknint, 2015；Yosso et al., 2009）において，身体的・精神的にネガティブな症状との関連や（Lui & Quezada, 2019），アジア系アメリカ人では，マイクロアグレッションにさらされる体験と，精神的健康の問題（Kim et al., 2017；Nadal et al., 2015），拒絶感受性（Wong-Padoongpatt et al., 2020），うつ病（Choi et al., 2017）などとの関連について研究されてきた。

　その後，Sue（2010）やSue ら（2007）によれば，人種の問題だけでなくさまざまな面での多数派の者たちは，無意識に意図せず，このような微妙な見下しを言語的，非言語的にもしてしまっていることが指摘された。たとえば，性差別（Sue & Capodilupo, 2008）に基づくマイクロアグレッション，宗教的な少数者（Nadal et al., 2010a），障がいのある人々（Keller & Galgay, 2010），LGB の人々（Nadal, 2013；Nadal et al., 2010b）など，マイクロアグレッションの研究は盛んに行われるようになっていった。さらに，Lewisと Neville（2015）は，性自認のマイノリティに対しても起こることとして研究を進め，トランスジェンダーの人々へのマイクロアグレッションについての研究も行われた（Chang & Chung, 2015；Galupo et al., 2014；Nadal et al., 2010b；Pulice-Farrow et al., 2017；Pulice-Farrow et al., 2019）。

3. マイクロアグレッション理論の特徴

　マイクロアグレッションの理論の特徴は，①4種の心理的ジレンマが示されていること（Sue, 2010），②3つに分類されていること（マイクロアサルト〈microassaults〉，マイクロインサルト〈microinsults〉，マイクロインヴァリデーション〈microinvalidation〉）である（Nadal, 2018）。

(1) 4種の心理的ジレンマとは

①衝突のジレンマ

　まず，4種の心理的ジレンマであるが，1つ目は，「現実の衝突」と呼ばれるもので，同じ状況であっても人によってその解釈が異なるというものである。たとえば，ある大学院生が指導を受けている教員との会話の中で，その教員がLGBTQ+に理解を示し，肯定的な人であっても，時折，異性愛者のことを「普通」や「正常」という言い方をしている場合。この大学院生は，他の人に指摘されるまで，その教員が攻撃的な傷つけるようなことを言っているとは気づかないかもしれない。また反対に，この指摘した人が，「それは気にしすぎ」とか「敏感すぎる」と揶揄されるかもしれない。

②見えにくさのジレンマ

　2つ目のジレンマは，「意図しないバイアスの見えにくさ」である。これは，多数派の人々は，少数派の人々が体験するさまざまな困難さを体験することがないために，忘れがちになるということである。たとえば，用事があって行く場所にどんなトイレがあるのか，泊まりの旅行や研修会の部屋割りや浴室はどうなっているのかなど，多数派の人はそれほど切実に悩む必要はないので，気にしたこともないかもしれない。しかしこれらは，特にトランスジェンダーの人にとっては，切実な問題である。

　そして，このバイアスに多数派が直面化した場合，否定，合理化，過剰補償といった防衛反応を示す。たとえば，先の教員の場合は，もし教員に，「普通」と言ったことに対して直面化をすると，否定（「私は差別的な意識なんて持っていないです！」），合理化（「私が悪いんじゃなくて，そのような見方をする社会が悪い」），過剰補償（「私にはLGBTQ+の友達や知り合いがいっぱいいる」）という反応が返ってくるかもしれない。

③思い込みのジレンマ

　3つ目のジレンマは，「マイクロアグレッションはそれほど害がない」という思い込みである。多くの研究でマイクロアグレッションの精神的健康へ

の影響が示されている（Nadal et al., 2016；Wong et al., 2014）にもかかわらず，マイクロアグレッションに反応する人は弱い，あるいは，過剰に敏感な人であると思われている（Thomas, 2008）。

④反応のジレンマ

4つ目のジレンマは，「マイクロアグレッションへの反応のしにくさ」である。マイクロアグレッションは先にも述べたように，意図せずに，無意識に起こっていることが多いので，被害者が「あれ？」と思ってもそれにすぐに反応する時間も労力もない，あるいは，多くの人前で言いにくい，相手が教員や指導者であった場合に指摘しにくい，ということがある。

(2) 3つの分類

①マイクロアサルト

次にマイクロアグレッションの3つの分類である。まず，マイクロアサルト（microassaults：露骨に軽蔑的な攻撃）は，言語的，非言語的な侮辱や行動で，意識的ではっきりしており，昔からの差別とあまり違いはない。たとえば，「同性愛者は生産性がない」などの発言をした衆議院議員がいたが，それはこれに当てはまる。本人は，「自分はセクシュアルマイノリティに差別的な思いはなく，むしろ友達も多い。真実を述べただけ」と後日弁明していたが。

②マイクロインサルト

2つ目のマイクロインサルト（microinsults：その人の社会的集団の一員であることを貶める，より微妙な侮辱）は，ステレオタイプ的な見方に基づいた言語や行動による反応であり，たいていの場合，無意識的である。たとえば，同性のカップルが手をつないで歩いていたらじっと見たり，トランスジェンダーの方をジロジロ見たりすることがこれに当てはまる。本人に攻撃的な気持ちがないかもしれないが，どこかで「おかしいもの」「普通ではないもの」という思いがあり，意識しないうちに凝視していたりするのである。

③マイクロインヴァリデーション

　マイクロインヴァリデーション（microinvalidation：少数派の人生経験を貶めるコメント）は，少数派の人々の体験を「考えすぎ」「ありえない」ものとするもので，女性に対するものとしては，女性がセクシュアルハラスメントを受けたと訴えても，過剰反応であり，非合理的だと考えるものである。そうすることによって，被害を体験している人の見方や体験は，妥当ではないと言っていることになる。

　これは，その加害者が多数派であり，かつ自身が差別等を受けたことがない場合に起こりやすい。心理支援者や教員の中にも「自分はLGBTQ+の人々に差別的な意識はまったくないから，他の人と同じように接している」とか，「あえてセクシュアルマイノリティのみを取り上げることに意味があるのか」「セクシュアルマイノリティより大切なことがある」というような発言をしたりする人がいるが，これはすべてマイクロインヴァリデーションの例である。そして，こうした経験には，マイクロアグレッションとの直接的な遭遇（例：個人的に侮辱される）だけでなく，周囲の環境を通じた間接的な暴露（例：蔑称を耳にする）も含まれる。

　このようにマイクロアグレッションは，そのメッセージを送る側は，差別しようは意図せず，また意識的な気づきの外側で発信していることが多く，そのメッセージは受け手に痛みと傷つきをもたらし，関係性も破壊しかねない。それは，普段の人間関係でも生じるが，知らず知らずのうちの心理支援の場でも生じている。自身の考え方，発言等がどの程度性差別的か，あるいは，異性愛主義的であるかということを考えたことがない支援者であれば，マイクロアグレッションが起こりやすくなる。たとえば，クライエントを見立てるとき，目標を設定するとき，セッションの焦点を当てるときなどに，意図せず，意識せず，マジョリティの性別観，性指向観で見てしまうのである（小野・葛西，2017；吉満・葛西，2020）。

4. 心理支援の場において

　私たちすべてが，このマイクロアグレッションの加害者にも被害者にもなりうる。私たちがいる社会のさまざまなバイアス，ステレオタイプなどが社会のシステムに埋め込まれており，気づかないうちに相手にアグレッションを（言語，行動，雰囲気等で）向けてしまっているかもしれないし，自分も傷つけられているかもしれない。

　また，社会には，異性愛を前提としたもの，シスジェンダーを前提としたものが多数存在し，さまざまな性的指向や性別の違和感のある人については，意識をしないと「いないもの」や「無力なもの」にされてしまうのである。たとえば，日々の生活の中で触れる雑誌，広告，ポスター，テレビ番組，音楽，映画，噂話，相談事，雑談，これらすべてにおいて，ほとんどのものが異性愛，シスジェンダーを前提としている。同性愛や両性愛，トランスジェンダーを取り上げ，笑いの対象としたり，差別的な発言をするというようなあからさまな差別でなくても，あたかも存在していないかのような扱いになっているのである。

　これは，カウンセリングや心理支援の場でも生じることであり，目の前のクライエントがLGBTQ+に関する相談であるという前提がなければ，たいていの心理支援者は，そのクライエントは異性愛者であり，かつ性別に違和感を持っていないと思っているだろう。あるいは，まったくそのようなことは考えもしないだろう。これがマイクロアグレッションなのである。

　マイクロアグレッションに対する批判もある。Lilienfeld（2017）は，Sueらが挙げている事例の中にはマイクロ（微小）でなく，明白な攻撃，脅迫，偏見であるものがあり，マイクロアグレッションとは分けるべきものがあると述べている。そして，特定集団を代表しているといえない少ないサンプルからの逸話的な証言に過度に依存しており，マイクロアグレッション研究はほとんど進歩していないと，マイクロアグレッションについての研究の妥当性を批判している。彼は，マイノリティに向けられた小さな差別そのものは否定していないが，マイクロアグレッションに「アグレッション」という言葉を使うのは混乱や誤解を招くとして，この用語の放棄を推奨している。こ

のような批判もあるが，無自覚にマイノリティの方々を傷つけることを意識
しておくことは大切であろう。

5. マイクロアグレッションの具体例

(1) 人種に対するマイクロアグレッション

　ここで，具体的なマイクロアグレッションの例を挙げてみる。有色人種に
対するマイクロアグレッションの例は欧米ではよく挙げられているが，日本
に置き換えてみると，たとえば人種に対するマイクロアグレッションとし
て，①元はどちらから来られたのですか，②日本語上手ですね，③日本人み
たいです，④人種や民族の違いは関係ないです，などがある。どれも，「あ
なたは日本人ではないですね」ということを前提にした発言である。④は人
種や民族の違いを否定している発言である。人種や民族の違いはあるもの
で，それを無視すること自体もマイクロアグレッションとなる。

(2) LGBTQ+ に対するマイクロアグレッション

　LGBTQ+ に対するマイクロアグレッションの例では，①あなたの性的嗜
好は？，②男の子として生まれたのか，女の子として生まれたのか，③どっ
ちが男役で，どっちが女役？，④あなたがトランスジェンダーだとは知らな
かった！「男性/女性」として全然通用するよ！，⑤私には LGBTQ+ の友
達がいるから差別や偏見はないです，などがある。また，発言ではない場合
だと，⑥男性・女性のみの選択肢しかない文書を使う，⑦男性・女性トイレ
しかない施設を会合で使用する，⑧性別で決まっている代名詞を使う（彼
女，彼）などがある。

　①の「性的嗜好」という言葉を使用するということは，好きになる性別を
本人の意思で選択していると考えていることを意味する。②生まれたときに
どちらの性別だったのかというのは，生物学的性別を認めていない人が意識
的に選択したと思っている場合に，使われることが多い発言である。「生ま
れたときに指定された（割り当てられた）性別」と言うほうが適切である。
③この発言は，カップルとは男性と女性であるという，ステレオタイプ的な
性別の役割を信じていることの表れで，異性愛主義的である。④トランス

ジェンダーではない人に、このような発言をすることはないだろうし、この発言で相手を褒めている印象を受けるかもしれないが、実は、その性別だと認めていないという意味と捉えられる。⑤これは実際よく聞かれる発言だが、LGBTQ+ の友達がいるということと、差別や偏見を持っていないということは、まったく別のものである。

⑥男性か女性というように選択肢を限定した聞き方は、性別に違和感を持っていたり、どちらかの性別ではない生き方をしている人々の存在を無視したものである。⑦これもまた、世の中には男性か女性という二択しかないということを示しており、そうではない方々の存在を無視していることになる。⑧これも、性別は男女の二択しかないということを、まったく意図せず使っていることになる。個人の性別についてだけでなく、その人が異性愛者であると勝手に想定して、お付き合いしている人を「彼」「彼女」と呼ぶことも含まれる。

それ以外にも、LGBTQ+ の人は何か過去につらい体験やトラウマがあって、同性愛・両性愛・性別違和感を持つようになったのだろうと自動的に思い込んだり、同性が好きな人は「まだ本当に好きな人に出会っていないだけ」や、「異性との恋愛を試していないだけ」と思い込んだりしている場合もある。そのように思っている場合は、それが何かのおりに、言動として現れることもあるだろう。

つまり、少数派の人々をターゲットにしたマイクロアグレッションは、意図的でない場合も、善意である場合もあるが、その人々が何度もマイクロアグレッションを受けると、ダメージを受ける。そして、マイクロアグレッションはスティグマを助長し、誤ったステレオタイプを永続させることにつながる。

さらに最近では、オンライン環境および/またはインターネット対応デバイスを介して発生する、デジタル・マイクロアグレッションについても言及されはじめている（McInroy & Beer, 2022；McInroy et al., 2023；Sanfilippo et al., 2018）。具体的には、偏見や差別的なデジタルシンボル、画像、グラフィック、音声、動画、テキストなどである。しかし、まだデジタル・マイクロアグレッションを扱った研究はほとんどなく、今後の研究の必要性を感じる。

第12章　マイクロアグレッション　　*193*

【文献】

Alvarez, A. N., Liang, C. T. H., & Neville, H. A. (2016). *The cost of racism for people of color: Contextualizing experiences of discrimination.* American Psychological Association.

Bowleg, L., English, D., Del Rio-Gonzalez, A. M., Burkholder, G. J., Teti, M., & Tschann, J. M. (2016). Measuring the pros and cons of what it means to be a Black man: Development and validation of the Black men's experiences scale (BMES). *Psychology of Men & Masculinity,* **17**, 177-188.

Chang, T. K., & Chung, Y. B. (2015). Transgender microaggressions: Complexity of the heterogeneity of transgender identities. *Journal of LGBT Issues in Counseling,* **9**, 217-234.

Choi, S., Lewis, J. A., Harwood, S., Mendenhall, R., & Browne Huntt, M. (2017). Is ethnic identity a buffer? Exploring the relations between racial microaggressions and depressive symptoms among Asian-American individuals. *Journal of Ethnic & Cultural Diversity in Social Work,* **26** (1-2), 18-29.

Dovidio, J. F., Pearson, A. R., & Penner, L. A. (2018). Aversive racism, implicit bias, and microaggressions. In C. M. Capodilupo, K. L. Nadal, D. P. Rivera, D. W. Sue & G. C. Torino (Eds.), *Microaggression theory: Influence and implications.* Wiley, pp. 16-31.

Endo, R. (2015). How Asian American female teachers experience racial microaggressions from pre-service preparation to their professional careers. *The Urban Review,* **47** (4), 601-625.

Galupo, M. P., Henise, S. B., & Davis, K. S. (2014). Trangender microaggressions in the cotext of friendship: Patterns of experience across friends' sexual orientation and gender identity. *Psychology of Sexual Orientation and Gender Diversity,* **1**, 461-470.

Hollingsworth, D. W., Cole, A. B., O'Keefe, V. M., Tucker, R. P., Story, C. R., & Wingate, L. R. (2017). Experiencing racial microaggressions influences suicide ideation through perceived burdensomeness in African Americans. *Jornal of Counseling Psychology,* **64** (1), 104-111.

Keller, R. M., & Galgay, C. E. (2010). Microaggressive experiences of people with disabilities. In D. W. Sue (Ed.), *Microaggressions and marginality: Manifestations, dynamics and impact.* Wiley, pp. 241-267.

Kim, P. Y., Kendall, D. L., & Cheon, H.-S. (2017). Racial microaggressions, cultural mistrust, and mental health outcomes among Asian American college students. *American Journal of Orthopsychiatry,* **87**, 663-670.

Lewis, J. A. & Neville, H. A. (2015). Construction and initial validation of the gendered racial microaggressions scale for Black women, *Journal of Counseling Psychology,* **62**, 289-302.

Lilienfeld, S. O. (2017). Microaggressions: strong claims, inadequate evidence. *Perspectives on Psychological Science,* **12** (1), 138-169.

Lui, P. P., & Quezada, L. (2019). Associations between microaggression and adjustment outcomes: A meta-analytic and narrative review. *Psychological Bulletin*, **145** (1), 45-78.

McInroy, L. B., & Beer, O. W. J. (2022). Adapting vignettes for online social science survey research: Eliciting realistic responses to the digital milieu. *International Journal of Social Research Methodology*, **25** (3), 335-347.

McInroy, L. B., Beer, O. W. J., Scheadler, T. R., Craig, S. L., Eaton, A. D. (2023). Exploring the psychological and physiological impacts of digital microaggressions and hostile online climates on LGBTQ+youth. *Current Psychology*. [https://doi.org/10.1007/s12144-023-04435-1]

Mercer, S. H., Zeigler-Hill, V., Wallace, M., & Hayes, D. M. (2011). Development and initial validation of the inventory of microaggressions against black individuals. *Journal of Counseling Psychology*, **58**, 457-469.

Nadal, K. L. (2013). *That's so gay! Microaggressions and the lesbian, gay, bisexual, and transgender community*. American Psychological Association.

Nadal, K. L. (2018). *Microaggressions and traumatic stress: Theory, research, and clinical treatment*. American Psychological Association.

Nadal, K. L., Davidoff, K. C., Davis, L. S., Wong, Y., Marshall, D., & McKenzie, V. (2015). A qualitative approach to intersectional microaggressions: Understanding influences of race, ethnicity, gender, sexuality, and religion. *Qualitative Psychology*, **2** (2), 147-163.

Nadal, K. L., Griffin, K. E., Wong, Y., Hamit, S., & Rasmus, M. (2014). Racial microaggressions and mental health: Counseling clients of color. *Journal of Counseling & Development*, **92** (1), 57-66.

Nadal, K. L., Issa, M. -A., Griffin, K., Hamit, S., & Lyons, O. (2010a). Religious microaggressions in the United States: Mental health implications for religious minority groups. In D. W. Sue (Ed.), *Microaggressions and marginality: Manifestation, dynamics, and impact*. Wiley, pp. 287-310.

Nadal, K. L., Rivera, D. P., & Corpus, M. J. (2010b). Sexual orientation and transgender microaggressions in everyday life: Experiences of lesbians, gays, bisexuals, and transgender individuals. In D. W. Sue (Ed.), *Microaggressions and marginality: Manifestation, dynamics, and impact*. Wiley, pp. 217-240.

Nadal, K. L., Whitman, C. nN., davis, L. S., Erazo, T., & Davidoff, K. C. (2016). Microaggressions toward lesbian, gay, bisexual, transgender, queer, and genderqueer people: A review of the literature. *Journal of Sex Research*, **53**, 488-508.

小野楓・葛西真記子 (2017). 日常場面における異性愛的言動の具体化についての研究. 日本心理臨床学会第36回大会発表論文集

Pierce, C. M. (1974). Psychiatric problems of the Black minority. In S. Arieti (Ed.), *American handbook of psychiatry*. Basic Books, pp. 512-523.

Pulice-Farrow, L., Bravo, A., & Galupo, M. P. (2019). 'Your gender is valid': Microaffirmations in the romantic relationships of transgender individuals. *Journal of*

LGBT Issues in Counseling, **13**（1）, 45-66.

Pulice-Farrow, L., Brown, T. D., & Galupo, M. P.（2017）. Transgender microaggressions in the context of romantic relationships. *Psychology of Sexual Orientation and Gender Diversity*, **4**（3）, 362-373.

Rivera, D. P., Forquer, E. E., & Rangel, R.（2010）. Microaggressions and the life experience of Latina/o Americans. In D. W. Sue（Ed.）, *Microaggressions and marginality: Manifestation, dynamics, and impact.* Wiley, pp. 59-84.

Robinson-Wood, T., Balogun-Mwangi, O., Fernandes, C., Popat-Jain, A., Boadi, N., Matsumoto, A., & Zhang, X.（2015）. Worse than blatant racism: A phenomenological investigation of microaggressions among black women. *Journal of Ethnographic & Qualitative Research*, **9**（3）, 221-236.

Sanfilippo, M. R., Fichman, P., & Yang, S.（2018）. Multidimensionality of online trolling behaviors. *The Information Society*, **34**（1）, 27-39.

Solórzano, D. G., & Huber, L. P.（2020）. *Racial microaggressions: Using critical race theory to respond to everyday racism.* Teachers College Press.

Sue, D. W.（2010）. *Microaggressions in everyday life: Race, gender, and sexual orientation.* John Wiley & Sons.

Sue, D. W., & Capodilupo, C. M.（2008）. Racial, gender, and sexual orientation microaggressions: implications for counseling and psychotherapy. In D. W. Sue（Ed.）, *Counseling the culturally diverse: Theory and practice（5th ed）.* Wiley, pp. 105-130.

Sue, D. W., Capodilupo, C. M., Torino, G. C., Bucceri, J. M., Holder, A. M. B., Nadal, K. L., & Esquilin, M.（2007）. Racial microaggressions in everyday life: Implications for clinical practice. *The American Psychologist*, **62**（4）, 271-286.

Thomas, K. R.（2008）. Macrononsense in multiculturalism. *The American Psychologist*, **63**（4）, 274-275.

Torres, L., Driscoll, M. W., & Burrow, A. L.（2010）. Racial microaggressions and psychological functioning among highly achieving African Americans: A mixed methods approach. *Journal of Social and Clinical Psychology*, **29,** 1074-1099.

Torres, L., & Taknint, J. T.（2015）. Ethnic microaggressions, traumatic stress symptoms, and Latino depression: A moderated mediational model. *Journal of Counseling Psychology*, **62**, 393-401.

Wong, G., Derthick, A. O., David, E. J. R., Saw, A., & Okazaki, S.（2014）. The what, the why, and the how: A review of racial microaggressions research in psychology. *Race and Social Problems*, **6**（2）, 181-200.

Wong-Padoongpatt, G., Zane, N., Okazaki, S., & Saw, A.（2020）. Individual variations in stress response to racial microaggressions among Asian Americans. *Asian American Journal of Psychology*, **11**（3）, 126-137.

吉満真以子・葛西真記子（2020）. 心理臨床家のジェンダー観が見立てに与える影響. 日本心理臨床学会第39回大会発表論文集

Yosso, T., Smith, W., Ceja, M., & Solórzano, D.（2009）. Critical race theory, racial microaggressions, and campus racial climate for Latina/o undergraduates. *Harvard Educational Review*, **79** (4), 659-691.

COLUMN 10

留学生相談と国際政治の視点

[山内浩美]

　グローバル化の進展に伴い，人とモノの移動が増大するなか，世界的に高
等教育機関における留学生数は増加しています。日本への留学生数は 2019
年に 31 万人となり，新型コロナウイルスの影響でいったん大きく減少しま
したが，2023 年に 28 万人まで回復しました。現在，留学生の出身国は多
い順に中国，ネパール，ベトナムで，日本語教育機関における留学生数の伸
びが近年大きくなっています[*1]。このコラムでは，研究中心の大規模大学
（国立および私立）における留学生相談について書きます。世界トップレベ
ルを目指す大学では，留学生相談の経験が積み重ねられており，私自身その
ような複数の大学で留学生相談を担当してきました。

　昨今，日本の大学は多様な留学生受け入れプログラムを用意しており，日
本語教育機関で日本語を学んでから日本の大学に学部あるいは大学院から進
学する留学生，海外の提携大学に在籍し半年あるいは 1 年間の期限のみ日
本で学ぶ交換留学生，母国政府からの派遣留学生，日本政府からの奨学金プ
ログラムで学ぶ留学生，数週間から数カ月の短期プログラムで滞在する学生
など，留学形態やコミュニケーション言語は多様です。研究中心の大学にお
いては，日本以外の大学を卒業後すぐ，あるいは母国の大学や政府機関や民
間企業で数年間仕事をした後，日本の大学院に進学し，英語で研究を行って
いる留学生が多く，このような大学では，英語もしくはその大学に在籍者の
多い留学生の母国語で対応可能なカウンセラーが，教員あるいは専門職員と
して雇用され，留学生の心理支援に従事する体制が整えられています。

　留学生が直面している困難が大学の環境に起因し，大学の対応により改善
が見込まれる場合，カウンセラーが大学に働きかけを行うアドボカシー活動

---

*1　文部科学省（2024）．「外国人留学生在籍状況調査」及び「日本人の海外留学者数」
　　等について．[https://www.mext.go.jp/a_menu/koutou/ryugaku/1412692_00003.htm]
　　（2024 年 6 月 24 日閲覧）

が重要です。留学生が大学生活の中で直面する困難の背景に，文化による常識や価値観の違いがあることは多々あります。留学生と教職員の間でトラブルが起きているケースでは，教職員が大学の常識と当然視していることについて留学生が異なる認識を持っていることがあります。特に，指導教員と大学院留学生の間で，指導スタイルや研究の常識のイメージが異なっていると，学位取得に関して大きなトラブルに発展する可能性があります。母国の大学と異なる日本の大学の制度や常識については，丁寧な説明がなされないと，留学生が理解することはできません。このような面で留学生と教職員との間で摩擦が起きたとき，カウンセラーが文化的な通訳者となり，留学生の視点や理解困難なポイントを教職員に伝え，大学の制度や教職員の視点を学生に丁寧に解説することでコンフリクトの解決に向かうことがあります。

　他にも重要なことがあります。現在，世界各地で多くの紛争が起きており，日本に留学中に母国で紛争が起こったため，将来の道筋がまったく見えなくなってしまった留学生たちがいます。クーデターや軍事侵攻により母国の政情が不安定化した場合，自分の将来がまったく見えなくなるだけにとどまりません。そのような国からの留学生は，同国出身者同士の人間関係において重大な岐路に立たされます。誰が自分と同じ政治的スタンスで信頼でき，誰が自分と異なる政治スタンスを持ち信頼してはいけないのかを判断するのはとても難しく，人間関係が複雑でストレスフルになります。大局的に同じ側に立っているとしても，意見は個人によりさまざまに異なります。このような場合，同国出身者よりも，外国人である日本人のカウンセラーに対してのほうが，政治的な話題について安心して話をすることができます。政治は留学生の人生に重大な影響を与えているのですが，カウンセラーが留学生の母国の社会情勢や政治に関心を持たずに内面や感情だけを扱おうとすると，留学生は話をすることができません。カウンセラーが留学生の置かれた政治的な状況を理解しようとしていることがわかったときに，ようやく安心して心を開いて話をしてくれるようになります。

　日本人のカウンセラーは，「自分は国から監視されている」という訴えを聞くと，統合失調症の妄想の可能性を思い浮かべるでしょう。しかし，国によっては本当に留学生の SNS などでの政治的言動を監視している場合があります。普段から，世界各国の政治や文化や国際情勢に関心を持っていない

と，カウンセラーはこのような可能性を頭に思い浮かべることができず，メンタルヘルスのアセスメントを間違えてしまう可能性があります。

また，母国と日本の外交関係の変化により，留学生が，軍事転換可能な技術分野の研究に従事することができなくなってしまうこともあります。理工学分野では，大学と企業との共同研究が多く進められていますが，特定の国出身の留学生は，研究室と企業との共同研究に参加させてもらえない場合があります。これは差別やハラスメントではなく，国家間の安全保障に関わる外交事情によるものです。留学生が置かれた状況の意味の判断を間違えないようカウンセラーが国際政治や外交に関する視点を持つことも重要です。

留学生相談においては，個人のメンタルヘルスや発達の特性，大学の制度や環境，大学や研究の常識，留学生の母国の政治状況，国際政治や外交など，ミクロからマクロまでの視点でアセスメントしながら，適切な支援を提供していくことが大切です。

第13章
インターセクショナリティ

[和田香織]

1. はじめに

　インターセクショナリティとは，抵抗と連帯の知恵である。近年，日本でも急速に普及しつつあるこの用語は，1970～80年代の黒人フェミニズムの思想やアクティビズムに起源を持つ。抑圧に対する奮闘の歴史とともに発展し，2010年代の第4派フェミニズムの広がりとともに，一般にも認知されるようになった。

　心理学領域では，Cole（2009）がアメリカ心理学会の機関学術誌 *American Psychologist* に「インターセクショナリティと心理学研究」と題した論文を発表し，その前後からさまざまな学術誌で特集が組まれるようになった。また，2017年のアメリカ心理学会の多文化ガイドライン改訂版は，インターセクショナリティを重要概念として位置づけている（APA, 2017）。心理学を含む多領域において，インターセクショナリティはパラダイムシフトをもたらす革新的な概念となり，現在では一般教養としての必須知識になったとも言えるだろう。

　しかし，急速な普及に伴い，用語の誤解や曲解が増加している。市場拡大と利益増大を目的とした，うわべだけの多様性尊重や「マイノリティの商品化」，弱者同士の糾弾言説などは，インターセクショナリティの本質である抵抗と連帯から逸脱している。抑圧の苦しみと抵抗の中で培われてきた知恵が，社会正義を志す心理学者や心理支援者の手によって無効化されることがあってはならない。

　したがって本稿では，インターセクショナリティの概念の起源や理論を解説し，インターセクショナリティの視点からの心理支援の実践について具体

的に示す。また，誤用・悪用への警笛を鳴らし，日本での定着にあたり見過ごしてはならない日本特有の人種問題についても言及する。

2. インターセクショナリティの起源とその理論

　インターセクショナリティの起源は，黒人女性の抵抗の歴史を汲んだ黒人フェミニストらによる抵抗の歴史と，その結晶であるコンバヒー・リバー・コレクティブ（Combahee River Collective：CRC）宣言（1976 年）にあるとされる。CRC の論者やアクティビストらは，女性運動と公民権運動の双方において黒人女性，とりわけレズビアンの黒人女性が周辺化されていると訴えた。

　女性運動の中心にいる中産階級の白人女性たちは，父，夫，兄弟である白人男性の保護を受けており，彼女たちが追及する女性解放は白人至上主義の構造を維持するものにすぎず，一方で黒人男性が率いる公民活動は，性差別とホモフォビアに満ちていたためである。さらに，性差別と人種差別の構造は経済階級とも絡み合っており，性，人種，資本主義を同時に考察しなければ，各々の解放や社会変革は成し遂げられないと主張した。この CRC 宣言に表れる思想を，法学者の Crenshaw（1989）が「インターセクショナリティ」と名付け，日本では「交差性」とも訳されている。

　インターセクショナリティは一言で定義しがたい。それには，論者たちがあえて定義化を拒んできた背景がある（Carbado et al., 2013；Collins, 2015）。その革新的な可能性を閉ざさぬよう余白を持たせることで，分析の俎上に上げられてこなかった社会現象や慣習，形を変えて根絶を困難にする分断の構造に，柔軟に対応しようとする見解である。しかし一方で，暫定的な定義の設定は，共通の理解を深めるために役立つ。そこでここでは，すでに日本語訳が出版されている Collins と Bilge による定義を紹介したい。

　　　「インターセクショナリティとは，交差する権力関係が，様々な社会にまたがる社会的関係や個人の日常経験にどのような影響を及ぼすかについて検討する概念である。分析ツールとしてのインターセクショナリティは，とりわけ人種，ジェンダー，セクシュアリティ，階級，ネイ

ション，アビリティ，エスニシティ，そして年齢など数々のカテゴリーを，相互に関係し，形成しあっているものと捉える。インターセクショナリティは，世界や人々，そして人間関係における複雑さを理解し，説明する方法である」 （コリンズ・ビルゲ，2016/2021, p.16）

　つまりインターセクショナリティは，人種差別や女性差別は単一の問題点として独立しているのではなく，支配のマトリックスの中で連動した抑圧システムとして機能していると考える。そして，カテゴリー内の多様性に注目することで，これらがどのように相互に依存し合い，意味を成しているかを探ることを要求する（Cole, 2009）。黒人女性が人種差別を受ける黒人であると同時に，性差別を受ける女性であるように，帰属する複数の集団やアイデンティティーが交差したとき，社会の中で特有な意味を帯びるからである。
　ただし，黒人女性が人種差別と性差別の二重差別の負担に苦しむ，「二重の危険性」があるというような「足し算」や「累積」式の考え方は，インターセクショナリティの本質を捉えきれていない。支配のマトリックスの中では，複数の下位のアイデンティティ持つ人々（たとえば，貧困の高齢女性，セクシャルマイノリティの在日韓国人など）は，社会の中でいっそう見過ごされやすくなる「交差性の不可視性（intersectional invisibility）」が生じる。また，私たちに恩恵を与える支配構造が同時に私たちを抑圧しており，特権を手放しそのシステムを解体することなくしては，抑圧からも解放されることは不可能であることを突きつける，容赦のない理論でもある。

3. 認識論としてのインターセクショナリティと心理研究

　インターセクショナリティには認識論の側面もある。May（2015）は以下のように述べている。

　　「インターセクショナリティとは，従来の考え方を揺るがし，抑圧権力に挑戦し，構造的な不平等の全貌や非対称的な生活機会を考察することで，より公正な世界を求めるために発展した抵抗の知識の一形態である。インターセクショナリティは，社会正義のための闘争の文脈におい

て，支配に挑戦し，批判的な想像力を育み，変革のための共同体モデル
を創出する手段として培われてきた」　　　　　　　　（May, 2015, p. xi）

　社会不正義を生む支配構造は，私たちをがんじがらめにする。インターセ
クショナリティと密接に関連するスタンドポイント理論では，支配者層やそ
れにおもねる知識人による従来の知の生産＝「上からの知識」は，客観性を
欠いていると主張する。なぜなら，特権維持のための利権相反関係を内含し
ており，意識的であるか否かにかかわらず，知の生産や正当化の過程に，現
状の構造を維持するのための歪曲や認知の歪みが生じやすいとされるからで
ある（Harding, 2004）。
　したがって，「下からの知識」のほうが認識論的アドバンテージを持って
いるとされるが，被抑圧者は身動きの取れない状態に飼い慣らされ，その状
態が普通だと思い込まされているため，権力構造の全容を捉えることが困難
である。そのため，被抑圧者の「自分が劣っているから」「私の努力が足り
ないから」という解釈を額面どおりに受け取れば，現状の構造を肯定する知
識を再生産することになりかねない。つまり，抑圧と特権の構造は知識の生
産の政治性にも深く侵食しており，認識的不正義（Fricker, 2007／邦訳,
2023）や認識的暴力（Spivak, 1988）を生じさせる。スタンドポイント理論
では，抵抗の知識の形成は，インターセクショナリティに基づく「状況化さ
れた知識」（Harding, 2004）と，精神の抑圧からの解放が，不可欠であると
されている。
　Cole（2009）は，心理学研究の全過程にインターセクショナリティを取り
入れるために，次の３つの問いに反復的に取り組むことを奨励した。第一の
問い「誰がカテゴリーに含まれているのか」では，社会的カテゴリー内の多
様性に焦点を当て，「女性は」「LGBT 当事者は」といった大きな主語で表象
＝代弁（represent）するのではなく，カテゴリー内で忘れられがちなマイ
ノリティの存在，「声」に注意を払うことを要求する。第二の「不平等がど
のような役割を果たすのか」という問いでは，集団の特異性や差異だけでな
く，それらを形成する権力関係や資源の不均等な配分，支配のマトリックス
の構造を明らかにすることが求められる。第三の「どのような共通点が見出
せるのか」という問いでは，社会的集団を超えた共通点の模索を促す。たと

えば，家父長的なエリート主義が蔓延る企業，学会，政界などで女性が直面する問題は，地方の労働者階級出身の男性の生きづらさと似通った側面があるかもしれない。共通点を認識することは，第二の問いに答えることにもなるし，効果的な連帯や社会変革の仕組みを画策するのに役立つ。

4. 心理臨床におけるインターセクショナリティと社会正義

　心理臨床の現場では，特権と抑圧の構造に組み込まれている存在であるセラピストとクライエントが，その社会的文脈の中で出会い，治療同盟を形成する。インターセクショナリティの視点を持ったセラピストは，両者の立場性が治療関係の形成と維持にどのように影響するかを意識し，クライエントを深く理解しようとする（Adames et al., 2018；APA, 2017）。

　そのためにまず，自己アセスメントが不可欠だ。自身と異なるクライエントの立場性の各側面に対し，どれだけの知識を持っているか，クライエントのアイデンティティに関する一般的なステレオタイプや偏見が，無意識のうちに治療関係に影響を与えることがないかを自問する（PettyJohn et al., 2020）。

　インターセクショナリティを意識した治療関係の形成には，早い段階での効果的な自己開示が役に立つ（PettyJohn et al., 2020）。たとえば，初回面談の終了間際に，セラピストがクライエントにこのように言ったとする。

　「戸籍上は女性でノンバイナリーとして生きる20代のAさんの苦悩を，シスジェンダーの中年男性である私は完全に理解できないかもしれません。しかし，自分の特権に無自覚なことで，Aさんを傷つけたり治療に影響を与えたりすることだけは避けたいと考えています。そのためには，今まで以上にジェンダーについて学び，自分の特権を自覚しなければいけないと思っています。ただ，もし私が不適切なことを言ったり，面談が的外れな方向に向かっていると感じたりしたときは，遠慮なく教えていただけませんか」。

　この自己開示を通して，セラピストは自らの特権性と知識の限界を自分の課題として引き受け，「害を与えない（do no harm）」という倫理原則を実践する意思を，クライエントに伝達している。クライエントに対し，「この関係性の中では，シスジェンダー主義・性別二元制を当然とせず，ノンバイ

ナリーの視点に適応しなくはいけないのは，セラピストの私のほうです。私がミスを犯したとき，あなたは沈黙する必要はなく，私を非難する権利さえあるのです」というメッセージを伝えることは，外界を支配する言説や権力関係を覆す意味があり，クライエントのエンパワーメントにもつながる。

　また，治療関係の絆，課題，目標に，クライエントとセラピストのインターセクショナリティがどのように作用するかを，クライエントにフィードバックを求めながら治療に役立てることは，Miller ら（2015）が提唱するフィードバック・インフォームドの志向とも通じているとも言える。

　さらに，インターセクショナリティの視点を持つセラピストは，ケースの見立てのためにクライエントに適切な質問をし，複雑に交差する立場性と構造関係が，彼らの苦悩や生きづらさにどう関わっているかを検討する（Adames et al., 2018）。たとえば，LGBT+ の大学生の相談では，性的指向ばかりに目が入ってしまいがちだが，地方出身者であることの困難が，問題に大きく寄与しているかもしれない。

　だが，LGBT+ であるために保守的な地元から離れる必要があったかもしれず，2つの要素は切り離すことができない。黒人女性が受ける抑圧を「ジェンダー」と「人種」とに別々に考えるのではなく，性別化された人種差別（gendered racism）と，複合的に考察する必要性があるのと同等である。また，家族療法やカップル療法では，家庭内の男尊女卑や学歴主義などの問題を強化しないよう，システム内のアイデンティティの交差がどのように力関係を構成しているかに注意を払う（PettyJohn et al., 2020）。Adames ら（2018）は，インターセクショナリティに基づく見立てが，クライエントが自分を責めることや，セラピストがクライエントを病理化したりすることを防ぐとしている。

　抑圧だけでなく，特権との絡み合いについて考えることも重要である。専門職に従事し高所得を得る高学歴の女性は，同等の職種や学歴の男性と比べ，年収や出世の面でその特権を享受しきれていないかもしれない。また，「特権」のために，非正規労働やケア労働を担う多くの女性から共感やサポートを受けづらく，孤立しているかもしれない。彼女が「特権」に無自覚で，他の女性に対し優越感を持って接していたらなおさらだ。しかし，それは自業自得だろうか。もし彼女が，女性であることや在日コリアンであるこ

と，低所得家庭出身であることなどから生じる社会的不公平を克服するために，血の滲むような努力をし，犠牲を払い，日々差別と闘っているとしたらどうだろうか。

McIntosh（1989）は，「白人性」を，「労なく得られる特権」と表現した。高学歴や高所得といった特権も，インターセクショナリティを考慮に入れれば，場合によって労や犠牲，痛みを伴うことがあるとわかる。そして，なぜ他の人にとって「労なく得られる特権」へのアクセスが，たとえば上記の高学歴・専門職の女性にとっては，労や犠牲，痛みを伴うものでなければないのかを問いつめれば，多くの女性たちを非正規雇用やケア労働に押し込めている仕組みと同根であることに気がつくはずだ。Cole（2009）の第三の「どのような共通点が見出せるのか」は，分断の構造を明らかにする効用もある。このような交差性から生じる複雑さをクライエントと話し合うことで，違いや分断を超えて理解し，抑圧の抵抗を持続可能にする手助けをする。

5. 誤用・悪用への注意喚起：「複数のアイデンティティ」で終わらせないインターセクショナリティ

インターセクショナリティという用語が流行語のように扱われ広がるに伴い，本来の意味や目的から逸脱した使われ方が増えてきた（Collins, 2015；Grzanka & Miles, 2016）。たとえば，この理論の起源が黒人フェミニストの運動にあるにもかかわらず，白人著者ばかりを引用することで，結果的に黒人フェミニストの貢献を不可視化する傾向，また，「女性と貧困」や「LGBTと障害」など，人種以外の交差性に注意し，人種特権から逃避することで，結果的に白人至上主義の維持につながってしまうという批判がある。これらは，インターセクショナリティのホワイトニング化（＝白人化）と言われている（Bilge, 2013）。

さらに，インターセクショナリティは，単に「人は皆，複数のアイデンティティを持っている」「それぞれの多様性を尊重しよう」いう話にとどまるのではない。細分化した主語を用いること自体が解決策であるかの言説は，インターセクショナリティの理論が持つ可能性を弱体化させる。このような誤用・悪用を，Bilge（2013）は「お飾りのインターセクショナリティ」，

DillとKohlman（2012）は「弱いインターセクショナリティ」と表現し，批判した。

　この概念の真価である「強いインターセクショナリティ」は，支配のマトリックスの分析を可視化し，社会変革につなげるためのツールであることだ。いったん主語を小さくして違いを認識することで，その次の「難しい対話」のステージを可能にする。それは，抑圧からの解放は，自分が抑圧する他者の解放に依存していること，そのためには他者との連帯が不可欠であるが，自らの特権の暴力性を自覚しなければ，連帯を持続することができないことを理解することにある。新田（2022）は，インターセクショナリティを考え始めると，「人はおのれの潔白性が信じられなくなるはず」であると述べている。

　私は授業では，「あなたを抑圧するこの社会システムは，同時にあなたにどうような特権を与えているか」という問い方をする。この問いに真摯に向き合うことは，えぐるような痛みも伴うことを学生たちは察知して，教室が一瞬静まる。心理支援の場では，以下の問いを自分に投げかけることになるだろう。

①クライエントの主訴を形作る抑圧に，私はどのように加担し，そこからどのような恩恵を受けているのか。

②クライエントと同一の属性や似たような経験に共感を覚えるとき，私はどのような交差性を見落としているのか。その結果，私はクライエントに対しどのような沈黙を強い，認識的暴力を働いているのか。

③クライエントの回復目標や自己実現が，私が属する集団を抑圧することに間接的にもつながっていないか，その影響が治療プロセスに表れていないか。

④クライエントの回復目標や自己実現が，私や他者が属する集団を抑圧することにつながっている場合，私はクライエントのニーズを最優先にすることができるか，またそうすることは倫理的に正しいと言えるのか。

　このような自問は，面接室の中の行動規範の調整にとどまらない。「強い

インターセクショナリティ」の使い手は，性差別，階級差別，自民族中心主義などが単一のものとして語られる論説に対し懐疑的になるだろう。そして，常に特権を指摘されることの居心地の悪さや拒絶される痛みを受け入れ，それでもアライで居続けることを，面接室内外で自分の責任として引き受けることになるだろう。そうしてはじめて，真に必要なときに「私たちは」と大きな主語で話すことができるのであり，また話さなければならないのである。

6. インターセクショナリティの日本での展望

インターセクショナリティには，グローバルに展開する搾取構造や，今日に続く帝国主義・植民地主義の影響を，新たな角度からあぶり出すのに効果を発揮するという指摘がある（Carbado et al., 2013）。しかし，欧米由来の概念や知識が日本の心理学に輸入され，定着するとき，その過程自体に権力構造が作用しており，注意が必要だ（第 10 章）。

アイヌと和人の出自を持つ文化人類学者の石原真衣は，下地ローレンス吉孝との討議（石原・下地，2022）で，「ベル・フックスをどの位置から読んだか」という重要な問題を提起している。石原は，日本のフェミニストらが，自らを被抑圧者の有色人女性に位置づけ，自分たちの人種的な特権性＝「白人性」に無自覚である場合が多いとし，そのうえで，日本には帝国主義の歴史が影響を与え続けており，沖縄や北海道は現在も植民地化された状態にあると指摘する。沖縄やアイヌの人々，在日コリアン，被差別部落の人々が「人種化」＝非人間と位置づけられ，収奪可能とされているなかで，日本固有の人種差別に目を向けずにいることは，さらなる暴力とも言えるだろう。

丸一（2022）は，「リスペクトフル・レイシャルカウンセリング（人種・民族への敬意のあるカウンセリング）」を掲げ，在日コリアンのためのカウンセリング機関を提供している立場から，対人援助職に就く者によるマイクロアグレッション（第 13 章）の問題を指摘している。社会的責任を考える日本の心理臨床の専門家は，特権に向き合い，人種差別を米国などの「外国の社会問題」とせず，日本の帝国主義や自民族中心主義の文脈で蔓延る，身近で深刻な問題として取り組むことから始めなくてはならない。

7. おわりに

　BuchananとWilklund（2020）は，「なぜ臨床心理学は変わるべきであり，それができないなら死すべきか（Why clinical science must change or die）」という挑戦的な題名の論考で，インターセクショナリティと社会正義を，教育や養成に取り入れることの重要性を述べている。それほどに，インターセクショナリティの分析ツールとしての有効性が認識されている一方，あらゆる現象を「個人の特性」の問題とし，社会の問題や抑圧構造には鈍感な心理学の傾向が批判されているということでもある。

　本章では，今後インターセクショナリティが心理臨床の教育や養成に取り入られる糸口となることを期待し，その概要を示した。なお，インターセクショナリティを取り入れた授業例（COLUMN 11），事例発表やグループスーパーヴィジョンのやり方（第14章）も，参照していただきたい。

【文献】

Adames, H. Y., Chavez-Dueñas, N. Y., Sharma, S., & La Roche, M. J. (2018). Intersectionality in psychotherapy: The experiences of an AfroLatinx queer immigrant. *Psychotherapy*, **55** (1), 73-79.

American Psychological Association (2017). *Multicultural guidelines: An ecological approach to context, identity, and intersectionality.* [http://www.apa.org/about/policy/multicultural-guidelines.pdf]

Bilge, S. (2013). Intersectionality undone: Saving intersectionality from feminist intersectionality studies1. *Du Bois Review*, **10** (2), 405-424.

Buchanan, N. T., & Wilklund, L. O. (2020). Why clinical science must change or die: Integrating intersectionality and social justice. *Women & Therapy*, **43** (3-4), 309-329.

Carbado, D. W., Crenshaw, K. W., Mays, V. M., & Tomlinson, B. (2013). Intersectionality: Mapping the movements of a theory1. *Du Bois Review*, **10** (2), 303-312.

Cole E. R. (2009). Intersectionality and research in psychology. *The American Psychologist*, **64** (3), 170-180. [https://doi.org/10.1037/a0014564]

Collins, P. H. (2015). Intersectionality's definitional dilemmas. *Annual Review of Sociology*, **41**, 1-20.

コリンズ，P. H.・ビルゲ，S./下地ローレンス吉孝（監訳），小野理乃（訳）(2016/2021). インターセクショナリティ．人文書院

Combahee River Collective. (1977) Combahee river collective statement. In B. Guy-Sheftall (Ed.), *Words of fire: An anthology of African American feminist thought.* The New Press, pp. 232-240.

Crenshaw, K. W. (1989) Demarginalizing the intersection of race and sex: A black feminist critique of antidiscrimination doctrine, feminist theory and antiracist politics. *University of Chicago Legal Forum*, **140**, 139-67.

Dill, B., & Kohlman, M. (2012). Intersectionality: A transformative paradigm in feminist theory and social justice. In *Handbook of feminist research: Theory and praxis (2 ed).* Sage, pp. 154-174.

Fricker, M. (2009). *Epistemic injustice: Power and the ethics of knowing.* Oxford University Press.〔佐藤邦政（監訳），飯塚理恵（訳）(2023). 認識的不正義：権力は知ることの倫理にどのようにかかわるのか. 勁草書房〕

Grzanka, P. R., & Miles, J. R. (2016). The problem with the phrase "intersecting identities": LGBT affirmative therapy, intersectionality, and neoliberalism. *Sexuality Research and Social Policy*, **13** (4), 371-389.

Harding, S. G. (Ed.). (2004). *The feminist standpoint theory reader: Intellectual and political controversies.* Psychology Press.

石原真衣・下地ローレンス吉孝（2022）. 討議 インターセクショナルな「ノイズ」を鳴らすために 特集＝インターセクショナリティ——複雑な〈生〉の現実を捉える思想. 現代思想, **50** (5), 8-23.

丸一俊介（2022）. 心理支援の現場から見るマイクロアグレッション——在日コリアンカウンセリング＆コミュニティセンターの歩みから 特集＝インターセクショナリティ：複雑な〈生〉の現実を捉える思想. 現代思想, **50** (5), 186-194.

May, V. M. (2015). *Pursuing intersectionality, unsettling dominant imaginaries.* Routledge.

McIntosh, P. (1998). White privilege: Unpacking the invisible knapsack. *Peace and Freedom*, **July/August 1989**, 10-12.

Miller, S. D., Hubble, M. A., Chow, D., & Seidel, J. (2015). Beyond measures and monitoring: Realizing the potential of feedback-informed treatment. *Psychotherapy*, **52** (4), 449-457.

新田啓子（2022）. この「生」から問う——ラディカリズムとしての交差性 特集＝インターセクショナリティ：複雑な〈生〉の現実を捉える思想. 現代思想, **50** (5), 35-47.

PettyJohn, M. E., Tseng, C. F., & Blow, A. J. (2020). Therapeutic utility of discussing therapist/client intersectionality in treatment: When and how?. *Family process*, **59** (2), 313-327.

Spivak, G. C. (1988). Can the subaltern speak? In C. Nelson & L. Grossberg (Eds.), *Marxism and the interpretation of culture.* University of Illinois Press, pp. 271-313.

COLUMN 11 *211*

インターセクショナリティについての授業例

[和田香織]

　ここでは，私がインターセクショナリティ・バブルと呼んでいる図のプリントを使った授業例を紹介します。読者の皆さんも，自分で試してインターセクショナリティ（第13章）についての理解を深めてくだされば幸いです。

　第一段階として，それぞれのバブル（円）に関して，日本人，女性，シスジェンダーなど，学生の帰属・アイデンティティを書き出してもらいます。「体育会系」，「オタク」など，趣味やサブカルチャー的なもの，「内向的」など性格の特性など，既存のカテゴリーに当てはまらないものは，「その他のアイデンティティや社会位置づけ」の欄に記入します。「ヤングケアラー」，「きょうだい児」，LGBT当事者を兄弟や親友に持つことで培った「LGBTアライ」など，身近な人のアイデンティティから生じる位置づけも，この欄に入ります。全てのカテゴリーに書き込んだら，自分の意識を占める割合の大きい項目，意識せざるを得ない（得なかった）項目を三つ選び丸で囲んでもらいます。

　第二の段階では，インターセクショナリティとは私たちが複数のカテゴリーに所属しているという単純な話ではなく，それぞれのカテゴリー内に権力階層があることに注目します。例えば，人種においては，歴史・構造的に白人が上位，有色人種が下位に位置づけられ，性的指向では，ヘテロセクシャルが特権階級なのに対しゲイ・レズビアン・バイセクシャルは被抑圧階級に置かれているというように，図の各円の中にヒエラルキーがあると考えると理解しやすいでしょう。そして，それぞれの項目は，自文化中心主義，シスジェンダー主義，ヘテロセクシズム，ナショナリズム・外国人嫌悪，エリート主義，健常者中心主義，ルッキズムなど，相当する主義・イズムと連動しているのです。

　カテゴリーや文脈によっては，上下関係が曖昧になるものもあるでしょう。例えば，将来の選択肢が豊富でエイジズムに晒されることのない若者は特権階層に属すると一般的には考えられていますが，少子高齢化で縮小する

日本の社会保障の文脈では，上の世代に比べ疎外されていると感じるかもしれません。「抑圧のオリンピック」と称される，どちらがより抑圧されているかの不毛な議論に陥らずに複雑さを明確にすることはインターセクショナリティの重要な機能です（Hancock, 2011）。

　第三段階では，選んだ三つの項目について，選択した理由をグループで話し合います。この際，どの項目を選んだかについての自己開示は不要であり，アウティングにつながるため他のメンバーにも強要しないように強調します。ここで多くの学生が，自分が意識する項目は自らを被抑圧者として位置付けるカテゴリーであり，逆に特権階級にある項目についてはあまり意識してこなかったことを認識します。社会学者のケイン樹里安（2019）は，

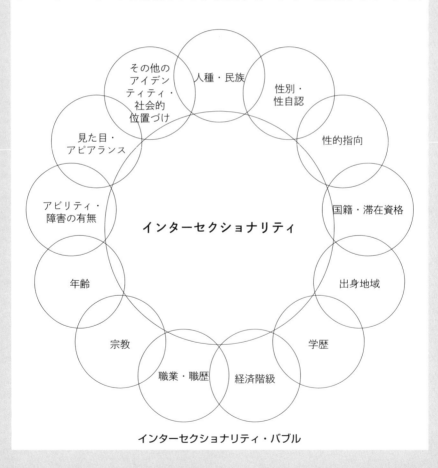

インターセクショナリティ・バブル

「マジョリティ」の持つ特権性を「気づかず・知らず・みずからは傷つかずにすませられること」と表現しました。社会正義に基づく心理臨床は，丸で囲まなかった項目をこそ意識し，知識を増やし，偏見や差別意識を批判的に省察して文化的謙遜を養う必要があるのです。

　ここまでの準備段階を経て，第四段階に進みます。授業ではここに最も多くの時間を割き，図の各カテゴリーが互いに重なっていることに注目しつつ，それらの交差から生じる複雑性への理解を深めます。まず，いくつかのカテゴリーでは特権が相互強化の関係にあります。たとえば，経済的特権階級の出身者は，高い学歴や職業地位を獲得しやすく，既存の経済的特権をさらに強固にすることができることでしょう。一方で，あるカテゴリーで特権階級にいたとしても，別のカテゴリーでの位置づけにより，特権を十分に享受できない場合があります。例えば，障がいのあるゲイ男性は，男性中心社会においても排除されやすいというように。

　交差性を意識したとき，一つのカテゴリーで人々を括れないことが明確になることでしょう。例えば，「現代日本社会を生きる女性」としての体験は，東京の上場企業に勤める高学歴・専門職の女性，地方都市に住む高校中退のシングルマザー，技能研修生として来日した東南アジア出身の介護職員女性らの間で，大きく異なることは想像に難くないはずです。特権階級の典型に見える前者の高学歴女性であっても，性的志向や性自認の面で被抑圧的立場を生きているのかもしれないし，男性優位主義の日本企業で女性として生き抜くために，並々ならぬ努力や我慢の日々を過ごしているかもしれません。

　心理臨床の現場では，それぞれ複雑なインターセクショナリティを持つクライアントとセラピストが対話をします。その対話は，社会・歴史・文化・政治的な文脈によってさらに複雑化します。その複雑性を理解し，多文化コンピテンスを発揮できるならば，インターセクショナリティは理解と共感，連帯に基づいた治療同盟を模索する助けになることでしょう。

【文献】
Hancock, A-M. (2011). Solidarity for millennials: A guide to ending the Oppression Olympics. Palgrave Macmillan.
ケイン樹里安（2019）．マジョリティとは『気にせずにすむ人々 ── #ふれる社会学のイベントから．[https://note.com/julinote/n/n1e83b80755cc]

第 IV 部

トレーニング

第14章

カナダの大学院プログラムから
：カルガリー大学カウンセリング心理学科を例に

[和田香織]

　2016 年 6 月，カルガリー大学教育学部カウンセリング心理学科では，社会正義を学科の教育理念に取り入れることを正式に採択した。「多様性と社会正義」の名を冠した研究室で博士課程を修了した私が着任したのは，その 1 カ月後だったが，すでに進行中の改革に沿った採用であったと考えられる。同年より，社会正義の理念に基づく学科改革が開始された。しかし，先輩の退職や同僚の異動が重なり，2020 年より私が Director of Training に就任することになった。Director of Training とは，学部内や大学内での調整を司る学科長とは異なり，カリキュラムや臨床実習がカナダ心理学会や州の心理免許団体等の規定を満たし，優れた臨床家を輩出できるように指揮する臨床養成の責任者である。社会正義の理念の実現も，期せずして私が引き継ぐことになった。

　本章では，カルガリー大学で取り組んできた，社会正義に基づく心理臨床関連の授業の具体例を紹介する。特に，修士課程 1 年生対象の「アドボカシー・ポートフォーリオ」と，博士課程での心理臨床実習内で行う「実習受け入れ機関の社会正義分析」「Multicultural and Social Justice Counseling Competencies（MSJCC，第 2 章参照）を取り入れた事例発表・SV の実践」の 3 つについて詳細に記述する。

　新型コロナウィルスの世界的な流行や教員の入れ替わりなど，困難な状況下で取り組んできた学科改変であり，決して完璧なモデルケースとして提示できるものではない。まだ道半ばであるし，いつか完成する性質のものでもないと認識している。また，カナダの大学や心理免許の仕組みなどの特有の文脈における試行錯誤なので，そのまま日本に輸入することは不可能であり適切でもないだろう。それでも，1 つの事例として提示することで，参考になる点や新たな試みへの起爆剤となることがあれば幸いである。

1. カルガリー大学カウンセリング心理学科の概要と取り組み

　カルガリー大学カウンセリング心理学科は，教育学部内に設置されており[*1]，カナダ心理学会（CPA：Canadian Psychological Association）の認可を受けた修士課程と博士課程のほか，通信教育の修了証プログラムのいくつかを提供している。本稿で焦点を当てるCPA認定プログラムでは，毎年修士課程に12人程度，博士課程に4〜7人程度を受け入れており，どちらの課程も学位論文と臨床トレーニングが必須事項となっている。

　冒頭で述べたように，本学科では2016年に社会正義を学科の軸となる価値観とし，新たに教育理念を制定した。カウンセリング心理学には，長きにわたり多文化カウンセリングや社会正義の知見が蓄積されてきたが（第1章，第2章），本学科での教育理念への取り入れは抜本的な一歩だった。

　当時，すでに米国では，「科学者-実践者-アドボケートモデル」が導入されつつあった（テネシー大学カウンセリング心理学科など）。これは，広く浸透している「科学者-実践者モデル」をさらに一歩進めて，新たにアドボケートとしての役割を取り入れたモデルである。しかし，カナダの心理学専門領域における文脈では，CPA認定レジデンシー・プログラム[*2]の一部が「科学者-実践者モデル」からの学生のみを受け入れるなど，予想できる不利益のほうが大きかったため，本学科では当面，科学者-実践者-アドボケートモデルの採用を見送った。そのかわり，既存の「科学者-実践者モデル」の枠組みの中で，社会正義の理念を具体化・実践することが課題とされた。

2. 実践例「アドボカシー・ポートフォーリオ」

　私がまず再編を担当したのが，「専門心理学における社会正義，脱植民地化，人権（Social Justice, Decolonization, and Human Rights in Professional

---

*1　カウンセリング心理学科とは別に，教養研究科（Faculty of Ars）内に心理学部があり，学部課程に加え，組織心理学や臨床心理学，神経心理学を含んだ大学院プログラムを擁している。
*2　博士課程最終年の1年間の有給研修，インターンシップとも呼ばれる。

Psychology）」という科目である。もともと「心理専門職における文化的影響（Cultural Influences in Professional Psychology）」というタイトルだったのを，新たな理念が目指す方向をより反映させる名称に変更した。

再編にあたって，アドボカシーの重要性を全面に出した。カウンセリング心理学では社会正義の重要性を謳ってはいても，アドボカシーに関する教育や養成が十分でないことが指摘されてきた。そこで，前任者によって実施されていた「コミュニティー・ポートフォーリオ」（Sinacore & Kassan, 2011）を改訂し，「アドボカシー・ポートフォーリオ」という課題を通してアドボカシーの基礎を学ぶことを目指した。ポートフォーリオとは，レポート，プレゼンテーション資料，自己省察の記録，制作物など，学生の学習過程とアウトカムを示す一連の学習成果物の集合体であり，またその教授法である（Boud & Falchikov, 2007）。1つの課題が次への課題へ蓄積され，学習課程の振り返りを通して総合的な学習経験を促すことを目的とする。

学期の初めに，LGBT，貧困，障がい，人種，移民など，テーマ別にグループ分けを行う。そのとき必ず，自分が特権階級に属し，今まであまり知らずにきたテーマを選んでもらう。これは，課題全体を通して自分の特権性を見つめ，心理の専門家としてより良きアライになるための第一歩を踏み出すためである。

毎週の授業では，コミュニティ心理学，批判心理学，解放心理学（Psychology of Liberation），フェミニスト心理学，クィア・トランスジェンダー理論，インターセクショナリティ，批判的人種理論，（批判的）障害学など，多岐にわたる理論を読み込む。このとき，国連の国際人権章典に加え，障害者権利条約や女子差別撤廃条約など，人権に関する文書にも触れる。あらかじめ指定文献を読み込み，感想や疑問点を書き記したり関連動画を見たりするなどの宿題をこなしたうえで授業に臨む，「反転授業」と呼ばれる教授法を基本としているため，授業ではレクチャーは最低限にとどめる。そのかわり，授業時間はディスカッションやケーススタディー，ジグソーリーディング[*3]に多くを割き，グループ別に分かれ，ポートフォーリオの準備に充てる時間も設ける。

(1) レジュメの作成と既存文書の分析（グループ活動）

　第一の課題は，重要と考えられる先行文献から6本を選んでレジュメを作成し，実践ガイドライン等の既存文書を分析することである。検索で最初に引っかかったものから選択しての単純な分担作業にならないよう，選択した6本の文献のバランスや重要性，総合して得られる知見のまとめについても，採点の基準とする。

　既存文書の分析は，重要な既存文書の中から1つを選んで，先行文献を踏まえたうえで，その長所や改善点等の検討を行う。候補となる文書の例としては，カナダ心理学会やアメリカ心理学会発行の実践ガイドライン，専門家グループが出している提言書・基準（例：世界トランスジェンダー保健専門家協会が発行しているケア基準，本書コラム8「あらゆるジェンダー・セクシュアリティおよびLGBTQ+ コミュニティへの支援」などを参照），政策文書，行政システム（例：精神疾患を持つ人が社会保障を受けるための基準や申請手続き）などが挙げられる。

(2) インタビューかフィールドワークを通しての体験学習 （グループ・個人）

　第二段階では，当事者や活動家，サービス提供者にインタビューをするか，テーマに沿った文化行事（たとえば，先住民をテーマにしたグループであれば，収穫の儀式など）に参加し，レポートを提出する。

　最初の課題でまず基本知識を得るのは，体験学習の場で無知による無神経な質問や，不適切な行動を避けるためである。基本用語さえ知らずに相手の時間を無駄にしてはならないし，「スラム・ツーリズム」のような「見世物化」や，好奇心や学習意欲を満たすためだけの搾取も避けなくてはならない。そのため，学生は質問項目を含めた訪問計画を事前に提出し，教員の承

───────────

＊3　ジグソーリーディングとはアクティブ・ラーニングの手法の1つで，あらかじめいくつかの必読文献を分担し，学生に自分の担当を責任をもって読んできてもらい，授業内では互いに自分が読んだ文献について教え合うことを特色としている。自分が読んだ文献を読んでいないクラスメートに説明することで，学習効果を高めることに加え，全体として一人では読みきれない量を知識として得ることができ，ジグソーリーディング後には重層で多角的な議論が可能になる。

認を得てから訪問する。訪問はグループで行い，レポートは個別に提出する。

（3）アドボカシー制作物（グループ活動）

　前の二段階を踏まえたうえで，アドボカシー制作物をグループで作成する。行政や関連機関への意見書，提言書，オープンレター，ファクトシート，パンフレット，Wikipedia の編集などの選択肢があるが，制作物は心理学の知見を集約し，コミュニティに役に立つものでなくてはならない。前項（2）の体験学習時に，当事者や支援者などに，「必要としているもの」「あったら良いもの」を聞くことも奨励している。

　これまでの秀作例には，ホームレスに関する行政対応の是正を求める市議会への提言書や，ノンバイナリーに関して正しい知識を普及し，偏見を減らすことを目的としたパンフレットなどがある。提言書は学期終了後に学生たちが署名を集めて提出したり，パンフレットやファクトシートは，体験学習で訪問した機関で実際に掲示・配布されたりした。このように，コミュニティに何らかのかたちで還元される制作物が理想的である。

（4）グループ発表（グループ活動）

　学期の最終週に向けて，第三段階で作成した製作物を紹介し，作成理由や使用目的などを発表する。また，それまでの全段階を通しての学びの過程を振り返り，グループ内で多様性や特権性にどう向き合ったのかについても発表する。

（5）最終レポート（個人活動）

　グループ活動で担当したテーマについてだけでなく，他のグループの制作物や発表，文献やディスカッションを含めた総合的な学びの振り返り，省察記録としてレポートを提出する。多様な学習形式を尊重するため，文書に限らず，コメントを添えた詩や映像作品もレポートとして受け入れている。これまでの秀逸作に，社会風刺と批判的自己反省を込め，自ら作詞したラップ音楽の動画がある。剥き出しの生々しさと魂に語りかける説得力があり，単なるお行儀の良い言葉を並べたレポートより，学生の学習成果が凝縮されていた。

第 14 章　カナダの大学院プログラムから　　*221*

　以上，アドボカシーポートフォーリオの実践例を紹介した。修士1年目の最初の学期にアドボカシーの基礎を学ぶことで，社会正義が単なる「付け足し（add-on）」ではなく，専門家アイディンティの基盤であることが強調される。また，課題は，交流するコミュニティの実利に資するようなサービスラーニングの要素があることも付け加えておく。

3. 実践例「実習受け入れ機関の社会正義分析」

　北米の博士課程における心理臨床プログラムでは，研究だけでなく臨床養成も充実している。本学科では，博士課程の初期に，秋学期から冬学期の8カ月間，学生は地域の臨床現場で週2，3日間の心理療法実習に臨む[4]。私がディレクターとして担当するのは，この実習を支える週1の少人数クラス（4〜6人程度）であり，心理療法理論，心理療法統合，プロセス研究に関する文献を読み込みながら，実習先での事例検討を行う。

　教授法のもととなるのは，多文化と社会正義カウンセリングコンピテンシー（MSJCC）であり，課題や授業内のアクティビティもそれに沿って構成されている。MSJCCは，アメリカ心理学会のカウンセリング心理学分科や，アメリカカウンセリング学会のメンバーによる多文化カウンセリングコンピテンシーへの貢献をさらに発展させ，アドボカシーや社会変革への働きかけも，カウンセラーの必須能力として位置づけている（Singh et al., 2020；蔵岡ら，2023，第2章参照）。MSJCCにおいて重要と考えられているのは，以下の4点である（Ratts et al., 2016, pp. 30-31）。

　①カウンセリング関係における多様性と，多文化主義の複雑さを理解する。
　②抑圧構造が精神衛生とウェルビーイングに及ぼす負の影響を認識する。

---

*4　このほかに，同じく8カ月の心理アセスメントの自習があり，修士課程を含め，面談時間300〜500時間の臨床経験を積むことで，博士課程最終年で必須のレジデンシーへの応募資格を得ることができる。レジデンシーは，有給，通年週5日の研修で，最低1,600時間（面談時間は400時間ほど）の研鑽を積む。カナダ心理学会の認定規定では，臨床養成全体を通し，面談4時間に対し1時間のスーパービジョンが必要とされている。

222 第Ⅳ部　トレーニング

表 14-1　実習受け入れ機関の社会正義分析課題，検討項目

組織としての実習先	クライエント層	学生の立場性
・性別，国籍，年齢，経済的階層の特徴 ・クライエント層を取り巻く歴史的背景，言説，偏見・差別，権力構造 ・支援にアクセスするための条件 ・直接的，間接的な排除（立地によるアクセスのしやすさ，面談回数の制限など）	・組織の概要や理念，部門構成，組織文化とその遷移 ・財政構造，雇用体制，面談の価格設定 ・実習機関を取り巻く公衆衛生政策，政治的な文脈 ・意思決定における権力構造と多様性 ・多様性等に関わる運営や方針（例：ハラスメントガイドラインがあるかどうか）	・学生の立場性，インターセクショナリティが左の要素と，どう関連しうるか ・実習生という立場 ・今，もしくは，責任ある立場になったら改善したいこと ・アクセス可能な資源・サポート，連帯可能性のある内外の人材・部門，理解者

③個人をその社会環境の文脈で理解する。

④社会正義のアドボカシーを，カウンセリングのさまざまなモダリティ（たとえば，個人，家族，パートナー，グループ）に統合する。

　MSJCC には生態学的システム論の要素が取り入れられており，クライエントとカウンセラー双方の個人内や個人間のミクロレベルから，組織やコミュニティのメゾレベル，公共政策やグローバルな動向を含むマクロレベルまでの包括的な視点を求められる（第2章参照）。ここで紹介する「実習受け入れ機関の社会正義分析」という課題は，このミクロからマクロに至るまでの権力関係や相互作用を分析することを目的としている。課題では，実習開始後6週間以内に，実習受け入れ機関の広報文書やウェブサイト，オリエンテーションで得た情報から，「クライエント層」と「組織としての実習先」の要素について調査してもらう（表15-1）。

　この分析を行うことでどのような知見が得られるのか，以下に具体例を示したい。ただし，細部は変更し，複数の研修先の情報を混合することで，特定の機関が識別されないように配慮している。

(1) 大学の学生相談室

　大規模大学の多様性を反映して，相談室のクライエント層も留学生，社会人大学生，院生，障がいのある学生など幅広い。北米の大学の学生相談は歴史的に人間性心理学に基づき，学生の実存的な悩みや自己探求，青年期の発達課題を支援する特色が強かった。

　しかし近年，精神疾患診断を持って入学する学生の増加と，カウンセリングへのスティグマの減少などの要因から来室者が急増し，ブリーフセラピーと限られた面談数で症状の軽減を目指す，医療モデルが主流になっている。当該学生相談室も例外ではなく，疾患診断が当てはまらない学生にはシングルセッションのみの提供が通常となっており，学生の不満が噴出している。常勤は勤務歴の長い白人ヘテロセクシャルの職員で占めているが，有色人種やLGBTの若手スタッフは，大半が非常勤または実習生である。

(2) 病院内の精神医療

　大学附属病院の精神科外来。心理職は精神科医，看護師，作業療法士，ソーシャルワーカーなどから成る協働チームの中核を担い，他業種からの信頼も厚い。カナダの皆保険制度により患者の自己負担はないが，予約が取りにくく順番待ちが長いため，インテークから治療開始まで数カ月かかることが珍しくない。経済的余裕のある層や福利厚生が充実している人は，待ち時間を嫌って私設カウンセリング機関に流れるため，治療希望者は経済的困窮者層が多い。これは同時に，①先住民，移民，難民などの比率も高いこと，②治療開始を待っている間に問題が重症化する傾向があること，の2つを意味する。

　心理職チームは研究も担っており，研究助成金や論文の成果によって賞与が決定する。また，一部の治療プログラムは効果研究と連動しており，助成金の取得状況が組織の意思決定に大きな影響力を持つ。数年前から始まった州政府の緊縮財政による事務スタッフの削減や臨床時間の増加など，心理職に対する負担が増えている。

（3）私設開業機関

　ビジネス街にオフィスを構える，私設のカウンセリング営利機関。ビジネス街に勤務する社会人をクライエント層としているため，夕方から夜にかけての時間帯が予約が埋まりやすい時間，いわば「かき入れ時」となる。面談価格はやや高めだが，立地の良さから，福利厚生を利用して心理療法を受ける会社員で賑わっている。

　心理職員の雇用形態は面談数によって収入が決まる委託契約なので，週1，2回のペースで働くことも，夕方からの「かき入れ時」のシフトを増やすことで収入を増やすこともできる。ただし，子育て中の特に女性セラピストは，夕方から夜の時間を避けてシフトを組む傾向がある。

　大規模な機関ではないため，育児休暇を含めた福利厚生は乏しい。スタッフは各自が決めたシフトで勤務するため，月に一度のスタッフ会議以外ではほとんど顔を合わせることがなく，チームで仕事をしている実感は薄い。数年前の実習生が指摘するまで，インテークフォームの性別欄では男女の二者選択に限定していた。クライエント層は表面上，経済的に恵まれているように見えるが，不安，鬱，不眠の傾向が高い。

　まったく異なるタイプの実習先を例に挙げたが，それぞれの実習受け入れ機関によって，クライエントや実習生が遭遇しそうな社会正義に関わる問題にも，相違があることが伝わっただろうか。課題遂行にあたり，実習先の短所を見つけて批判することを目的とせず，文化的謙虚さから総合的な視点を養い，クライエント層や実習環境を積極的に理解することで，チームの一員として早期に馴染むことを心がけるよう，学生に促している。課題を通じてスーパーバイザーや他のスタッフとの対話を奨励しているので，実習先から，たとえば，「公的予算削減が，自己の燃え尽き傾向やクライエントケアに，どのような影響を与えているかをスタッフ全体で考える良い機会になった」という反応を得ることもある。

　授業の発表は一人15分程度で，その後20〜30分ほどのディスカッションを設ける。全員の発表の後には，全体を通しての学びを振り返る。すると，異なるタイプの実習先であっても，横断する共通テーマに気がつく。それ

は，クライエントと心理職の双方を取り巻く労働環境，面接の価格設定に関わる経済の仕組み，そのどちらをも包括する資本主義であったり，医療化の功罪やそれを相互構成する要素，公衆衛生に関する思想や政策などだったりする。

絶大な権威を持っていると思われていたスーパーバイザーが，組織のパワーゲームの中ではいちプレイヤーでしかなく，奨学金や住宅ローンの返済を抱えていたり，女性や中堅などの立場により影響力が限られていたり，さまざまな苦難を抱えながら日々の業務をやりこなしている実情に気づくこともある。また，すべての構成員を包括する組織自体も，政策や予算分配，時代精神や公衆言説と無関係でいられない。それらの要素を包括的に考察することで，心理職・心理学研究の役割を見つめ直すことができる。

博士課程では，実践・研究領域，多様な職場，学会，職業団体など，卒業後にリーダーシップを担う人材の育成を目指している。今は非力な実習生であっても，将来権限のある立場になったとき，どんな理念を持ち，実現したいかを考え話し合うことは，意義があることだと考えている。

4. 実践例「MSJCC を取り入れた事例発表・SV の実践」

前述の「実習受け入れ機関の社会正義分析」を終えた頃から，授業時間は事例発表とグループスーパーヴィジョン（SV）に充てられる。事例発表自体は MSJCC を基盤としているが，科学者-実践者モデルのプログラムとして心理療法統合や心理療法プロセス研究の知見，エビデンスに基づいた実践も重視していることがわかってもらえるだろう。SV では，多様性や立場性，多文化要素を話し合うことは，SV 同盟（Supervision working alliance）だけでなく，セラピストの多文化カウンセリングコンピテンシーや，カウンセリング全般の自己効力感の向上に寄与するという研究成果も示されている（Phillips et al., 2017；Soheilian et al., 2015）。言い換えれば，このような事例発表や SV の手法は，エビデンスに基づいていると言えよう。

(1) クライエントとセラピストの紹介

MSJCC に基づき，カウンセラーの自己認識，クライエントの世界観，ま

た，特権性と周縁化の相互作用を明らかにするために，インターセクショナリティ（第13章）を取り入れた紹介を行う。発表者は，クライエントだけでなく自分自身についても，「シスジェンダー，セトラー*5，バイセクシャル，労働者階級出身」などと立場性を明らかにする。意図せぬアウティングにならないよう，自己開示は強制しない姿勢をとっているものの，社会正義を理念にした学科の博士課程ともなると，立場性をオープンにし，相互の学びとする土壌がすでに形成されている。

　続いて，クライエントの主訴，カウンセリングやその他の援助要請の来歴における社会正義や人権に関わる要素を特定し，わかっている限りのクライエントの世界観，価値観，信条について報告する。そのうえで，クライエントとの関係性を鑑み，自身の偏見や知識の限界，それを補うための努力や取り組みについて，文化的謙遜の立場からの省察を述べる。このような紹介は，クライエントもセラピストも社会的，政治的，歴史的，文化的文脈に埋め込まれている存在であるという意識につながる。

(2) 心理療法プロセスと臨床の見立て

　それまでの面談回数とその推移（クライエントのフィードバックや症状チェックリストのデータがあればそれも含め），治療同盟や共通要因のアセスメント，セラピストが選択した学派やアプローチに基づいた臨床の見立てを発表する。心理療法統合の試みでは，技法折衷か理論統合かなど，その形態も説明する。心理療法統合や心理療法プロセス研究，エビデンスに基づく実践に寄与する研究論文を参照し，発表の数日前までに参考文献をクラス全体に送信しておく。

(3) 録画動画の共有

　最新の面談の録画から10分ほどを選び，選択した理由を明らかにしたうえで共有する。重要なモーメントで何を考え，感じていたか（あるいはいなかったか）を省察し，録画を見返して得た洞察や，成功・不成功と感じる点，改善すべき点を発表する。MSJCCに沿って，クライエントとセラピス

───────────────
*5　先住民に対し，植民地者であること。

トの特権性と周辺化がどのように揺らぎ，もしくは固定された状態で，治療関係に影響を与えた可能性があるかについても検討する。メンバーから特にフィードバックを求める点があれば，それも述べる。

(4) チーム内でのディスカッションとフィードバック

　一連の発表後，グループでディスカッションとフィードバックを行う。スーパーバイザーである私は，学生間のディスカッションを促進する役割を担いながら，MSJCC を意識した質問をするよう努める。以下に例を挙げる。

○クライエントが打ち明けた困難は，どのような社会不正義と関係しているのか。その問題に対して，私たち（発表者だけでなく，教員の私を含めたメンバー全員）は，それぞれどのような立場をとってきたのか。

○クライエントが別の属性だったとしたら，この困難を同じように体験しているかどうか。

○クライエントの「症状」や「病理」，あるいは「機能不全」が，不条理な社会に対する抵抗や適応拒否，もしくは学習性無力感の表れである可能性はあるか。

○クライエントは不条理な社会にどう過剰適応，または過剰補償してきたか。そのような適応努力は，どのような苦痛や人間関係の歪みを伴ってきたか。

○社会不正義とクライエントの困難との関連性について，クライエントと話したかどうか。クライエントはどのような反応を示したか，あるいは示すと予想されるか。話し合わない場合，その障害となっている要因は何か。

○「ホワイト・フラジリティ（白人の心の脆さ）」（ディアンジェロ，2018/邦訳，2023）のように，私たちの特権に由来する脆弱性が，社会不正義の要因を認識すること，あるいはそれについてクライエントと対話することを避ける原因になっていないか。同様に，クライエントの状況に対して過度に憤慨し，正義感を装うことで，自分が「抑圧者」であることの罪悪感を軽減しようとしていないか。

○クライエントの環境に対して，クライエント自身以上に無力感や絶望

228 第Ⅳ部 トレーニング

感を感じていないか。クライエントを「可哀想な人」として扱うことで，クライエントが持っている抵抗の知恵や生存のための力を見落としていないか。

○セラピストとしての発表者が，その立場性によって，クライエントにとって脅威をもたらしている可能性はあるか（例：女性の性暴力被害者にとっての男性セラピスト）。

○発表者個人だけでなく，クライエントがこれまで関わってきた「専門家」や「権力者」との関係性を考慮し，心理の専門家集団としての"私たち"が，クライエントにとって脅威をもたらしている可能性はないだろうか。自分を抑圧する，あるいは抑圧してきた集団を好むと好まざるにかかわらず代表する"私たち"に，助けを求め自分をさらけ出すということは，どのような心理的体験かを想像できるか。

○もし脅威となる要素がある場合，治療関係のどういったところに遠慮や迎合，あるいは反発が見られるか。その状況において，どのようにしてクライエントの心理的安全性を築き，信頼関係を深めることができるか。

　これらの質問は，主に周縁化されたクライエント，特権的なカウンセラーを想定しているが，もちろん，クライエントが一部の側面で特権的立場に移動するときの治療関係の複雑さも，SV で取り上げる重要なトピックである。先述した「実習受け入れ機関の社会正義分析」の課題をすでにこなしていることで，ミクロからマクロまでの視点が事例発表と SV に加わり，ディスカッションに広がりを与える。

　Reynold（2010）は，社会正義に基づく SV の根底には，関係性倫理（relational ethics）があるとした。複雑に構成された社会の一員であるクライエントの問題は，同じく社会の一員である私たちと無関係ではない。クライエントのニーズや権力・抑圧構造の文脈に対して，私たちは倫理的にどのような立場をとるか，という主題に立ち向かう。構造的な問題に対して無力感を覚えることもあるが，少なくとも自己の特権性に無自覚なままクライエントを病理化・医療化したり，問題を自己責任化したりしないことが重要である。そのような関係性の構築は，それ自体が修正感情体験となり得ると考

える。

　誤解のないように付言するが，MSJCC を軸にした事例検討・SV とは言っても，社会・マクロの話だけをするわけではない。セラピストが選んだ学派やアプローチからの臨床見立てや介入，治療同盟の作用についても討議し，エビデンスを活かした実践を追求する。MSJCC ではアドボカシーの統合を推奨しているが，実際には，面談の中でできることは限られており，しないことを選択する場合も多い。アドボカシーはクライエント「に」，あるいは「と」するとは限らないからだ（第 2 章・アドボカシーの 6 領域モデル参照）。学生たちはすでに，市議会への提言やファクトシートの作成など，さまざまな形でアドボカシーを行う方法をすでに知っており，投票やデモを通じて政治参加する権利も持っている。

5. おわりにかえて：特有の困難と課題

　以上，カルガリー大学で私が実際に実践してきた課題例を挙げた。教育理念を刷新し，学科全体で社会正義について取り組むようになって，すでに 7 年が経過している。私の担当授業に限らず，アセスメントやキャリアカウンセリングなどの授業も，それぞれ社会正義の視点からのカリキュラムに変えている。カナダの先住民への歴史と，「真実と和解の委員会」*6 の行動要請を受け，2020 年からは「先住民のアプローチによる心理療法」という新しい科目も設けた。CPA の養成プログラム認定基準に，社会正義や脱植民地化が含まれたのは 2023 年のことだが，私たちの学科は 2016 年から先駆的に取り組んできたことに，多少ながらの自負を感じている。

　しかし，社会正義の理念が浸透するにつれて，特有の困難も現れ始めている。まず，学生間で社会正義意識の差異が生じている。たとえば以前であれ

---

*6　カナダでは 1 世紀以上の同化政策により，先住民の子どもたちが家族や民族から強制的に引き離され，先住民寄宿学校に入れられた。体罰や性的虐待，慢性的な栄養不足などが常態化しており，死亡し，家に帰ることのなかった子どもに加え，文化や言語の喪失，世代を超えたトラウマという甚大な被害を生み出した。「真実と和解委員会」とは，2007 年から全国で行われた，6,000 人以上もの証人からの聞き取りや歴史文書の調査をまとめた最終報告書であり，和解を求めての 92 箇条に及ぶ行動喚起が含まれている。

ば，インターセクショナリティ，特権，抑圧などについて基礎から教えれば
よかったが，今では多くの学生が学部で学んできたか，「生きた経験（lived
experience）」として知識を持っている。基礎知識が必要な層を対象にしす
ぎると，社会正義に共感して入学した学生を失望させてしまう。しかし，学
術的や経験的に「知っている」ということと，心理臨床の実践で「活かせ
る」ことは別の次元であり，「すでに知っている」という優越性は，文化的
謙遜と成長を阻害する要因にもなり得る難しさがある。

　さらに，「真実と和解委員会」以後の高校・大学教育を受けた学生に比較
して，教員が先住民虐殺の歴史について知識を欠いていることも問題であ
る。先住民，難民，トランスジェンダー当事者の学生などが，本学科を選ん
で入学してくるようになったこともあり，私たち教員の無知や特権性を，時
に怒りや軽蔑をもって指摘されことも珍しくなくなった。そのような場合，
どのように文化的謙遜を具現化し，修復的正義を実践することでロールモデ
ルになり得るかという関係性の課題に直面する。

　社会正義の観点から，提出日や課題の規定に柔軟性を持たせることの必要
性と，公平性を保つことのバランスも難しい。倫理やクライエントのケア，
アカデミック・インテグリティに関して厳粛に対応すると，「社会正義を標
榜しながら権力を振りかざしている」などの，不当な批判を受けることもあ
る。

　しかし，これらの困難にもかかわらず，学科全体を通しての試みのため，
同僚とのサポートシステムがあり，孤立奮闘ではないことが何よりの励みと
なっている。学生やコミュニティの人々からの学び，学生の成長や活躍に触
発されることの喜びは形容しがたい。また，社会正義に基づいた教育方法の
試みや困難への対処方法を，教育の学術研究から学び，それに貢献すること
も重要な活動であると考えている。

【引用文献】

Boud, D., & Falchikov, N. (2007). *Rethinking assessment in higher education: Learning
　for the longer term*. Routledge.

ディアンジェロ，R. J./貴堂嘉之（監訳），上田勢子（訳）（2018/2023）．ホワイト・フラジ
　リティ──私たちはなぜレイシズムに向き合えないのか？．明石書店

蔵岡智子・井出智博・草野智洋・森川友子・大賀一樹・上野永子・吉川麻衣子（2023），

心理臨床領域における社会正義とアドボカシーの視点——養成プログラムへの統合を見据えて．東海大学文理融合学部紀要，**1**，37-53.

Mallinckrodt, B., Miles, J. R., & Levy, J. J. (2014). The scientist-practitioner-advocate model: Addressing contemporary training needs for social justice advocacy. *Training and Education in Professional Psychology*, **8** (4), 303-311. [https://doi.org/10.1037/tep0000045]

Phillips, J. C., Parent, M. C., Dozier, V. C., & Jackson, P. L. (2017). Depth of discussion of multicultural identities in supervision and supervisory outcomes. *Counselling Psychology Quarterly*, **30** (2), 188-210. [doi:10.1080/09515070.2016.11699]

Ratts, M. J. Singh, A. A., Nassar-Mcmillan, S., Butler, S. K., & McCullough, J. R. (2016), Multicultural and social justice counseling competencies: Guidelines for the counseling profession *Journal of Multicultural Counseling and Development*, **44** (1), 28-48.

Reynolds, V. (2010). Supervision of solidarity. *Canadian Journal of Counselling*, **44** (3), 246-257. [https://cjc-rcc.ucalgary.ca/article/view/59283]

Sinacore, A., & Kassan, A. (2011). Utilizing community portfolios in teaching for social justice. *Teaching of Psychology*, **38** (4), 262-264. [https://doi.org/10.1177/0098628311421326]

Singh, A. A., Nassar, S. C., Arredondo, P., & Toporek, R. (2020). The past guides the future: Implementing the multicultural and social justice counseling competencies. *Journal of Counseling and Development*, **98** (3), 1238-1252.

Soheilian, S. S., Inman, A. G., Klinger, R. S., Isenberg, D. S., & Kulp, L. E. (2014). Multicultural supervision: Supervisees' reflections on culturally competent supervision. *Counselling Psychology Quarterly*, **27** (4), 379-392. [https://doi.org/10.1080/09515070.2014.961408]

第15章
公認心理師・臨床心理士養成課程における授業実践*1

[井出智博・蔵岡智子]

1. 社会正義を実現するための心理支援者のコンピテンシーとその教育・訓練

　2015 年（平成 27 年），国民の心の健康の保持増進に寄与することを目的として，公認心理師が誕生した。それまでにも臨床心理士をはじめ，さまざまな心理支援者に関する資格が整備されてきたが，国家資格としての公認心理師は，国民からの負託を受けた業務を実施するという点において，その社会的責任は大きい。特に近年，わが国でも貧困などの経済的格差や，性の多様性といった，社会構造が生み出す問題に起因する困難さを抱えた人々の存在に，光が当たることが多くなっている。

　しかし，そうした人々に対する支援では，従来のように心理支援者が面接室の中で待ち続けるような心理支援や，内面に焦点化するだけの心理支援だけではその職責を十分に全うすることが困難であり，新たな心理支援のあり方についての議論が求められるようになっている。それを象徴しているのが，公認心理師法が施行されて 5 年が経過するのを機に重ねられている，養成に関するさまざまな議論だろう。

　たとえば，日本公認心理師養成機関連盟（以下，公養連）は公認心理師の養成に関して，獲得すべきコンピテンシーという観点からの議論を重ねている（公養連，2023）。ここで言うコンピテンシーとは，高度専門職である公認心理師に求められる専門性，あるいは職業的能力と表現することができるだろう。公養連は，米国心理学会（以下 APA）が示すコンピテンシー評価

---

*1　本稿は，北海道大学大学院教育学研究院臨床心理発達相談室紀要第 6 号に掲載された報告に，加筆修正を行ったものである。

基準（APA, 2011）を参考にした，コンピテンシー・モデルをもとにした議論を展開しているが，その中には，社会正義を実現するための専門家の行動であるアドボカシーが，コンピテンシーの1つの構成要素として位置づけられている。

こうしたことに象徴されるように，米国では日本に先行して，心理支援者が社会正義という命題に取り組むことや，それを実現するためにアドボカシーという専門性を獲得することが，自明のこととして位置づけられている。一方で，日本では，その議論はようやく開始されたところである。しかし，先に述べたように，現代の日本においては社会構造が生み出す問題に起因する困難さを抱えた人々に対しても，心理支援を提供する必要が生じており，社会正義を実現するための心理支援者のコンピテンシーを育む教育・訓練の整備は，喫緊の課題となっている。

ところで，社会正義を実現するための心理支援者のコンピテンシーとしては，ToporekとDaniels（2018）の「6領域モデル」（第2章）が知られているが，このモデルがミクロレベルからマクロレベルまで，心理支援者に求められる実践を示すものであるのに対して，より発展的な多文化・社会正義カウンセリングコンピテンシー（Multicultural and Social Justice Counseling Competencies：MSJCC, Ratts et al., 2016）では，心理支援者とクライエントの相互作用や，心理支援者の内省や自己認識を重視したモデルへと発展していることがわかる。

では，こうした社会正義を実現するための心理支援者のコンピテンシーを育む教育・訓練は，どのように行われる必要があるのだろうか。蔵岡ら（2023）は，海外における近年の実践，研究に関する文献をレビューすることから，批判的省察，グループ活動，サービスラーニングの3つの方策が主に用いられていることを紹介している。

まず，職業的ジレンマが生じやすい社会正義の視点を心理支援者の養成に取り入れるためには，批判的省察が必要である（Goodman et al., 2018など）。批判的省察とは，自身の経験を振り返ることで自己認識を深め，自分の社会的立場が特権的であるという認識を深めることである。また，社会正義を実現するための実践はバーンアウトを生じさせることが多いため，信念を共有する仲間との関係を維持し，課題を共有することが重要である。そのため，

社会正義に関する行動を促進するグループ活動を取り入れた養成に取り組む実践も多い（Keum & Miller, 2019 など）。さらに，理論的な学びと実践とを結びつけるために，地域の公共機関やボランティア団体でのサービスラーニングの体験が有効であるという報告（Toporek & Worthington, 2014 など）もある。サービスラーニングとは，地域社会に貢献する活動を通して行われる体験的学習活動である。

このように，欧米では社会正義を実現するための心理支援者のコンピテンシーを育む教育・訓練が，さまざまな内容，手段を用いて行われているが，日本ではその具体的な取り組みに関する報告は見られない。そこで本稿では，公認心理師および臨床心理士養成課程に在籍する大学院生を対象とした，社会正義を実現するための心理支援者のコンピテンシーを育むことを目指した授業実践を報告し，その意義や課題について考えてみたい。

しかし，社会正義を実現するための心理支援者のコンピテンシーは多岐にわたるため，そのすべてを網羅するような教育・訓練を実施するためには，第 14 章で示されているカナダでの取り組みのように学部から大学院修士課程に至る心理支援者の養成カリキュラムの中に，コンピテンシーの発達を意識して位置づける必要があるが，養成カリキュラムとの兼ね合いで現状ではそうした系統的な取り組みは困難である。そこで，今回は MSJCC の中で最も基礎的な構成要素に位置づけられる，「カウンセラーの自己認識」に焦点を当てた実践とした。

2. 社会正義を実現するための心理支援者のコンピテンシーの養成を目指した心理支援者養成課程における教育実践

(1) 授業実践の概要

本稿では，筆頭著者が常勤および非常勤として関わる 2 つの大学院における授業実践を報告する。いずれも公認心理師，臨床心理士の養成課程で，それぞれの授業の一部として実施した。A 大学院では修士課程 1 年 4 名，B 大学院では修士課程 1 年 8 名が受講した。

(2) 実践内容を省察する手がかり

それぞれの授業の冒頭に，社会正義を実現するための心理支援者のコンピテンシーの養成を目指した授業実践を行う目的や意義について説明し，授業の進行に合わせて考えたこと，感じたことを記入してもらう「気付きノート」ポートフォーリオへの記入を依頼した。また，社会正義を実現するために，心理支援者にはどのようなコンピテンシーが必要だと考えるか（必要性）と，それがどれくらい実行できそうか（実行可能性）についての自己評価を尋ねる質問紙への回答を依頼した。これは，Advocacy Competencies Self-Assessment（ACSA）Survey（Ratts & Ford, 2010）を日本語で紹介した，鈴木ら（2010）をもとに作成したものである。

3. 教育実践に関する報告の内容

(1) 授業実践

具体例として，A 大学院での実践を紹介する。実践が行われたのは 2022 年度の授業内であり，3 コマ分の時間を社会正義を実現するための心理支援者のコンピテンシーに関する実践に充てた。

【1 日目】
①ガイダンスとコンピテンシーに関する自己評価質問紙の実施
②心理支援と生態学的システム論
・事例に関する議論を通して，クライエントを取り巻く環境，社会的文脈の存在に気づく。
・Bronfenbrenner の生態学的システム理論，Fraser のマルチシステムを紹介する。
③心理支援と社会正義
・心理療法の 5 つの波（Ratts, 2009）と言われる精神分析，学習理論，人間性心理学，多文化カウンセリング，社会正義カウンセリングの概要と，そこに至る流れを紹介する。
・The School Counselor and LGBTQ+ Youth（American School Counselor

Association, 2016）を用いた以下のようなワークに取り組む。

・「The School Counselor's Role」の項には，LGBTQ+ の児童生徒支援にお
いてスクールカウンセラーに求められる役割が示されている。その内容
は，Address（1），Encourage（1），Identify（1），Know（1），Provide
（1），Counsel（1），Promote（2），Support（3），Advocate（4）である。
なお，（　）内は，「The School Counselor's Role」の項目へのそれぞれの
単語の出現数を示している。それぞれの単語の意味を考えてみたときに，
最も多く出現する Advocate はどのような意味を含んでいるのか，自分た
ちがこれまで学んできた心理支援の学びの中に，こうした内容が含まれて
いたのかを考え，話し合ってもらう。

④身の回りにある社会不正義，心理臨床と関連すると思われる社会不正義に
ついて考えてみることを，次回までの宿題とする。

【2日目】

①宿題として出しておいた身の回りにある社会不正義，心理臨床と関連する
と思われる社会不正義について考えたことを全体でシェアする。

② Advocacy Competencies（Toporek & Daniels, 2018）の概要を紹介する。

③より理解が難しいと思われるマクロレベルの実践として，社会的養護経験
者による調査と，それに基づく政策提言の取り組み（IFCA プロジェクト
C, 2020）を紹介し，その内容についてディスカッションする。

【3日目】

①社会正義を実現するための心理支援者のコンピテンシーを育むために，必
要な教育，訓練への導入として MSJCC を紹介し，「特権と排除」という
視点から見た心理支援者とクライエントの立場の相違を提示する。

②「特権と排除の交わりを探るワーク」（Clark, 2019, pp. 46-48）に取り組
む。このワークは特権と排除に関する理解を深め，さまざまな特権や排除
に関連するアイデンティティを理解し，自身が持つ特権，あるいは排除に
関連するアイデンティティについて気づくことを目的とする。

　　具体的には，以下の頭文字を取った「RESPECTFUL G」というワーク
シートを用いる。

・Religion/Spirituality（宗教/信条）

・Economic Class Background（経済的地位）

・Sexual Identity（性的アイデンティティ）

・Psychological Development（心理発達）

・Ethnic/Racial Identity（人種・民族的アイデンティティ）

・Chronological/Lifespan Challenges（年代・年齢に関すること）

・Trauma（トラウマ）

・Family Background（家族背景）

・Unique Physical Characteristics（身体的特徴）

・Location & Language（地域や言語）

・Gender（性別，性役割）

　RESPECTFUL G それぞれの領域についての特権的なアイデンティティ，排除的なアイデンティティを考えたり，そうしたことが心理支援にどのように影響するか，あるいは自分は特権的な立場にあるのか，排除的な立場にあるのかについての内省を深めたりすることに取り組む。

③全体の振り返りとして，「気付きノート」も使いながらこれまでの授業での体験を振り返り，考えたこと，感じたことを全体でシェアする。また，コンピテンシーに関する自己評価質問紙を実施する。

(2) 授業実践内容の検討

①自由記述をもとにした検討

　「気付きノート」には，授業の進行に合わせて考えたこと，感じたことを記入してもらった。ここでは，先に紹介した授業内容に合わせて，A 大学院，B 大学院，双方の受講者が「気付きノート」に書き残した内容を抜粋して紹介する。

a．アンケートに回答して，あるいはこのテーマでこれから学ぶことについて考えたこと，気づいたこと

　　・心理臨床の場でどこまで扱うのがよいだろうと思った。

　　・社会を変えるということはあまり意識したことがなかった。

・「社会変革」と「心理支援者」がつながらない。

b. 「心理支援と生態学的システム論」の講義を受けて考えたこと，気づいたこと

　・社会のシステムがマジョリティを基準にできていることに気づかされた。

　・「心」を中心に考えてしまいがちだが，その人の周りの環境，取り巻く状況を把握し，物理的な問題を解決できる場合についても考えることが必要であると感じた。

c. 「心理支援と社会正義」の講義を受けて考えたこと，気づいたこと

　・正義というと，気を抜くと暴走を引き起こしたり，勝ち負けの話になりそうな怖さがある。

　・社会を変える力と心理臨床家としての専門性，力のイメージが結びつかず，変革の大きさによるが，それぞれの力が別物なのではないかと思ってしまった。

d. 「The School Counselor and LGBTQ+ Youth のワーク」に取り組んで考えたこと，気づいたこと

　・これまで学んできたなかで，アドボカシーだけでなく，そもそも権利について考えてきたこともなかった。

　・主張するというのは，周りが聞く耳を持っていなければ難しいことであるかもしれないと感じた。

e. 身の周りの Social Injustice，心理臨床に関連する Injustice について考えたこと，気づいたこと

　・女性は社会的に不利な立場に置かれがち（給料，出世，キャリア…）で，臨床場面でも DV や貧困のことなどで来談されることもあると思う。"同じ女性として"話を聞ける一方で，"同じ女性なのに"境遇が違い，理解が一筋縄ではいかないというような，共通点と相違点が同時に存在してくることも多々あると思う。

　・誰から見て公正なのか，大多数がそう思えば正義／不正義なのかがよくわからなくなった。

f. Advocacy Competencies を教材とした講義を受けて考えたこと，気づいたこと
- ミクロな視点ばかりに注目し，マクロな視点が欠けていたことに気づいた。
- 講義を受講するなかで，クライエントが必ず変わる必要があるのか？ クライエントにすべての原因があると言いきれるのか？ という問いに気づき，社会のような大きな対象へのアプローチが必要なものであると考えた。

g. 「社会正義を実現するための心理支援者のコンピテンシーを育むために必要な教育・訓練」の講義を受けて考えたこと，気づいたこと
- 特権と排除の知識というか考えがセラピストにあるかどうか，クライエントはすぐに気づくだろうなと思った。
- 全体のような大きな場に対してもその要因を考え，そちらへのアプローチを考えて必要があるという事を養成課程でも取り入れて行くべきだと感じた。

h. 「特権と抑圧の交わりを探るワーク」に取り組んで考えたこと，気づいたこと
- 自分がどのような人間で，他者にどのような影響を与えるのかということを，じっくりと考えることができた。
- 内省することは大切であると感じる反面，とてもエネルギーが必要であることを実感した。

i. 全体を通して考えたこと，気づいたこと
- 不正義を正すということで，支援者のほうが先走っていろいろなことに取り組んでしまうと，結果的にクライエントの意見を無視することになってしまう場合もあると思うので，バランスがとても大切だと思った。
- これまでも，社会の仕組みを変えなければ問題の本質は変わらないと感じる機会は多々あったが，実際にどのように一個人として自分が行動すべきか，よく理解できていなかった。この授業を通じて，社会的に不利な状況に置かれたクライエントがいた場合には，どうしていけばよいかを考える糸口になった。

240　第Ⅳ部　トレーニング

②評価尺度をもとにした検討

　コンピテンシーに関する自己評価質問紙は，「クライエントへのエンパワメント」「組織との連携」「みんなで起こすアクション（社会運動）」「クライエントのためのアドボカシー」「システムへのアドボカシー」「社会・政治的アドボカシー」という6領域モデル（Toporek & Daniels, 2018）に基づく，社会正義を実現するための心理支援者のコンピテンシーに関する自己評価を尋ねるものである。受講者にはそれぞれの項目について，心理支援者のコンピテンシーとして必要と思うかどうか（必要性）と，今の自分に実行できるかどうか（実行可能性）という2つの観点から，授業の前（pre）と後（post）に回答してもらい，2つの時点の得点を比較した（t検定；反復あり）。

a．必要性の pre-post 比較（表15-1）

　心理支援者のコンピテンシーとして必要だと思うかどうかについての評価（必要性）では，6つの領域のうち，特にコミュニティや社会を対象とするようなマクロレベルの取り組みの中でも，支援者が主体的に社会正義のため

表15-1　Advocacy Competency の「必要性」「実行可能性」の自己評価の
　　　　　授業前後の変化

項目		必要性				実行可能性			
		M	SD	t	d	M	SD	t	d
クライエントへの エンパワメント	pre	23.73	1.42	-0.90	0.22	12.70	3.59	-3.25*	-0.94
	post	24.00	1.79			16.20	4.21		
組織との連携	pre	21.73	2.41	-2.47*	-0.51	14.18	4.83	-3.33**	-0.93
	post	23.73	2.53			17.73	3.74		
集団行動 （社会運動）	pre	21.64	2.54	-2.37*	-0.66	14.91	4.89	-2.13	-0.59
	post	23.00	2.45			17.55	4.72		
cl. のための アドボカシー	pre	22.00	2.49	-2.08	-0.58	13.70	5.27	-2.54*	-0.73
	post	23.18	2.56			16.30	4.47		
システムへの アドボカシー	pre	20.91	2.63	-4.49**	-1.25	14.09	5.19	-1.99	-0.56
	post	23.18	1.78			16.91	4.93		
社会・政治的 アドボカシー	pre	19.82	4.07	-3.34*	-0.93	13.91	3.56	-2.63*	-0.73
	post	23.00	2.49			16.55	4.03		

*p<.05．　**p<.01
効果量 d は Hedges'g を示す

に行動するような領域（「システムへのアドボカシー」「社会・政治的アドボカシー」）で効果量が大きく，授業後に得点が高くなったことが示された。preの時点での評価がさほど高くなく，受講者からは心理支援者のコンピテンシーとして必要だとみなされにくかったものが，授業後に他の項目と同様に，必要だと感じられるように変化していることがわかる。

b．実行可能性のpre-post比較（表15-1）

　同様に授業の前後で，受講者自身が心理支援者としてそうした行動をとることができるかという観点から，評価してもらった内容について目を向けてみると，「クライエントへのエンパワメント」「組織との連携」といった領域で効果量が大きく，授業後に実行できるという感覚が高まったことが示された。必要性の評価の変化とは異なり，クライエント個人を対象とするような，ミクロレベルのコンピテンシーで変化が大きかったことがわかる。

4. まとめ

　以上のように，本稿では，MSJCCに示されたように心理支援者自身の自己意識に目を向けることに焦点を当てて，大学院における心理支援者養成課程における社会正義を実現するための，心理支援者のコンピテンシーに関する教育実践の在り方を検討した。ここでは先述の検討結果を手掛かりに，その効果や意義，課題について述べたい。

(1) 効果と意義について

①教育訓練の方法としての批判的省察

　今回の実践では，批判的省察，グループ活動，サービスラーニングというアドボカシーコンピテンシーの教育訓練で用いられる方策（蔵岡ら，2023）の中でも，特に「気付きノート」やワークを通した批判的省察による教育訓練を，その方策として選択した。

　「気付きノート」への記述内容からは，当初は社会と自分の心理支援実践とをどう結び付けるのかについての戸惑いがうかがわれたが，授業が進むにつれて，徐々に社会と心理支援実践を結び付けようと試行錯誤したり，それ

までに自分の中に築いてきた心理支援実践のイメージに，社会正義という観点を新たに書き加えられるのかと，自問自答したりする様子が表現されるようになっている。さらに，身の周りの社会的な不正義を想起するワークを通して，自分の周りにある具体的な状況や，それに直面する人が思い描かれたことによって，心理支援と社会正義の問題が近接していることへの気づきが生じている様子が垣間見える。そして，「特権と抑圧の交わりを探るワーク」では，自分の特権，あるいはそれと関連したこれまでの経験に目を向けつつ，排除を経験した人の経験を思い描くことを経験している。

このように，「気付きノート」の記載内容には，受講者自身がこれまでの自身の学びのプロセスや自分自身の経験を振り返りながら，新たな内容や価値観を理解しようとする過程が見られた。こうしたことから，「気付きノート」が批判的省察の機会として有効に機能したことが，示唆されている。

一方，「気付きノート」には，「内省することは大切であると感じる反面，とてもエネルギーが必要であることを実感した」との記述も見られた。Goodman ら（2018）が行った，大学院における社会正義とアドボカシーに関する教育・訓練を経験した修了者へのインタビュー調査では，彼らは社会正義に関する意識が高まることで内的葛藤を抱えることが報告されており，心理支援者養成課程にある院生にとっては，批判的内省が深まることは，同時に教育訓練上の大きな迷いや停滞を生じさせる可能性があることも示唆されている。

今回の受講者にとっては，本実践の内容が，これまで彼らが養成課程で経験してきたのとは異なったコンピテンシーであったために，「とてもエネルギーが必要である」と感じられる経験となっていたのかもしれない。しかし，「ラーニングエッジ」と呼ばれる葛藤や不快感，もやもやした感情こそが，社会正義の学びには重要であるという指摘（Adams et al., 2007）に沿えば，受講者の中に新たな学びの萌芽が見られたと捉えることもできるだろう。

②コンピテンシー獲得の観点から見た効果と意義

本実践では評価の対象となった参加者が少ないために，コンピテンシーに関する自己評価質問紙の必要性や，実行可能性に関する評価とその変化につ

いての理解には，慎重になる必要がある。

　しかし，それを踏まえたうえで結果に目を向けると，必要性に関しては，授業後には，よりマクロレベルの取り組みが必要だと捉えるように変化しているのに対して，実行可能性に関しては，よりミクロレベルの取り組みができると評価するように変化していることわかる。すなわち，市民や社会全体に対する啓発のようなマクロレベルのコンピテンシーについては，本実践を通してより必要だと感じるようになるものの，それを実際に実行できるのかというコンピテンシーの獲得という観点からは，十分にその効果が表れているとは言い難い状況にあることが示された。本実践が，3回分の授業で実施するという時間的制約に加え，3日目に「特権と排除の交わりを探るワーク」を実施したように，心理支援者の自己認識に焦点を当てた内容で構成され，社会正義を実現するための心理支援者のコンピテンシーを包括的に獲得できる内容ではなかったために，妥当な結果だとも言えるだろう。

　社会正義を実現するための心理支援者のコンピテンシーの獲得過程については，自信をもって自律的にアドボカシー行動をとれるようになるのは，専門性の発達の最終段階であるという見解（Brown & Trusty, 2005）もあるように，まずは実践や今回のような教育訓練の機会を通じて，必要性が認識されることが大切だろう。クライエントが直面している問題は，心理支援者にとって介入しやすく，またその効果が得られやすい問題もあれば，長い間存在し，大きなシステムに関わる問題もある。そして後者の場合には，心理支援者として頑張って関わろうとするほどに無力感に苛まれたり，燃え尽きを感じたりすることがあるかもしれない。その結果として，現状では「何もしない」という選択をする（している）心理支援者も少なくないだろう。

　こうしたことを踏まえ，Toporek ら（2009）が，社会正義とアドボカシーの実践においては，広い視野とサポートネットワークを持つことが不可欠であるとしているように，職業的な経験を重ねるなかで，彼らが心理支援者としてのネットワークを獲得するにしたがって，「気付きノート」の中に見られた，「すべてを実践することは非常に大変で，難しいと思った」という初学者の感覚が，徐々に自分にもできるかもしれないという感覚へと移行していくのかもしれないし，またそれを支えるような，現任者向けの教育訓練の機会が提供される必要も出てくるだろう。

(2) 今後の課題について

①どの段階で，何を学ぶのか

公認心理師や臨床心理士養成課程の大学院生は，実習や指定された授業科目の単位を取得するために非常に多忙である現状を考えると，大学院における心理支援者の養成は，ひとりの心理支援者として社会に出ていく前に，最低限必要なことを習得する機会だと位置づけざるを得ないだろう。しかし，公認心理師，臨床心理士養成課程におけるカリキュラムに目を向けると，クライエントが置かれた社会的文脈に焦点を当てた心理支援，あるいは社会正義カウンセリングについて体系的に学ぶ機会は，ほとんど意図されていない。大学院附属の相談室における，1対1の心理面接を中核的な実習機会とする現在の養成課程では，1対1の関係性や個への支援というより，ミクロな関係性に基づいた心理支援のコンピテンシーの獲得に比べて，集団や社会を視野に入れたマクロな心理支援のコンピテンシーの獲得は，困難なものとなるだろう。

ここで，先に紹介した公養連（2023）が提言している，コンピテンシー・モデルに基づいたカリキュラムを改めて参照してみたい。このモデルでは，コンピテンシーは心理支援者が行う業務内容の質を高めるために必要となる機能コンピテンシーと，それらの基盤となる基盤コンピテンシーという，2つのコンピテンシーから構成されるものと位置づけられている。この2つのコンピテンシーは，教育や医療，福祉といった公認心理師の5領域に共通する，「どの分野においても共通な土台となるコンピテンシー」（p. 15）とされており，「生涯研修のなかで達成されていくべき内容」（p. 16）だと位置づけられている。

こうしたコンピテンシーをもとに最初期の養成段階で目指すべきコンピテンシーが，養成段階でのコア・コンピテンシーとして示されており，その内容は，(a) プロフェッショナリズム：専門性，(b) 心理支援の基本的遂行能力（心理的アセスメント／心理支援／コンサルテーション／心の健康教育・啓発），(c) 反省的実践，(d) 関係性，(e) 科学的知識と方法，(f) 多様性と個別性，(g) 多職種協働／学際的な考え方，(h) 研究と評価という8

つから構成されている。

　さらに公養連は，このコアコンピテンシー獲得に至る学びを実現するために，学部段階で「心理学の社会的展開」という科目の新設を提案している。この科目は現在，公認心理師養成において導入的な科目として位置づけられている，「公認心理師の職責」の前段階に位置づけられる科目であり，「社会の中にある問題や課題に対して，心理学がどのように関連しているか，その中での心理専門職がどのような機能と役割を期待され，どのように貢献しているかについて紹介し検討する」（p.22）科目であるとされている。

　筆者らは，公養連のこの提案は，社会的文脈を考慮した心理支援者の養成，あるいは社会正義を実現するための心理支援者のコンピテンシーを持った心理支援者の養成という観点から，非常に重要，かつ歓迎すべき動きであると捉えている。社会正義を実現するためのコンピテンシーの獲得には，クライエントの主訴や状態を個だけではなく，環境や文化，制度といったマクロな視点から捉える視点や，心理支援者自身の（特権やクライエントとの差異への気づきなどの）自己認識が前提となるが，公養連のこの提案は，こうしたことを学部段階での学びの入り口に配置する提案であると理解できるものであり，社会正義を実現するためのコンピテンシーを重視した心理支援者養成を推進する取り組みだと言える。

②マクロレベルのコンピテンシーの獲得を目指した教育訓練の在り方

　現在，公衆衛生や医療の領域では，健康格差を生じさせる社会的な不平等に注目し，そうした健康格差を生み出す要因を「健康の社会的決定要因（social determinants of health：SDH）」と呼んでいる（堤，2022）。冒頭で整理したように，これは心理支援においても同様で，支援の対象となる人々が抱えるさまざまな困難や問題，悩みなどに対する理解や支援を行おうとする場合には，個人への理解や支援のようにミクロな支援だけではなく，政治的，社会的，経済的要因など，マクロな視点からの理解や支援が不可欠である。

　ところが，先に述べたように，本実践は特に心理支援者の自己認識に焦点を当てた内容であったこと，また授業実践としての期間や回数の短さ，少なさもあり，マクロレベルのコンピテンシーが獲得されるという成果を得るこ

246 第Ⅳ部 トレーニング

とはできなかった。海外では，たとえば当事者団体を訪ねて当事者の話を聞いたり，当事者と一緒に街頭に立つ社会活動に参加したりすることや，議員に手紙を書いたりするなど，マクロレベルの行動を実際に経験するような教育訓練の機会が設けられているという報告も見られる（Decker et al., 2016）。

　本実践を通して，日本の心理支援者養成課程の大学院生は，マクロレベルの心理支援者の行動がイメージしにくいことが明らかになったこともあり，今後の実践の中では，受講者がマクロレベルの行動を理解しやすいように実際の取り組みを紹介したり，受講者自身が体験する機会を設けたりするような教育訓練の在り方を検討する必要がある。

【引用文献】

Adams, M., Bell, L. A., & Griffin, P.（Eds.）.（2007）. *Teaching for diversity and social justice*（*2nd ed.*）. Routledge.

American Psychological Association（2011）. *Competency benchmarks in professional psychology*.［https://www.apa.org/ed/graduate/revised-competency-benchmarks.doc］（2023 年 12 月 18 日閲覧）

American School Counselor Association（2016）. *The school counselor and LGBTQ+ youth*.［https://www.schoolcounselor.org/Standards-Positions/Position-Statements/ASCA-Position-Statements/The-School-Counselor-and-LGBTQ-Youth］（2023 年 12 月 14 日閲覧）

Brown, D., & Trusty, J.（2005）. Advocacy competencies and the advocacy process. In D. Brown & J. Trusty（Eds.）, *Designing and leading comprehensive school counseling programs: Promoting student competence and meeting student needs*. Brooks/Cole, pp. 365-387.

Clark, M.（2019）. Exploring intersections of privilege and oppression. In M. Pope, M. Gonzalez, E. R. N. Cameron & J. S. Pangelinan（Eds.）, *Social justice and advocacy in counseling: Experiential activities for teaching*. Taylor and Francis, pp. 46-49.

Decker, K. M., Manis, A. A., & Paylo, M. J.（2016）. Infusing social justice advocacy into counselor education: Strategies and recommendations. *The Journal of Counselor Preparation and Supervision*, **8**（3）.［DOI: 10.7729/83.1092］

Goodman, L. A., Wilson, J. M., Helms, J. E., Greenstein, N., & Medzhitova, J.（2018）. Becoming an advocate: Processes and outcomes of a relationship-centered advocacy training model. *Counseling Psychologist*, **46**（2）, 122-153.

IFCA プロジェクト C（2020）. 新型コロナの感染拡大によるあなたの生活への影響についての緊急調査──過去に社会的養護を経験したことのあるみなさんへ. アンケート調査報告書 第一報［https://www.ifca-projectc.org/_files/ugd/8d98e0_68b6bc5b3fe0486cb29e48ea43ed919d.pdf］（2023 年 12 月 18 日閲覧）

Keum, B. T., & Miller, M. J. (2019). Social justice interdependence among students in counseling psychology training programs: Group actor partner interdependence model of social justice attitudes, training program norms, advocacy intentions, and peer relationships. *Journal of Counseling Psychology*, **67** (2), 141-155.

蔵岡智子・井出智博・草野智洋・森川友子・大賀一樹・上野永子・吉川麻衣子 (2023). 心理臨床領域における社会的公正とアドボカシーの視点――養成プログラムへの統合を見据えて. 東海大学文理融合学部紀要, **1**, 37-53.

日本公認心理師養成機関連盟 (2023). コンピテンシー・モデルに基づく公認心理師養成カリキュラムの提言 [https://kouyouren.jp/wp-content/uploads/2023/07/20230701.pdf] (2023 年 12 月 18 日閲覧)

Ratts, M. J. (2009). Social justice counseling: Toward the development of a fifth force among counseling paradigms. *Journal of Humanistic Counseling, Education and Development*, **48**, 160-172.

Ratts, M. J., & Ford, A. (2010). Advocacy Competencies Self-Assessment (ACSA) Survey©: A tool for measuring advocacy competence. In M. J. Ratts, R. L. Toporek & J. A. Lewis, (Eds.), *ACA advocacy competencies: A social justice framework for counselors*. American Counseling Association, pp. 21-26.

Ratts, M. J., Singh, A. A., Nassar-Mcmillan, S., Butler, S. K., & McCullough, J. R. (2016). Multicultural and social justice counseling competencies: Guidelines for the counseling profession. *Journal of Multicultural Counseling and Development*, **44** (1), 28-48.

鈴木ゆみ・いとうたけひこ・井上孝代 (2010). 日本におけるスクールカウンセラーのアドボカシーコンピテンスの応用可能性――日本語版アドボカシーコンピテンス自己評価検査 (Advocacy Competencies Self-Assessment Survey) の紹介. マクロ・カウンセリング研究, **9**, 30-47.

Toporek, R. L., & Daniels, J. (2018). *American counseling association advocacy competencies: Updated*. [https://www.counseling.org/docs/default-source/competencies/aca-advocacy-competencies-updated-may-2020.pdf?sfvrsn=f410212c_6] (2023 年 12 月 18 日閲覧)

Toporek, R. L., Lewis, J. A., Crethar, H. C. (2009). Promoting systemic change through the ACA advocacy competencies. *Journal of Counseling and Development*, **87** (3), 260-268.

Toporek, R. L., & Worthington, R. L. (2014). Integrating service learning and difficult dialogues pedagogy to advance social justice training difficult dialogues pedagogy. *The Counseling Psychologist*, **42** (7), 919-945.

堤明純 (2022). 健康の社会的決定要因に対するアプローチ. 心身医学, **62** (6), 466-470.

おわりに

1. 執筆者による交流会からの想起

　2023年春，社会正義アプローチという，日本の心理支援ではあまり聞きなれない用語をテーマにした専門書を出版するにあたり，素晴らしい執筆者の一団に執筆依頼を承諾してもらえるという幸運に恵まれた。あまりの幸運に，ただ単に締め切りまでに原稿を提出してもらい，それを修正するだけのやり取りだけではもったいないと，2023年5月から定期的にオンラインの交流会を設けた。自由参加で全員が参加したわけではないが，そこでの対話は，それ自体が読み応えのある対談記事になったのではと思うほど，内容の濃いものとなった。

　交流会開始後の数回，私たちは臨床現場で遭遇するクライエントの直面する社会問題に関する現実と，伝統的な心理療法の限界とのギャップ，そしてその狭間で感じてきた疑問について，忌憚なく話し合った。大多数の参加者が，それらの疑問を「心理の業界では大きな声で語ることができなかった」と漏らした。本書のCOLUMN 3の中で吉川は，沖縄戦を生き抜いた人々の声を聴き，発信する活動を「『これは心理の専門家がやることではない』と揶揄された」と報告しているが，他の執筆者も似たような経験をしていたことが判明した。

　そのような共通体験に対し，杉原は，日本の心理の業界では「共感の持ち出し禁止」の風潮があると話した。クライエントが直面する問題に対し共感し，それを面接室内での療法の糧にすることは良いが，面接室の外に持ち出せばそれは逆転移の行動化となり，専門家として適切ではないと考えられているとのことだった。そのことに，私は小さくない衝撃を受けた。北米で臨床心理学ではなくカウンセリング心理学を学び，フェミニスト心理学者に師事してきた私は，決して北米心理学の王道を体現しているとは言えないが，私にとって「共感」とは，「相手の身になり相手の気持ちを理解する」だけでは不十分だと理解してきたからだ。本当に共感しているならば，実際に行

動に移すかどうかは別にして，クライエントの主訴を形成する社会の問題に対し，何かアクションを起こさずにはいられない気持ちになるはずだ。この「共感」の考え方に対し，井出は第7章の中で，「行動を伴う共感的理解」という名称を授けてくれた。

交流会の中で，もうひとつ特に印象に残った会話がある。それは，廣瀬が第5章で詳述した，精神科リワークでの復職支援の経験についての会話だった。うつ病を発症して休職した人たちに「自己変革」を促し，自己責任論を助長するスキームを省察する会話に，私は「まるで，壊れた機械の修理工場ですね」というようなことを言ったのを覚えている。壊れるまで乱暴に扱われ，修理工場に運ばれる。それ自体が「規格外」「欠損品」の烙印を押されたような自責を植え付け，修理を施された後，世に送り出され，また壊れるまで働く。「替え」はいくらでもある。

その工場メタファーは，その日からしばらくの間，私の中に悲しい残像を残した。それは，のちに述べる私自身の来歴と関連しているのは明らかだった。廣瀬は，そのような「自己変革」ばかりに焦点を当てた復職支援のあり方に葛藤を抱き，次第に社会正義アプローチへの関心を強めていったそうだが，同じように違和感を持つ心理支援職は3割くらいで，残りは疑いを持たないのではないか，と語った。

本書は，その3割の心理支援者の疑問や葛藤を肯定し，残りの7割に，社会的，政治的，経済的，文化的要因に対する敏感さと，現状の心理支援のスキームに対する批判的思考を促すために編まれた。復職支援はあくまでひとつの例にすぎない。私たち心理支援の現場に身を置くものであれば，ハラスメントや虐待，性暴力，差別や偏見，ヘイトや排除，ケア労働の不均等な分配，それらを被る人々の痛みと絶望の源を知っている。食や住居，文化的生活への不確実なアクセスが，どれだけ精神衛生に悪影響であるかを想像できるはずだ。そのような気づきに蓋をすることなく，社会正義や不正義について仲間同士で話し合い，つながり，共に行動を起こして，社会変革の一端を主体的に担った方が，心理支援職に特有のある種の燃え尽きは防げるのではないかとさえ考えている。私たち，編者・執筆者ら自身が，読者とそのようなつながりを持ちたいと願っている。

2. Social Justice の訳語をめぐる逡巡

「はじめに」で杉原が述べたとおり，本書を出版するにあたり，本書の題目にもなる social justice の訳語をめぐり，編者の中で長いこと逡巡があった。「社会的公正」のほうが手に取ってもらいやすいのか，それともカタカナで「ソーシャル・ジャスティス」にしたほうが無難なのか，決めかねて企画から初校の段階までの間，「社会正義アプローチ（仮）」としていたほどである。しかしある時点で，私たちは「どの訳語がいいか」から，「なぜ私たちはこれほどまでに『正義』を語ることを躊躇するのか」に焦点をシフトし，話し合いを重ねた。結果，躊躇の根底には少なくとも，①行きすぎた正義，正義の名を語る暴力への懸念，②社会正義を掲げることで，本来の心理支援者の役割や個人面接の質が蔑ろになる懸念，の二点があると考えるようになった。以下，それらを検証することで，私たちがなぜ最終的に「社会正義」という訳語を固持したのかを明確にしたいと思う。

第一に，行きすぎた正義，正義の名を語る暴力という懸念については，第2章で蔵岡が，日本では「正義を振りかざす」「正義の暴走」というように，一方的な価値観を押し付ける正義感に対しての拒否反応があると述べている。また，迷いなく悪を倒し，制裁を与える「正義の味方」が，誰にとっても本当にヒーローなのか，という疑問も生じる。関連して，信田さよ子（2022）は，社会的弱者に寄り添うはずの組織や非営利団体で相次いでセクシャル・ハラスメントが発覚したことに対し，東京新聞でのインタビューで，「社会正義の実現を掲げる組織では『正義のために働く自分たちは常に正義であり，間違いはない』と逆転した発想に陥りやすい」と述べている。

これは非常に重要な指摘だ。社会正義を考え，社会を変えたいと思うものにとって，常に付きまとい，向かい合わなければならない課題でもある。そこで，ウンベルト・エーコ（1990）の名著，『薔薇の名前』から，次の文章を紹介したい。

　　「わたしたちは天罰を与えるため，不純な者たちを血で清めるために，人を殺した。もしかすると，過剰なまでの正義の願望に，捕らえられていたのかもしれない。神への過多の愛によって，過度の完徳の精神に

よって，人は罪を犯すこともあるから」（p. 207）

　教義や理想の実現のため，または「過剰なまでの正義の願望」のため，異質なものを排除したり，手段を選ばなかったり，または自分は正義の側に立っているという恍惚感に溺れ，結局のところ権力欲求や私欲を満たす過ちを，人類は何度も繰り返してきた。万が一，社会正義アプローチがその理念の達成のために，手段を選ばず不正義をなすならば，それは本末転倒だ。それはもはや，正義でも社会正義でもない。

　当時は正義だとされた運動が，後世には真逆の評価を与えられることもある。たとえばカナダでは，先住民族の子どもたちを家族や共同体から強制的に引き離し，虐待や栄養失調が蔓延する先住民寄宿学校でキリスト教教育を施すという同化政策が，1世紀以上にわたり続いた。近年では，その入植植民地主義に裏打ちされたジェノサイドを反省し，謝罪と和解の努力が行われている。しかし当時の白人政策者，教育者，宗教者たちは，「未開」で「野蛮」な者たちに文明の光をもたらし，蒙を啓くことを，「正義」と信じて疑わなかったことだろう。

　社会正義は，それぞれの時代の「社会的想像力」（Taylor, 2004）の範囲内でしか進展せず，それによって制約を受けている。だからこそ，現代で受け入れられる社会正義がどのような思想を反映するものなのかを批判的に分析し（Thrift & Sugarman, 2019），哲学や教育，社会学など，学際的に横断するさまざまな正義に関する論理の蓄積に立ち返ることが不可欠だ。

　このように書くと，社会正義などは面倒だ，心理には持ち込まないほうが無難だと思うかもしれない。しかしながら，社会正義や不正義について，正面から議論できない社会の怖さというものを，しばし立ち止まって考えてほしい。たとえば，誰もが自分と異なる人々への偏見を完全に取り除くことは不可能であるのだから，「差別反対」の理想を掲げる人は偽善者だ，と糾弾することは簡単だ。ただ世の中がそういう言説で満ちてしまえば，糾弾されることのリスクを取るより，「私はレイシストです，差別撤廃などに関心はありません」と宣言してしまうことのほうが，圧倒的に楽で安全な選択になってしまう。だが，私たちはそのような人々が大多数になった社会に住みたいと思うだろうか。そのような社会を次世代に託したいと願うだろうか。

また，「正義」という用語さえ使わなければいいのだろうか。単に代替用語を使いさえすれば，上記に述べた諸問題から無関係でいられるのだろうか。それは幻想であり，間違いだ。責任逃避の姿勢でもある。だからこそ，私たち編者は，それでも「社会正義」を掲げ，その責任に対峙していくことを選択した。

　私は，社会正義アプローチとは，ためらい，迷い，疑心暗鬼になりながら，自身の内面や時代精神を凝視し，他者の声に耳を傾け，既存の知識の前提や限界に挑戦しながら模索するものだと考える。固定観念に捉われていないだろうか。今の私に見えていないものは何だろうか。誰かの代弁をするとき，私はどんな立場から発言しているのか。私が経験し得ない多様な生のあり方を不可視化したり均質化したりしていないだろうか。誰かの発言権を不当に奪ってはいないか（Alcoff, 1991）。自分は善の側に立っていると思われたいだけなのか。そうした自問の連続は，栄光や恍惚感などとは程遠く，常に足場の不安定な場所に身を置きながら歩む道だと思う。

　第二に，社会正義を掲げることで，本来の心理支援者の役割や個人面接の質が蔑ろになる懸念についてだが，それについてはまず，個人面接か社会正義か，もしくはセラピストかアクティヴィストか，という二項対立からの脱却から始めならければならない。AかBか，敵か味方か，というEither/orの思考は二者択一を迫り対立を煽るが，逆にBoth/andの思考は，選択肢と相乗効果の可能性を広げる。

　本書では，心理療法の各学派において，すでに社会正義の視点を取り入れる試みが行われてきたり，社会正義を念頭に置いて発展してきたりしたことを示した。また，本書のさまざまな章で触れられてきたように，生きづらさを社会的に再/生産し，精神に内在化する抑圧構造を踏まえた見立ては，より包括的な支援・治療の試みであるし，そこからの解放を下支えすることは，クライアントのエンパワーメントにつながる。

　第14章で，私は社会正義アプローチを取り入れた事例検討・グループスーパーヴィジョンのやり方を記述したが，社会や抑圧構造の話だけをしているわけでないと強調した。セラピストの選んだ学派に基づいた見立てや介入法，心理学研究のエビデンスや心理療法プロセスリサーチ研究を鑑みた議論も充実させている。つまり，社会正義の視点を取り入れることと既存の

やり方は両立，そして統合可能であり，個人面談を蔑ろにするどころかそれを補強し，既存の心理療法の可能性を最大限に引き出すことにもつながると考えている。

＊＊＊＊＊＊＊＊＊＊

　ある種の鬱屈を抱えて10代を過ごし，大人への転換期につまずいた。逃げるように日本を脱出した。カナダに来て数年間，心に巣くった「私は社会に適応できなかった不適合者だ」という思いを拭いきれずに過ごした。

　そのような私が，日本でこのような書籍の出版に関わることができたことを，とても感慨深く思う。日本語で書いたり思考したりすることを忘れてしまわないようにと始めた Twitter（現 X）で，私の拙い発言を見つけ，声をかけてくださった杉原さんには，感謝の言葉もない。そこから始まった交流で，編者の井出さんと蔵岡さん，そして執筆者の方々と，一緒にお仕事ができる喜びを得ることができた。また，「心理職の社会的責任を考える会」を通じて多数の心理学研究者や心理支援職の方々と知己を得ることができ，学びの機会をいただいた。

　最後に，誠信書房さんには，本書の企画に理解を示し，後押ししてくださったことに対し，お礼を述べたい。特に編集部の中澤美穂さんには，多大なるお力添えをいただいた。編者一同を代表し，心からの感謝の意を記したい。

和田香織

【引用文献】

Alcoff, L.（1991）．The problem of speaking for others. *Cultural Critique*, **20**, 5-32.〔https://doi.org/10.2307/1354221〕

ウンベルト・エーコ／河島英昭（訳）（1990）．薔薇の名前（下）．東京創元社

信田さよ子（2022）．支援団体でセクハラが次々に起こるのはなぜなのか…「正義の組織」にこそ潜む危険性．東京新聞（3月23日）〔https://www.tokyo-np.co.jp/article/167299〕

Taylor, C.（2004）．*Modern social imaginaries*. Duke University Press.

Thrift, E., & Sugarman, J.（2019）．What is social justice? Implications for psychology. *Journal of Theoretical and Philosophical Psychology*, **39**（1）, 1-17.〔https://doi.org/10.1037/teo0000097〕

人名索引

欧文人名

Adames, H. Y. — 205
Aliport, G. W — 3
Bandura, A. — 13
Barr, B. — 14
Beck, J. S. — 131, 138, 144
Bentham, J. — 78
Bilge, S. — 206
Bowlby, J. — 51
Bronfenbrenner, U. — 55
Brown, L. S. — 39
Bryant-Davis, T. — 8
Buchanan, N. T. — 209
Campbell, J. M. — 143
Caplan, G. — 55, 56, 57
Chang, C. — 26
Cole E. R. — 200, 203, 206
Collins, P. H. — 201
Cooper, M. — 120, 121
Crenshaw. K. W. — 201
Davoine, F. — 100
Dewey. J. — 113
Dill, B. — 207
Duffy, K. G. — 58
Ellenberger, H. F. — 36
Epston, D. — 83
Erickson, E. — 93
Evanse, S. D. — 61
Fanon, F. — 101
Faure. B. — 166, 167
Ferenczi, S. — 93, 94
Fouad, N. — 25
Foucault, M. — 75, 78, 79, 80
Freud, S. — 93
Fromm. E. — 93, 94, 97
Gendlin, E. T. — 119

Gergen, K, J. — 85, 86
Goodman, L. A. — 242
Guffman, E. — 173, 174
Hays, P. A. — 134, 136
Herman, J. L. — 38, 116
Homney, K. — 94
Ivey, I. — 10
Jenkins, A. — 126
Kabat-Vinn, J. — 132, 161, 164
Kim, J. — 114
La Boétie, E. — 79
Lago, C., — 118
Layton, L. — 100, 101, 154
Levinas. E. — 96
Lewis, J. A. — 27, 186
Lilienfeld, S. O. — 190
May, V. M. — 202
McIntosh, P. — 206
McLeud, J. — 120
Meyer, I. H. — 177
Miller, S. D. — 205
O'Hara, M. — 115
Omidian, P. A. — 119
Parsons, F. — 9, 23
Payne, M. — 82
Pedersen, P. — 10
Polanyi, K. — 151, 152, 156
Pope, K. S. — 21
Proctor, C. — 115
Purser, F. F. — 162
Ratts, M. J. — 20, 30, 115
Reynold, V. — 228
Rich, A. — 36
Rodulfa, E. R. — 25
Rogers, C. R.
— 4, 21, 110, 111, 112, 113, 114, 121
Róisín, F. — 167

人名索引　255

Said, E.	162	末武康弘	120
Simon, R.	129	杉浦義典	133
Skinner, B. F.	130	杉原保史	10
Sue, D. W.	186, 190	世界保健機関	8
Sullivan, H. S.	94	高野嘉之	126
Teasdale, J. D.	132	高畠克子	44
Toporck, R. L.	20, 26, 233, 243	田中純夫	76
Vera, E. M.	21	東畑開人	76
Wachtel, P. L.	102, 153	富樫公一	104, 105
Walker, L. E. A.	38	内閣府	68
White, M.	81, 82	中田行重	120, 121
Winnicott, D. W.	51	永野浩二	118
Zimmerman, M. A.	56	新田啓子	207

和文人名 （五十音順）

五十嵐靖博	14	日本看護協会	23
池埜聡	168	日本公認心理師協会	23
石原真衣	208	日本公認心理師養成機関連盟	25, 232
いとうたけひこ	4	日本社会福祉士会	22
井上孝代	10, 26	日本心理学会	13
上野千鶴子	41	日本心理臨床学会	24
植村勝彦	57	日本臨床心理士会	23
大西晶子	23	信田さよ子	42, 134
小塩真司	5	米国カウンセリング協会	22
カナダ心理学会	15	米国心理学会	22, 25, 128, 232
カナダ心理財団	15	法務省	68
河合隼雄	76	増井武	116
河野貴代美	40, 41	丸一俊介	208
キング牧師	2, 3, 8	美馬達哉	75
窪田容子	114, 115, 117	武藤崇	133
熊野宏昭	132, 133	無藤清子	43
蔵岡智子	27, 233	村本邦子	46
ケイン樹里安	212	森岡正芳	116
礫川全次	79	山口のり子	127
国連人権高等弁務官事務所	11	山口創生	175
斎藤学	41, 42	山本和郎	59
		吉武清實	65
		吉野淳一	83

事項索引

アルファベット

ADRESSING リスト *134*

Behaviorists for Social Responsibility *4*

COCOLO プラン *107*

CR グループ（Consciousness Raising Group）
37, 38

DV（ドメスティック・バイオレンス）*37, 38, 44, 46, 68, 101, 125, 126*

DV 防止法 *5, 125*

DV 加害者更生支援 *126*

DV 加害者プログラム *125, 126, 127*

EG 像志向的 EG *121*

Five Connections *12*

HIV/AIDS *170*

LGBTQ+・LGBTQ・LGB *170, 177, 187, 189, 190, 191, 192, 219, 235, 236, 238*

MSJCC *9, 30, 31, 32, 119, 221, 225, 229, 234, 236*

Psychologists for Social Responsibility *4*

PTSD *47, 177, 178*

Social Justice *in, vi, 9, 19, 30, 216, 217, 233, 250*

Society for Psychological Study of Social Issues（SPSSI） *3*

Society of Community Research and Action（SCRA） *59, 60*

ア 行

アクセプタンス *132, 133*

アクセプタンス＆コミットメント・セラピー *132, 161*

アドボカシー *in, ix, 10, 25, 26, 27, 28, 29, 31, 47, 48, 51, 52, 89, 101, 170, 171, 172, 182, 183, 197, 218, 220, 221, 229, 233, 240, 241, 242, 243*

アドボカシー・カウンセリング *iii*

アドボカシー・コンピテンシー *26, 30, 89*

アドボカシー・ポートフォリオ *216, 217, 218*

アドボケイト *31, 48, 52*

アライ *10, 208, 211, 218*

アンチ拒食/過食症リーグ *83*

アンチスティグマ *179*

意識（アイデンティティ）の風景質問 *82*

一者心理学 *94*

意味の共創 *85*

インターセクショナリティ（交差性）*8, 31, 174, 200, 201, 202, 203, 204, 205, 206, 207, 208, 209, 211, 212, 213, 218, 226, 230*

インターセクショナリティ・バブル *212*

エンパワメント *26, 28, 39, 40, 52, 56, 59, 170, 171, 182, 240*

欧米中心主義 *162, 166*

沖縄戦 *88, 89, 90*

生い立ちの授業 *52*

親子交流支援 *68, 69, 70*

オルタナティヴな知識 *83*

カ 行

解放心理学 *in, 9, 15, 218*

科学者-実践者-アドボケートモデル *217*

学生支援 *159, 160, 182*

ガスライティング *165*

学校臨床 *182*

関係精神分析 *94, 95, 96, 101*

関係性倫理 *228*

危機介入 *55, 56*

企業家的自己 *154, 155, 156*

技術的中立性 *116, 117*

擬装工作 *175, 178*

規範的無意識過程 *98, 100, 150,153, 155*

キューブ・モデル *25*

教育機会確保法 *107, 108*

共感⋯⋯⋯ *iv, 21, 41, 47, 70, 92, 100, 101, 102, 207, 213, 248, 249*
共感の理解⋯⋯⋯ *112, 115, 116, 117, 118, 119, 120, 121*
協働・連携⋯⋯⋯ *54*
クィア・トランスジェンダー理論⋯⋯⋯ *9, 218*
グローバル・メンタルヘルス⋯⋯⋯ *11, 164*
経験を経験（体験）する質問⋯⋯⋯ *82*
ゲートキーピング⋯⋯⋯ *69*
権力実践を脱構築する質問⋯⋯⋯ *82*
コア・コンピテンシー⋯⋯⋯ *24, 25, 244*
行為の風景質問⋯⋯⋯ *82*
構造的決定要因⋯⋯⋯ *8*
行動分析学⋯⋯⋯ *130, 132*
公民権運動⋯⋯⋯ *2, 9, 23, 54, 201*
合理的配慮⋯⋯⋯ *183*
合理的配慮提供⋯⋯⋯ *62, 63, 64, 183*
国際政治⋯⋯⋯ *197, 199*
黒人心理学⋯⋯⋯ *9*
黒人フェミニスト⋯⋯⋯ *201, 206*
コード・スイッチング⋯⋯⋯ *163, 164*
子どもの権利条約⋯⋯⋯ *68, 70*
コミュニティ心理学⋯⋯⋯ *9, 21, 26, 54, 55, 58, 59, 61, 66, 218*
コミュニティレジリエンス⋯⋯⋯ *49*
コラボレーション⋯⋯⋯ *56, 57*
コレクティブ・トラウマ⋯⋯⋯ *49*
コンサルテーション⋯⋯⋯ *52, 56, 57, 108, 182, 183, 244*
コンバヒー・リバー・コレクティブ⋯⋯⋯ *201*
コンピテンシー⋯⋯⋯ *19, 24, 25, 31, 118, 232, 233, 234, 235, 240, 241, 242, 243, 244, 245*
コンピテンシー・モデル⋯⋯⋯ *25, 233, 234*

サ 行

里親子支援⋯⋯⋯ *51, 52*
サービスラーニング⋯⋯⋯ *221, 233, 234*
ジェンダー⋯⋯⋯ *39, 44, 100, 103, 125, 127, 170, 201, 204, 205, 211*
ジェンダー・アプローチ⋯⋯⋯ *42*
自己一致⋯⋯⋯ *112, 118*
自己受容⋯⋯⋯ *118, 170*

自己植民地化⋯⋯⋯ *164*
自己責任⋯⋯⋯ *154, 163, 228*
自己責任論⋯⋯⋯ *75, 76, 77, 84, 249*
自殺⋯⋯⋯ *11, 54, 156*
自殺率⋯⋯⋯ *158*
自死遺族⋯⋯⋯ *83*
シスターフッド（女性の連帯）⋯⋯⋯ *47*
事前的改善措置⋯⋯⋯ *64*
実存的心理学⋯⋯⋯ *120*
児童虐待⋯⋯⋯ *54*
児童相談所⋯⋯⋯ *45, 52*
支配的なディスコース⋯⋯⋯ *72, 77, 81, 82, 83, 84, 85*
自発的隷従⋯⋯⋯ *79*
社会構成主義⋯⋯⋯ *80, 81, 83, 84, 85, 86*
社会正義⋯⋯⋯ *v, vi, vii, viii, ix, x, 19, 20, 22, 23, 24, 25, 31, 44, 51, 52, 54, 55, 59, 60, 61, 68, 72, 80, 109, 110, 119, 120, 125, 127, 139, 146, 158, 159, 168, 172, 182, 185, 202, 204, 213, 216, 217, 221, 222, 226, 228, 229, 230, 232, 234, 235, 242, 243, 245, 250, 251, 252*
社会正義アプローチ⋯⋯⋯ *iii, iv, x, 5, 6, 8, 9, 15, 19, 79, 92, 94, 98, 101, 102, 128*
社会正義カウンセリング⋯⋯⋯ *iii, 2, 30, 110, 111, 117, 118, 119, 221, 248*
社会精神分析⋯⋯⋯ *93, 97, 101*
社会責任のための行動心理学者の会⋯⋯⋯ *4*
社会責任のための心理学者の会⋯⋯⋯ *4*
社会的決定要因⋯⋯⋯ *8, 245*
社会的養護⋯⋯⋯ *52, 236*
社会変革⋯⋯⋯ *26, 39, 57, 58, 101, 119, 201, 204, 207, 221, 249*
従順な身体⋯⋯⋯ *78, 79*
修正感情体験⋯⋯⋯ *228*
循環的心理力動論⋯⋯⋯ *102*
純粋性⋯⋯⋯ *117*
障害学⋯⋯⋯ *9, 218*
障害学生支援⋯⋯⋯ *61, 65, 66*
障害者の権利に関する条約⋯⋯⋯ *12*
障害の社会モデル⋯⋯⋯ *24*
植民地心理学⋯⋯⋯ *iv*
ジレンマ⋯⋯⋯ *43, 113, 186, 187, 188, 233*

人権 11, 12, 13, 14, 20, 22, 23, 54, 60, 90, 170, 171, 172, 185, 217, 218, 226
新自由主義 8, 14, 150, 152, 154, 155, 162, 163
新植民地主義 15, 161, 162, 164
心理力動的心理療法 92, 93, 94, 101, 103, 104
スキーマ療法 131
スクールカウンセラー 24, 43, 107, 108, 236
スタンドポイント理論 203
スティグマ 21, 114, 170, 171, 173, 174, 175, 176, 177, 178, 179, 192, 223
ステレオタイプ 43, 119, 176, 188, 190, 191, 192, 204
精神科リワーク 72, 73, 249
精神分析 9, 20, 21, 23, 51, 92, 93, 96, 104, 111, 235
生態学的視座・システム論 55, 66, 235
性的指向及びジェンダーアイデンティティの多様性に関する国民の理解の増進に関する法律 172
性同一性障害者の性別の取扱いの特例に関する法律 172
制約の感覚 179
世界トランスジェンダー保健専門家協会 172, 219
セクシュアリティ 170, 219
セルフスティグマ 176, 177
潜行性トラウマ 43
相対的貧困 158

タ 行

体験過程理論 119
体験の回避 132
第5波 (5つの波, 第5勢力) 9, 20, 111, 235
代理スティグマ 176, 177
タウンスクーリング 107, 108, 109
多元的 55, 56, 120, 121
立場性 8, 204, 205, 222, 225, 226
脱構築 49, 81, 82
脱植民地主義 13, 49
多文化カウンセリング 9, 21, 110

多文化共生 133
多文化と社会正義カウンセリング・コンピテンシー 9, 30, 118
地域精神保健センター法 54
チェリーピッキング 166
中立性 100, 101, 115, 116, 117
長時間労働 54, 74
治療的司法 126
治療同盟 5, 6, 7, 8, 204, 213, 226, 229
帝国主義 208
ディスアイデンティフィケーション 178
ディスコース 72, 73, 74, 75, 77, 78, 81, 82, 83, 84, 85
デジタル・マイクロアグレッション 192
手続き的正義 61, 62, 63, 128
転向療法 14
電通事件 74, 79
当事者性 88
当事者の知 99, 104, 105
道徳的中立性 116, 117
特権 vii, 8, 31, 95, 99, 118, 160, 202, 203, 204, 205, 206, 207, 211, 212, 213, 218, 228, 230, 236, 237, 242
ドメスティック・バイオレンス 54
トラウマ 88, 116, 117, 118, 192, 229, 237
トランスジェンダー 10, 171, 172, 187, 188, 190, 191, 218, 230

ナ 行

ナラティヴ・アプローチ 72, 80, 81
ナラティブセラピー 10, 21, 126
二者心理学 94, 95
人間性心理学 4, 9, 20, 23, 111, 119, 120, 223
人間性と平和 3
認識的不正義 vii, 203
認識的暴力 203, 207
認知行動療法 9, 10, 20, 23, 73, 128
認知再構成 131, 135, 137, 138
認知療法 131, 133, 135, 138

ハ 行

白人化 164, 165, 206

事項索引　　*259*

白人救世主 ················· *166, 201, 206*
白人至上主義 ·························· *166*
暴露反応妨害法 ······················ *135*
パーソンセンタード・アプローチ ·· *110*
パッシング ······················ *175, 178*
ハラスメント相談 ······· *103, 146, 147*
犯罪被害 ······························· *177*
ひきこもり ···························· *54*
批判障害学 ····························· *9*
批判心理学 ············· *iv, 13, 14, 21, 167, 218*
批判的省察 ··························· *233*
批判的人種理論 ····················· *218*
フィードバック・インフォームド ·· *205*
フェミニスト・アプローチ ·· *36, 41, 47*
フェミニスト・セラピー ····· *37, 39, 44*
フェミニストカウンセリング ·· *39, 40, 41*
フェミニスト心理学 ················· *218*
フェミニスト理論 ················· *9, 10*
フェミニズム・カウンセリング ····· *21*
フォーカシング ················ *119, 120*
フォスタリング機関 ·················· *51*
仏教心理学 ·························· *161*
不登校 ············· *78, 84, 107, 108, 156, 183*
フリースクール ················ *107, 108*
文化 ············· *112, 113, 114, 134, 135, 136, 141, 142, 143*
文化的な謙虚さ ······················ *vii*
文化盗用 ············· *161, 164, 165, 166, 167*
分配の正義 ············· *61, 62, 63, 64, 65, 128*
平和心理学部会 ···················· *4, 5*
ベーシック・エンカウンター・グループ
 ···································· *110*
ポストコロニアル ················· *9, 49*
ポートフォーリオ ······· *216, 217, 221, 235*
「ホフマン・レポート」············ *13, 14*
ホワイト・フラジリティ ············ *227*
ホワイトニング化 ··················· *206*

マ 行

マイクロアグレッション ···· *vii, 43, 114, 165,*

171, 179, 185, 186, 187, 188, 189, 190, 191, 192, 208
マイクロアサルト ·············· *186, 188*
マイクロインヴァリデーション ···· *186, 189*
マイクロインサルト ············ *186, 188*
マイノリティストレス ·········· *177, 178*
マインドフルネス ······· *14, 132, 142, 161, 162, 163, 164, 165, 166, 167, 168*
　マクドナルド化した—— ········· *162*
学び落とし ·························· *126*
学びの多様化学校 ··················· *107*
密室モデル ··························· *92*
無意識的バイアス ···················· *vii*
無条件の肯定的配慮 ················· *120*
燃え尽き ············· *102, 224, 243, 249*
目的志向的 EG ····················· *121*

ヤ 行

ヤングケアラー ················ *7, 54, 211*
優生思想 ····························· *13*
優生劣廃学運動 ······················ *13*
予防 ··············· *21, 22, 37, 55, 56, 60, 77, 171*

ラ 行

ランダム化比較試験（RCT）········ *129*
リスペクトフル・レイシャルカウンセリング
 ···································· *208*
留学生相談 ····················· *197, 199*
リワーク ···· *72, 73, 74, 75, 76, 77, 78, 79, 80, 81, 84, 85, 249*
倫理 ············· *viii, 9, 13, 22, 31, 79, 96, 126, 164, 168, 183, 204, 228, 230*
倫理的転回 ······················· *96, 97*
連携・協働 ························ *56, 65*
6 領域モデル ······· *26, 27, 29, 118, 229, 233, 240*

■編者紹介■

和田香織（わだ　かおり）
2016 年　McGill University カウンセリング心理学博士課程修了，Ph.D
現　　在　University of Calgary, Werklund School of Education, Associate Professor,
　　　　　Alberta 州公認 Psychologist
専門分野　カウンセリング心理学，死生学，多様性と社会正義，心理学における人権，
　　　　　フェミニスト研究，心理臨床教育

杉原保史（すぎはら　やすし）
1989 年　京都大学大学院教育学研究科教育方法学専攻博士後期課程単位取得退学，博
　　　　　士（教育学）
現　　在　京都大学学生総合支援機構学生相談部門教授，日本心理療法統合学会副理事
　　　　　長
専門分野　臨床心理学，学生相談，心理療法統合，ハラスメント相談，チャット・カウ
　　　　　ンセリング，職業倫理

井出智博（いで　ともひろ）
2007 年　九州産業大学大学院国際文化研究科臨床心理学専攻博士後期課程単位取得退
　　　　　学，博士（文学）
現　　在　北海道大学大学院教育学研究院准教授（福祉臨床心理学研究室）
専門分野　臨床心理学，福祉心理学，人間性心理学，子ども家庭福祉学，子どもの権利
　　　　　擁護，自立支援

蔵岡智子（くらおか　ともこ）
2001 年　熊本大学大学院教育学研究科学校教育専攻修了，修士（教育学）
現　　在　東海大学文理融合学部准教授
専門分野　臨床心理学，心理支援におけるアドボカシー，社会正義アプローチ

■著者紹介■（執筆順，所属は初版刊行時）

杉原保史（すぎはら　やすし）…はじめに，第6章，第9章
　　［編者紹介参照］

和田香織（わだ　かおり）…第1章，第10章，第13章，第14章，COLUMN 11，
　　　　　　　　　　　　　　おわりに
　　［編者紹介参照］

蔵岡智子（くらおか　ともこ）…第2章，第15章，COLUMN 9
　　［編者紹介参照］

村本邦子（むらもと　くにこ）…第3章
　2001年　The Graduate School of the Union Institute, Ph.D.
　現　　在　立命館大学大学院人間科学研究科教授
　専門分野　臨床心理学，トラウマ，ジェンダー

榊原佐和子（さかきばら　さわこ）…第4章
　2013年　明治学院大学大学院心理学研究科心理学専攻博士後期課程修了，博士（心理学）
　現　　在　北海道大学学生相談総合センターアクセシビリティ支援室室長，准教授
　専門分野　コミュニティ心理学，臨床心理学，障害学生支援

廣瀬雄一（ひろせ　ゆういち）…第5章
　2020年　大阪大学大学院人間科学研究科人間科学専攻博士後期課程修了
　現　　在　鳴門教育大学大学院心理臨床コース准教授
　専門分野　臨床心理学，ナラティヴ・アプローチ，学校臨床，森田療法

井出智博（いで　ともひろ）…第7章，第11章，第15章
　　［編者紹介参照］

小堀彩子（こほり　あやこ）…第8章
　2014年　東京大学大学院教育学研究科臨床心理学コース博士後期課程修了，博士（教育学）
　現　　在　大正大学大学院臨床心理学専攻教授
　専門分野　臨床心理学，認知行動療法，対人援助者・ケアする人のメンタルヘルス

葛西真記子（かさい　まきこ）…第12章
　1997年　University of Missouri, Columbia カウンセリング心理学博士課程修了，Ph. D.
　現　　在　鳴門教育大学大学院心理臨床コース教授
　専門分野　臨床心理学，ジェンダーとセクシュアリティ

上野永子（うえの　のりこ）…COLUMN 1

2011 年　関西学院大学大学院文学研究科博士課程後期課程総合心理科学専攻心理学領域修了，博士（教育学）

現　　在　静岡福祉大学子ども学部子ども学科准教授

専門分野　臨床心理学，アタッチメント研究，養育者支援・里親子支援・アタッチメントの視点からの保育実践

草野智洋（くさの　ともひろ）…COLUMN 2

2011 年　大阪大学大学院人間科学研究科臨床心理学分野博士後期課程修了，博士（人間科学）

現　　在　琉球大学人文社会学部准教授

専門分野　臨床心理学，ロゴセラピー，離婚後親子支援

吉川麻衣子（よしかわ　まいこ）…COLUMN 3

2007 年　九州産業大学大学院国際文化研究科臨床心理学専攻博士後期課程単位取得退学，博士（文学）

現　　在　沖縄大学人文学部福祉文化学科教授

専門分野　臨床心理学，パーソンセンタード・アプローチ，平和構築

横地香代子（よこち　かよこ）…COLUMN 4

2002 年　椙山女学園大学大学院人間関係学研究科人間関係学専攻修士課程修了

現　　在　任意団体 machi すく代表，公認心理師，臨床心理士

専門分野　学校臨床，学びの多様化，子育て支援

佐藤紀代子（さとう　きよこ）…COLUMN 5

2011 年　放送大学大学院文化科学研究科文化科学専攻修了

現　　在　玉川大学保健センター健康カウンセラー

専門分野　DV 加害者心理教育，学生相談，産業領域カウンセラー

葛　文綺（かつ　ぶんき）…COLUMN 6

2004 年　名古屋大学大学院教育発達科学研究科発達臨床学専攻博士後期課程修了，教育博士

現　　在　愛知学院大学心理学部教授

専門分野　臨床心理学，ハラスメント相談，多文化カウンセリング

中澤未美子（なかざわ　みみこ）…COLUMN 7

2019 年　日本福祉大学大学院福祉社会開発研究科社会福祉学専攻博士課程修了，博士（社会福祉学）

現　　在　山形大学学術研究院准教授

専門分野　精神保健福祉，学生相談

大賀一樹（たいが　かずき）…COLUMN 8
2013 年　ルーテル学院大学大学院総合人間学研究科臨床心理学専攻修士課程修了
現　　在　NPO 法人共生社会をつくる性的マイノリティ支援全国ネットワーク共同代
　　　　　表理事
専門分野　ジェンダー・セクシュアリティ，LGBTQ+ コミュニティ援助

山内浩美（やまうち　ひろみ）…COLUMN 10
1995 年　Ateneo de Manila University, Graduate School of Arts and Science, MA
現　　在　広島大学ハラスメント相談室准教授
専門分野　臨床心理学，ハラスメント研究，紛争解決編

心理支援における社会正義アプローチ
──不公正の維持装置とならないために

2024 年 9 月 30 日　第 1 刷発行
2025 年 4 月 30 日　第 2 刷発行

編　者	和　田　香　織
	杉　原　保　史
	井　出　智　博
	蔵　岡　智　子
発 行 者	柴　田　敏　樹
印 刷 者	日　岐　浩　和

発行所　株式会社　誠　信　書　房
〒112-0012 東京都文京区大塚 3-20-6
電話 03-3946-5666
https://www.seishinshobo.co.jp/

©Wada, K., Sugihara, Y., Ide, T., Kuraoka, T., 2024　　　中央印刷／協栄製本
検印省略　　落丁・乱丁本はお取り替えいたします
ISBN 978-4-414-41711-1 C3011　Printed in Japan

JCOPY ＜出版者著作権管理機構　委託出版物＞
本書の無断複製は著作権法上での例外を除き禁じられています。複製される場合は、その
つど事前に、出版者著作権管理機構（電話 03-5244-5088，FAX 03-5244-5089，e-mail：
info@jcopy.or.jp）の許諾を得てください。

テキストカウンセリング入門
文字のやり取りによる心理支援

杉原保史・原田 陸・長村明子 編

メールや手紙など、文章をやり取りするカウンセリング。その特徴や強み、実践上の工夫を文例とともに解説。遠隔心理支援でも使える。

主要目次

第Ⅰ部　理論編
Chapter 1　テキスト・カウンセリングとは
Chapter 2　治療的な文章表現の工夫
Chapter 3　テキストカウンセリングの基本プロセス
第Ⅱ部　事例編
Case A　パワハラと見なされた悔しさ
　　　　――60代男性，会社員
Column――1回の返信にどれだけの内容を盛り込む？
Case B　仕事も人間関係もうまくいかない
　　　　――30代女性，パート社員／他
Column――文体について
Case F　家に縛られた人生――20代男性，会社員

A5判並製　定価(本体2200円＋税)

SNSカウンセリング・トレーニングブック

杉原保史・宮田智基・畑中千紘・樋口隆弘・鈴木優佳 編著

SNSカウンセラーのスキルアップに最適のワークを厳選。SNS画面に似せて示した事例や応答技法エクササイズで模擬訓練ができる。

目　次
第Ⅰ部　SNSカウンセリングの理解を深める
第1章　SNSカウンセリングのいま
第2章　社会から見たSNSカウンセリング
第3章　SNSカウンセリングの訓練
第Ⅱ部　事例検討
第4章　職場の人間関係の悩み
第5章　死にたいと訴える若い女性
第6章　すれ違いが生じやすい事例
第7章　子育てや家族関係に関する悩み
第8章　パンデミック時のSNSカウンセリング事例
第Ⅲ部　応答技法エクササイズ
第9章　エクササイズ――基本編
第10章　エクササイズ――場面編

A5判並製　定価(本体2700円＋税)

SNSカウンセリング・ケースブック
事例で学ぶ支援の方法

杉原保史 監修
宮田智基・畑中千紘・樋口隆弘 編著

SNSカウンセリングでの相談内容や対話の展開、支援の実際が、豊富な"逐語録"と解説で体感できる。相談員のトレーニングに最適。

目 次
第1章　イントロダクション
第2章　心理カウンセリングとしてのSNSカウンセリング
第3章　対面の心理カウンセリングへの移行
第4章　外部リソースとの連携
第5章　繰り返し訪れる相談者への継続的対応
第6章　見守りが必要な相談者への「声かけ」
第7章　ありがちな失敗
第8章　応答技法エクササイズ

A5判並製　定価(本体2700円＋税)

SNSカウンセリング・ハンドブック

杉原保史・宮田智基 編著

SNS相談実績のある執筆陣がSNSカウンセリングに必要な知識・技法を紹介。需要がますます増える相談員の研修に最適なテキスト。

目 次
第Ⅰ部　SNSカウンセリングの社会的意義と相談員のミッション
第1章　SNSカウンセリングとその社会的意義
第2章　SNS相談員のミッション——役割と職業倫理
第Ⅱ部　SNSカウンセリングに必要な知識とスキル
第3章　SNSカウンセリングの進め方と基本スキル
第4章　危機介入カウンセリングと危機管理
第5章　いじめに関わるカウンセリングと対応
第6章　さまざまな支援リソースにつなぐ——リファーの技術
第7章　心の健康教育
第Ⅲ部　SNSカウンセリングの事例研究
第8章　3つの架空事例
第9章　現代の若者心性と若者文化
第10章　現代の若年者を取り巻く社会的問題
第11章　若者支援に必要な法律の知識
第12章　情報通信技術と情報セキュリティの基礎

A5判並製　定価(本体2600円＋税)

心理療法統合ハンドブック

日本心理療法統合学会 監修
杉原保史・福島哲夫 編

日本心理療法統合学会の主立ったメンバーによる書き下ろし。400を超える心理療法が併存するなか、多様なクライエントに対し、効果的な方法による実証された支援法を選択するのは至難である。本書は、特定の学派に依拠せず、その存在を否定せず、心理療法統合について議論を交わし研鑽の深まりを望む気鋭の研究者・実践家が、日本におけるこれからの心理療法の統合のあり方を示す決定版。有効性の確立された6つの統合療法や、臨床家育成のトレーニングにも言及。また、重要な最新理論もトピックスにて提示。

目 次
第Ⅰ部　心理療法への統合的アプローチとは
第Ⅱ部　確立された統合的心理療法
第Ⅲ部　心理療法の多様なアスペクトの統合
第Ⅳ部　トレーニング

B5判並製　定価(本体3600円+税)

心理療法統合の手引き
実践でのコツをつかむ

福島哲夫・三瓶真理子・遊佐ちひろ 著

適切な技法をクライエントに合わせて用いるための手引き。主訴から適合する心理療法が一目で分かるチャートも収録した「使える書」。

主要目次
第Ⅰ部　すべての心理士(師)が身につけておきたい統合的技法
第1章　実践的な心理療法統合の基本
第2章　統合的心理療法のためのアセスメント：精神医学的なアセスメントから心理療法の適用を検討する
第3章　技法の統合と使い分け/他
第Ⅱ部　エキスパート編：より優れた心理士(師)になるための心理療法統合
第8章　転移・逆転移とこれまでの人生や家族関係を扱うセラピー/他
第10章　個人セラピーとカップル・家族セラピーの統合
第11章　トレーニング/他

A5判並製　定価(本体3200円+税)

特殊詐欺の心理学

越智啓太 編集代表
桐生正幸・原田知佳・島田貴仁 編

増加し続ける特殊詐欺について、詐欺集団の実態や組織化傾向、効果ある防犯・啓蒙活動等を、第一線の犯罪心理学者が平易に解説。

目　次
第Ⅰ部　特殊詐欺の現状と問題点：特殊詐欺とは何か
第１章　特殊詐欺の阻止機会：被害リスクの分析から効果的な介入へ/他
第Ⅱ部　詐欺脆弱性とその測定：ひっかかりやすさの心理学
第３章　高齢者の特殊詐欺被害に関連する心理特性：楽観バイアスを中心に/他
第Ⅲ部　特殊詐欺被害を防ぐための心理学
第７章　世帯レベルでの対策検討
第８章　社会的環境から詐欺被害を予防する/他
第Ⅳ部　特殊詐欺をめぐるさまざまな問題
第11章　SNS，アウトソーシング，分散化：ニセ電話詐欺組織の戦略を読み解く/他
第12章　特殊詐欺被害者へのスティグマ付与から考える啓発活動の留意点：「被害者は悪くない」/他

A5判並製　定価(本体3000円+税)

SNSと性被害
理解と効果的な支援のために

櫻井 鼓・横浜思春期問題研究所 編

SNSを介した性被害を、被害・加害の両面から解説。臨床現場・心理学・精神医学・報道・法律の実践的知識が支援業務を助ける。

目　次
第Ⅰ部　SNSを介した性被害の理解
第１章　こどもの性的グルーミング
第２章　セクストーションの性被害の実態
第３章　SNS性被害とマインド・コントロール
第４章　SNSを介した性加害の実際
第５章　SNS性被害と報道
第６章　SNS性被害と法律
第Ⅱ部　SNSを介した性被害の支援
第７章　学校教育現場でのSNSを介した性被害
第８章　SNSを介した性被害への精神医学的啓蒙
第９章　性被害のSNS相談

A5判並製　定価(本体2200円+税)

影響力の武器［新版］
人を動かす七つの原理

ロバート・B・チャルディーニ 著
社会行動研究会 監訳

人を動かす6つの原理を導き出した、社会心理学の不朽の名著が満を持して登場！人を、社会を、世界を動かす影響力の原理とは。

目次
第1章　影響力の武器
　　　　――説得の(強力な)七つ道具
第2章　返報性
　　　　――昔からある「ギブ・アンド・テイク」だが……
第3章　好　意――優しそうな顔をした泥棒
　　　　好意から利益を生む
第4章　社会的証明――真実は私たちに
第5章　権　威――導かれる服従
第6章　希少性――わずかなものについての法則
第7章　コミットメントと一貫性
　　　　――心に棲む小鬼
第8章　一体性――「私たち」とは共有された「私」のこと
第9章　手っとり早い影響力――自動化された時代の原始的な承諾

　　　四六判上製　　定価(本体2900円+税)

情報発信者(メッセンジャー)の武器
なぜ、人は引き寄せられるのか

S・マーティン/J・マークス 著
安藤清志 監訳　曽根寛樹 訳

人に影響し動かす存在、情報発信者(メッセンジャー)。その力を分析した。情報発信に関する心理プロセスを包括的に学び応用できる書。

主要目次
はじめに――カサンドラの呪い
第Ⅰ部　ハード型メッセンジャー
ツイッターのシャンパンタワー
1　社会経済的地位――名声、富、そして識別されることなく識別されること
1　プロパガンダの時代
2　有能さ――専門知識、経験、そして潜在能力が実績を打ち負かす理由/他
第Ⅱ部　ソフト型メッセンジャー
極めて危険なつながり
5　温かみ――好かれるリーダー、控えめな従業員、そして協力が闘争に勝る場合
6　弱さ――自己開示、特定可能な犠牲者、そして率直さがいかにして閉じた心を開かせるか/他

　　　四六判上製　　定価(本体2500円+税)